Hubertus Bessau   Philipp Kraiss   Max Wittrock

machen
machen
machen

Das Startup-Buch der mymuesli-Gründer

EDEL

Edel Books
Ein Verlag der Edel Germany GmbH

Copyright © 2017 Edel Germany GmbH,
Neumühlen 17, 22763 Hamburg
www.edel.com
1. Auflage 2017

Projektkoordination: Gianna Slomka
Mitarbeit Text, Interviews und Recherche: Anne Jacoby
Redaktion: Wenke Rittmeyer
Umschlagfoto und Autorenfotos: © Viktor Strasse
Layout Innenteil und Illustrationen: Judith Hilgenstöhler, Hamburg
Umschlaggestaltung: Heimat Werbeagentur GmbH und Büro Bum Bum
Lithografie: Frische Grafik, Hamburg
Druck und Bindung: optimal media GmbH, Glienholzweg 7, 17207 Röbel / Müritz

Gedruckt auf FSC®-zertifiziertem Papier.

Printed in Germany

ISBN 978-3-8419-0522-2

Inhalt

Widmung

Dieses Buch widmen wir von Herzen unseren Familien. Sie hatten großen Anteil an der Erfolgsgeschichte von mymuesli. Sie haben uns all die Jahre unterstützt, mitgeholfen und waren in stressigen Zeiten für uns da. Dafür vielen, vielen Dank!

Ganz besonders möchten wir dieses Buch aber auch unserer mymuesli-Familie widmen. Ohne euch wären die vergangenen zehn Jahre niemals so erfolgreich, verrückt, wunderbar und lustig gewesen!

Manche von euch sind erst seit wenigen Tagen dabei, manche schon fast zehn Jahre lang – so wie Simone, unser erstes Vollzeit-Teammitglied, die neben einigen anderen in diesem Buch zu Wort kommt. Manche sind auch nicht mehr dabei und in die ganze Welt verstreut.

Doch wir alle teilen Erinnerungen an eine gemeinsame Reise, die aufregender nicht hätte sein können. Wir haben so vieles zusammen erlebt: haben uns Nächte um die Ohren geschlagen, sind an unsere Grenzen gegangen, haben geweint, gelacht und gefeiert. Gerade Letzteres konnten wir immer gut.

Und wie das bei Familien so ist, haben wir immer zusammengehalten, auch wenn es mal unbequem, nervig und stressig wurde. Gemeinsam haben wir es deswegen geschafft: haben aus der verrückten Idee vom Badesee eine Müsli-Erfolgsgeschichte geschrieben. Die gibt es jetzt sogar als Buch. Ihr haltet es ja gerade in der Hand.

Gewidmet ist es jedem Einzelnen von euch: Denn ihr alle habt Anteil daran, dass die Idee erwachsen werden konnte.

Unsere Reise fühlt sich nach zehn Jahren so an, als habe sie gerade erst angefangen. Wir sind schon wieder unterwegs zur nächsten unerforschten Insel und freuen uns auf neue Abenteuer mit euch. Denn mit einer solchen Crew? Was soll da schon schiefgehen?

Vielen Dank für zehn unfassbare Jahre!

Hubs Phil & Max

Eure Jungs von mymuesli

Vorwort

Als ich Max Wittrock das erste Mal persönlich traf, war mymuesli bereits fünf Jahre alt. Wir hatten die Gründer des Unternehmens zu unserem jährlichen Entrepreneurship Summit nach Berlin eingeladen, um jungen Entrepreneuren Mut zu machen, ein eigenes Unternehmen aufzubauen. Es ging darum, von den Startup-Erfahrungen – den positiven wie negativen – zu berichten, und Max kam und erzählte. Er schlug die Zuhörer in seinen Bann. Und kehrte jedes Jahr zu unserem Summit zurück. Als Hubertus Bessau, Philipp Kraiss und Max 2013 den Deutschen Gründerpreis erhielten, erlebte ich den großen Moment live mit.

Was war das Erfolgsgeheimnis der Gründer? Hatten sie das Müsli neu erfunden? Nein. Hatten sie die Müslimischung neu erfunden? Nein. Aber sie hatten den konventionellen Verkaufsweg dieses Einzelhandelsprodukts auf den Kopf gestellt und dabei einen deutlichen Mehrwert für ihre Kunden geschaffen: Jeder konnte sich fortan seine individuelle Müslimischung selbst online zusammenstellen und nach Hause schicken lassen. Eine scheinbar ganz einfache Idee. Und doch lag hinter diesem Konzept ein langer Weg des Nachdenkens, Arbeitens, Verwerfens und Neuentwerfens, und immer wieder gab es Zweifel und Ängste, Hoffnungen und Überzeugungen, aber vor allem: Beharrlichkeit und den festen Glauben an den Erfolg. Dass dem Team auf seinem Weg mein Buch »Kopf schlägt Kapital« viele wertvolle Impulse gab, habe ich erst erfahren, als ich um dieses Vorwort gebeten wurde. Klar, das macht mich auch ein bisschen stolz.

mymuesli ist ein gutes Beispiel für eine konzept-kreative Gründung. Kein Patent, keine technologische Innovation, kein Hightech macht diese Gründung aus, sondern das innovative unternehmerische Konzept. Als Gründer nicht alles selbst zu machen und aufzubauen, sondern Komponenten zu nutzen: etwa für die Logistik externe Dienstleister einzuschalten. Wie kann man die Öffentlichkeit auf mymuesli aufmerksam machen?

Das Marketing war Teil des unternehmerischen Konzepts. Es sind die Persönlichkeiten der drei Gründer, die sympathisch und authentisch zu ihrem Produkt stehen und für die Kunden überzeugend sind. »You are a fool, until your idea becomes a success« heißt es bei Mark Twain. Auch Hubertus, Philipp und Max schlug anfangs Skepsis entgegen und hätten sie auf die vielen Zweifler gehört, hätte es mymuesli nie gegeben. Dass sie keinen Businessplan schrieben und die Ergebnisse der herkömmlichen Marktforschung in den Papierkorb warfen, ist ein weiterer typischer Baustein konzept-kreativer Gründungen. Sie passen in der Regel nicht ins Raster konventioneller Gründerberater und Investoren. Aber das müssen sie auch nicht. Wenn das unternehmerische Konzept auf mehr als einem Bein steht, Stöße von außen abfedern kann und Kunden hat, die ihre Begeisterung mit anderen teilen, hat man alles richtig gemacht. mymuesli ist hierfür ein Vorbild.

Zu erleben, wie das eigene Ideenkind wächst und gedeiht, gehört zu den besonderen Momenten im Leben jedes Gründers. Wer kann sich vorstellen, dass aus der eigenen kleinen Idee ein Unternehmen mit 800 Mitarbeitern entsteht? Man kann es nicht. Es übertrifft alle Erwartungen. Hubertus, Philipp und Max haben in den vergangenen zehn Jahren Großartiges geleistet.

Ich wünsche mymuesli viele weitere erfolgreiche Jahre!

Günter Faltin

Einleitung

Die Geschichte unseres Startups beginnt mit einer Fahrt zum Badesee und der Idee, Müsli über das Internet zu verkaufen. Ein Müsli, das sich jeder online selbst zusammenstellen kann: mit mehr als 566 Billiarden Variationsmöglichkeiten.

Fast jeder, dem wir anfangs davon erzählten, hielt die Idee für völlig bescheuert. Am 30. April 2007 ging mymuesli trotzdem online. Und überall hagelte es Kritik, alles nur »ein Hype«, »kann unmöglich funktionieren« – und keiner glaubte an die Nachhaltigkeit des Geschäftsmodells. Auch wir waren uns nicht sicher, ob es unser Startup nach drei Monaten noch geben würde.

Zehn Jahre später beschäftigt mymuesli mehr als 800 Menschen, betreibt über 50 eigene Läden und ist in sechs Ländern aktiv. Wir haben viel gelernt in diesen zehn Jahren, wir haben gemeinsam mit dem Team unzählige Fuckups erlebt, aber vieles dann doch glücklicherweise richtig und meistens anders als die anderen gemacht. Einen Businessplan zum Beispiel, den haben wir nie geschrieben. Marktforschung haben wir vor dem Launch gemacht, die Ergebnisse aber ignoriert. Unser Startkapital haben wir nicht von Investoren bekommen, Mitarbeiter hatten wir lange keine, sondern haben von der Erstellung der Website bis zum Umbau unserer Produktion alles selbst in die Hand genommen.

Zu unserem zehnten mymuesli-Geburtstag haben wir uns zusammengesetzt und überlegt: Was war es eigentlich, das wir richtig gemacht haben? Gab es so etwas wie eine Erfolgsformel? Irgendetwas, das sich aus diesen zehn Jahren ableiten lässt? Die Antwort ist denkbar einfach. MACHEN!

Einfach machen – das ist meistens der beste Markttest für eine Idee. Und der Grundstein für viele erfolgreiche Unternehmen, die es nie gegeben hätte, wenn die Macher hinter dem Unternehmen vorher zu viel überlegt hätten. Das haben wir auch getan: gemacht. Hingefallen. Weitergemacht. Bis heute.

Deshalb haben wir dieses Buch »machen!« genannt. Wir, das sind Hubertus, Philipp und Max, die drei Gründer von mymuesli.

Hubertus ist in Emden aufgewachsen. Berühmt vor allem für Otto und seinen Leuchtturm. Er wollte schon immer Unternehmer werden. Oder Werber, hat das aber schnell an den Nagel gehängt nach einem Praktikum in einer Agentur in Hamburg. Das Werberleben war ziemlich klischeehaft und desillusionierend: Kreativität kam häufiger aus der Flasche als den genialen Köpfen mit ausgefeilten Methoden. Trotz des äußerlich glamourösen Anscheins kochte die Branche auch nur mit Wasser. Über den Sinn wurde wenig nachgedacht. Weil es nicht um Sinn ging, sondern um Geld: Zur Jahrtausendwende hinterfragte man Millionen-Etats für Spots und Anzeigen nicht. Auch weil Werbung als nicht messbar galt. Insgesamt eine super Erfahrung, aber nicht Hubertus' Welt, und so landete er dann doch beim BWL-Studium. In Passau. Und schließlich in seinem ersten Startup: einer automatischen Videothek, die er mit Philipp im Studium eröffnete.

Philipp kommt aus Schwaben. Er gründete sein erstes Unternehmen in der Grundschule: Brauseverkauf. Später handelte er mit Weihnachtsbäumen. Zahlen sind seine Leidenschaft: Als BWL-Student berechnete er, was ein Glas eigenhändig mit SodaClub aufgebitzeltes Wasser aus dem Wasserhahn kostet, um welchen Betrag eine im Wasserglas aufgelöste Vitamintablette teurer war und was im Vergleich dazu ein Glas Discountersprudelwasser kostet. Heute weiß er auswendig, wie teuer die Himbeeren im Oktober vor zwei Jahren waren und welche Strecke der Gabelstapler fahren muss, um Gojibeeren aus dem Lager zu holen. Vor allem aber weiß er, welche Zutat wie schmecken sollte, und macht da überhaupt keine Kompromisse.

Max ist Münchner und der Einzige, der statt BWL etwas ganz anderes studiert hat: Jura. Also das Angsthasen-Fach für alle, die nicht einfach »irgendwas mit Medien« studieren wollen, sondern etwas Vernünftiges. Weil Jura allein zu staubig war, machte Max nebenbei dann doch noch irgendwas mit Medien: ein Volontariat als Journalist. Das brachte ihn zur »Passauer Neuen Presse« und zum Bayerischen Rundfunk – was sich im Rückblick als außerordentlich nützlich erwies, um mymuesli bekannt zu machen.

Dieses Buch ist für all diejenigen, die einen Traum haben. Einen Traum, an den sie glauben, der sie nachts wach hält, glücklich und ängstlich zugleich macht. Vielleicht träumst du diesen Traum schon sehr lange? Doch damit er Wirklichkeit werden kann, fehlt nur eines: das Machen. Denn Träume, die man nicht anpackt, werden Träume bleiben. Deswegen haben wir dieses Buch geschrieben: Wir glauben nicht an ein Gründer-Gen. Jeder kann ein Unternehmen starten. Wir glauben aber daran, dass man es irgendwann anpacken muss. Machen muss. Das ist der wichtigste und meist der schwierigste Schritt. Doch er lohnt sich. Denn erleben zu dürfen, wie eine Idee Form annimmt, wie ein Unternehmen entsteht: Das ist eine wunderbare Erfahrung.

Voraussetzung ist aber, dass man nicht nur träumt. Sondern macht. Gründer sind also Macher. Und manchmal braucht es nur einen kleinen Ansporn, den letzten Anstoß, um vom Träumer zum Unternehmer zu werden. Dieses Buch soll dieser Ansporn sein. Es erzählt unsere eigene Geschichte und was wir aus ihr gelernt haben. Aus drei unterschiedlichen Perspektiven.

1. Startup! Am Anfang hatten wir statt einer einzigen guten Gründungsidee ganz viele Ideen, von denen die meisten nicht gut waren. Die Sache mit dem Müsli fiel uns in einem Augenblick und an einem Ort ein, an dem wir nicht damit gerechnet haben: auf dem Weg zum Badesee.

2. Selbst machen: Wenn man sein Studium gerade erst abgeschlossen und nicht eine riesige Erbschaft gemacht hat, muss man ohne Kapital gründen. Das geht! Wenn man viel selbst macht. Besser gesagt: alles selbst macht.

3. Bekannt machen: Ein Startup muss bekannt werden, um erfolgreich zu sein. Auch das geht ohne Geld. Es braucht eine gute Geschichte, viel Networking, noch mehr gute Zufälle, außerdem die Geduld, sich systematisch durch die Untiefen des Offline- und Online-Marketing zu beißen, und jede Menge Mut, mal so richtig daneben zu zielen.

4. Mitmachen: Schnell wachsende Startups stehen oft staunend vor einer der größten Herausforderungen überhaupt. Mitarbeiter! Vor denen haben viele Unternehmer Angst. Wir finden: zu Unrecht. In diesem Kapitel erzählen wir, wen wir warum einstellen und warum man im Kopf zumindest zusammen segeln gehen sollte.

5. Trotzdem machen: Ist ein Startup über das Gröbste hinausgewachsen, könnte man sich gemütlich zurücklehnen und sich über den Erfolg freuen. Das passiert aber nicht. Stattdessen fragt man sich: und jetzt? War's das? Oder was kommt als Nächstes?

6. Größer machen: Die Expansion ins Ausland, eine große Maschine, viele neue Läden ... das alles kostet dann doch mehr Geld, als man so eben verdienen kann. Wo findet man vernünftige Investoren? Oder geht man besser doch zu einer ganz normalen Bank?

7. Aufmachen: Viele Startups starten als E-Commerce-Unternehmen und eröffnen dann doch irgendwann Läden. So auch wir. Wir haben dabei glücklicherweise (und oft aus Versehen) sehr viel richtig gemacht – manchmal aber auch Pech gehabt. Zum Beispiel mit Dixi-Klos direkt vor der Ladentür.

8. Rübermachen: Kann man machen, muss man aber nicht: ins Ausland expandieren. Wir haben es getan, in manchen Ländern hatten wir es leicht, in anderen landete palettenweise Bürokratie vor unseren Füßen. Sogar bis nach Fernost sind wir mit mymuesli gekommen. Leider ohne Erfolg.

9. Weitermachen: Wenn ein Startup mal zehn Jahre alt ist und mehr als 800 Mitarbeiter hat, kann man es eigentlich nicht mehr Startup nennen. Aber ... Mittelständler? Ganz schlimm: Konzern? Wollen wir auch nicht sein. In Kapitel 9 sagen wir, warum es wirklich schwierig ist, gleichzeitig super professionell zu werden und super beweglich zu bleiben – wie wir versuchen, das aller Widerstände zum Trotz zu schaffen, und warum wir dazu eine Insel brauchen.

10. Nachmachen: Dies ist zwar ein Buch über uns und mymuesli – aber in erster Linie ist es ein Buch für dich. Es soll dich inspirieren, verrückte Ideen auch mal umzusetzen. Machen!

In diesem Buch geht es nicht nur um Erfolge, um gewonnene Preise und um Wachstum. Es geht besonders viel um Rückschläge und um unsere Fehler. Wir hoffen, dass du sie vermeiden kannst, wenn du mal in einer ähnlichen Situation bist.

Zu jedem Gründerthema, ob Finanzierung oder Marketing, könnte man jeweils ein eigenes Buch verfassen. Es gibt ja auch schon sehr, sehr viele. Deswegen sei bitte nicht böse, wenn das Buch an manchen Stellen nicht tief genug geht und an anderen dafür sehr fachbuchmäßig wird. Unser Buch ist sicherlich weit entfernt von perfekt. Betaphase würde man bei Startups sagen, es ist ja die erste Auflage. Und unser erstes Buch. Umso mehr würden wir uns über Feedback freuen an:

machen@mymuesli.com

Ach ja, wer noch mehr lesen will: Am Ende jedes Kapitels haben wir euch immer unsere Lieblingsbücher zum jeweiligen Thema empfohlen. Manchmal auch Filme. Oder Podcasts und Websites.

In vielen Kapiteln erzählen Mitglieder der mymuesli-Familie von ihren Eindrücken – manche sind schon so lange dabei, dass wir sie »Urgesteine« nennen dürfen. Leider konnten nicht alle eure Geschichten erzählt werden. Wir haben mit so vielen von euch tolle Dinge erlebt, für die der Platz einfach nicht mehr gereicht hat.

Und, liebe mymuesli-Familie in der Schweiz: Ja, wir haben mittlerweile gelernt, dass »Müsli« in der Schweiz kleine Mäuse sind. Und dass ihr in der Schweiz lieber »Müesli« esst. Wir haben uns in diesem Buch dennoch dazu entschieden, von »Müsli« zu sprechen, und hoffen auf Nachsicht.

Jetzt aber genug der Worte: Die Welt braucht Träumer. Noch mehr aber braucht sie Macher. Und wir würden uns freuen, wenn wir zumindest einen kleinen Beitrag mit diesem Buch leisten können. Wir wünschen dir viel Erfolg, viel Glück und viel Spaß beim ... Machen!

Ach, noch etwas: Wenn wir »Gründer« schreiben, dann meinen wir auch immer »Gründerinnen«.

Das erste Pressefoto, das unser Freund Jan von uns 2007 gemacht hat, in unserer Büro-WG. (Foto: Jan-Ulrich Schulze)

Startup!

Knallende Korken, Champagner, eine rauschende Party bis zum Morgengrauen – so stellt man sich den Beginn des eigenen Startups vor. Doch von dieser Traumvorstellung waren wir in der Nacht auf den 1. Mai 2007 sehr weit entfernt: Es war tatsächlich eine lange Nacht, aber statt zu feiern wollten wir nur noch ins Bett: Es war 4.03 Uhr, als Hubertus dann endlich den Knopf drückte. Ganz leise: klick. Zu dritt standen wir vor dem Rechner, ich hörte meinen eigenen Puls in den Schläfen klopfen. Da war es also online, unser Baby. Ein Wunschkind. Wie lange hatten wir darüber nachgedacht, uns den Kopf über den passenden Namen zerbrochen, uns vorgestellt, wie es aussehen, wie rund und schwer es werden könnte – vor allem aber: wer außer uns selbst sich noch darüber freuen würde. Irgendjemand da draußen? War da wer?

mymuesli: endlich online

Es fühlte sich so an, als seien wir alleine auf diesem Planeten. Um dennoch so etwas wie einen denkwürdigen Augenblick herbeizuzwingen, stießen wir mit Billigsekt an, halbtrocken, handwarm. Stilecht in IKEA-Saftgläsern. Niemand von uns hatte wirklich Lust darauf, aber ein Freund von uns war extra in unsere spärlich eingerichtete Passauer Studenten-WG gekommen, um den Moment zu filmen.

Wenn man die Aufnahmen heute sieht, kann man unsere Gesichter kaum vor der weißen Wand erkennen: Denn vor diesem seltsamen Augenblick um 4.03 Uhr hatten wir drei Nächte lang nicht wirklich das gemacht, was man schlafen nennen könnte. Wie drei Zombies sahen wir aus, blass, müde und rot um die Augen.

Was uns auch jedes Mal auffällt, wenn jemand das Video zeigt: dass es in der WG überraschenderweise aufgeräumt aussah. Wahrscheinlich hatten wir die zweieinhalb Quadratmeter rund um den Rechner ein bisschen freigeschaufelt, denn für häusliche Ordnung hatten wir die Wochen vor dem Start keine Zeit mehr gehabt. Genau weiß ich das aber nicht mehr, denn nach unserer schweren Website-Geburt konnte ich nicht mehr geradeaus schauen, ich konnte mein Saftglas kaum mehr gerade halten und denken konnte ich überhaupt nicht mehr.

Eigentlich war alles entspannt angelaufen: Gut eine Woche vor unserem Kick-off hatte Hubertus die Website endlich so weit, dass sie gut aussah und stabil lief:

>»Hallo, wir machen Müsli.
Stell Dir Dein Müsli selbst zusammen.
Wir liefern es Dir nach Hause.«

So schlicht stand auf unserer Seite, was wir in monatelanger Kleinarbeit ausgedacht und jetzt auf die Straße gebracht hatten. Das sah schön aus. Doch ob die Idee von mymuesli funktionieren würde? Das wussten wir ganz und gar nicht. Und ob wir drei Studenten als Lebensmittelhersteller taugen würden, daran hatten wir sogar Zweifel, die wir vorsichtshalber gleich mit auf die Seite setzten:

»Wir wissen einfach nicht, was uns erwartet, und müssen sicherlich noch einige Abläufe optimieren. Das eine oder andere wird auch schiefgehen, deshalb hoffen wir in den ersten Wochen auf eure Unterstützung und euer Verständnis, falls es mal einen Tag länger dauert oder sich die Website komisch verhält. Wir sind für Feedback jeder Art dankbar. Was funktioniert nicht? Was könnten wir besser machen? Sagt es uns!«

72 Stunden vor unserem Kick-off fiel Hubertus auf, dass unser Preissystem nicht wirtschaftlich funktionierte: Kunden konnten die Dose voller teurer Zutaten füllen, aber am Ende blieb der Preis gleich. Wir hätten also mit jeder Dose Verlust machen können, mussten alles umwerfen und neu machen.

Warum wir uns nicht einfach mehr Zeit genommen hatten, um alles neu auszurechnen und zu programmieren? Gegenüber Freunden und Familie, besonders aber in der damals schon nicht mehr so kleinen Bloggerszene, hatten wir ordentlich Wind für unsere Müsliidee gemacht. Jetzt mussten wir auch liefern.

Damals schrieben wir selbst noch ein privates Blog, die »Rundschreiben für Ästhetik und Konsumgütervielfalt«. Als wäre das nicht schon bescheuert genug, trugen wir dazu Cord-Jacketts. Mit unserem Blog im Netz und den Sakkos im Koffer wollten wir zur re:publica 2007. Der Name dieser Konferenz ist heute Synonym für eine Fast-Vollversammlung der digitalen Gesellschaft in Berlin. Damals, in ihrem ersten Jahr, war das alles noch ein überschaubares Klassentreffen derjenigen, die wie wir ungern auf Klassentreffen gehen: weil es da meistens kein WLAN gibt.

Das Internet war und ist unsere Welt: Und es fühlte sich gut an, sich nach analogen Jahren an der Uni endlich digital outen zu können. Wir wollten nicht nur ein Blog schreiben, sondern ein Startup gründen. Und dazugehören. Relevant sein. Online.

Wir hatten uns also in Berlin rege vernetzt, von unserer Idee erzählt, unseren Starttermin verkündet und zu Hause haben wir die Sache dann noch einmal in unserem eigenen Blog bekräftigt:

»Wir sind wieder zu Hause. Und schön war es. Danke an Lukas, bei dem wir wohnen konnten. Und da wir ja aus dem tiefen Niederbayern angereist sind, ist allein die Stadt schon immer ein Erlebnis. Danken oder grüßen wollen wir einige; hoffentlich sieht man sich bald wieder. (...) Aber, most importantly, vor lauter Vorfreude hätten wir es beinahe vergessen: Am 30. April startet endlich unser neues Projekt. Wer rechtzeitig informiert werden möchte, der trage sich bitte für den Newsletter ein.«

Wir kamen also nicht mehr raus aus der Nummer. 150 Neugierige hatten sich zu unserem Newsletter angemeldet und das Internet, die Welt, die kannte unseren Starttermin:

30. April 2007

Blogger wie wir – so unsere Fantasie – würden ab der ersten Minute beobachten, was wir tun. Würden darüber dann in ihren eigenen Blogs schreiben. Und das würden Printjournalisten lesen, die in diesem langweiligen Jahr 2007 ebenfalls über uns schreiben würden, dann kämen Radio und Fernsehen, wo wir in Talkshows über Müsli diskutieren würden. Eine völlig größenwahnsinnige Fantasie, klar. Doch damit stand fest: Starttermin unbedingt einhalten. Schlafen? Verboten bis zum Launch. Tatsächlich kam das mit den Bloggern und den Journalisten später exakt so, nur zu Talkshows hat uns damals keiner eingeladen – aber der Reihe nach.

Als wir abends die Berliner Torstraße entlangliefen, wo heute unzählige Startups sitzen, Deals gemacht und Businesspläne geschmiedet werden, da konnten wir noch nicht ahnen, was in den nächsten Jahren aus unserem Müsliprojekt werden würde. Zum Glück wussten wir in diesem Moment auch nicht, welche enormen Schwierigkeiten so ein Startup-Baby noch machen würde. Wie glückliche Eltern in spe saßen wir, Bier trinkend, auf einer Parkbank und fantasierten in den Sonnenuntergang. Besonders von den vielen schlaflosen Nächten ahnten wir damals noch nichts: Wir hätten den Knopf sonst vielleicht nicht gedrückt.

Passau. Liebe auf den zweiten Blick

Die Zeit steht still in Passau. Wenn am Abend niemand mehr in der Innenstadt unterwegs ist, scheint es, als habe jemand ordentlich durchgefegt, hier und da die Blumentöpfe zurechtgerückt, dann beherzt auf OFF gedrückt. So um das Jahr 1689 vielleicht, als die alte Fürstenstadt nach einem gründlichen Großbrand gerade frisch im barocken Pastell neu aufgebaut und die erste Zeitung erschienen war.

Tagsüber: Da kommen die Touristen. Mehr als 200.000 pro Jahr, darunter viele Amerikaner. Denn die Stadt liegt zum Beispiel »very romantic« am Zusammenfluss dreier Flüsse: Inn, Donau und Ilz. Wenn die Touristen dann gegen Abend zurück auf ihre Halbpensionsboote eilen, dann kommt tatsächlich, kein Scherz, Italien-Feeling auf. Eine Vespa im Ohr, Weißwein in der Hand: So wird man von der Schönheit dieser Kulisse fast erschlagen.

Im Winter allerdings ist Passau vor allem: neblig. Sehr sogar. Und persönlich fand ich den Passauer Nebel im Studium sogar noch schlimmer als den berühmten Berliner Winter. Und, um das Bild noch zu verdüstern, Passau umranken viele Geschichten: Die beginnen meist mit Nazis, brauner Soße und der Nibelungenhalle – und enden bei Studenten, die das Semester angeblich immer mit Champagner ausklingen lassen.

Da tut man der Stadt unrecht: Passau ist nicht rechts, aber zugegeben doch traditionell konservativ und katholisch. Die Studenten-Schickeria prägt die Stadt, aber nicht jeder Student gehört zur Schickeria und ohne Studenten und die Uni wäre Passau vermutlich nur etwa halb so relevant und spannend wie heute. Da wo die Nibelungenhalle stand, steht heute die Neue Mitte. Die ist architektonisch nicht ganz mein Fall, doch mit ihr hat das Stadtzentrum erfolgreich die Panade des Dritten Reichs abgestreift.

Wir drei wussten rein gar nichts von Passau vor unserem Umzug nach Niederbayern. Halt, fast nichts: Die Uni sollte gut sein, das war immer im Hinterkopf. Außerdem: kleine Stadt, Campus-Feeling und so. Heute lieben wir Passau, und wie das so oft ist bei Blind Dates: Unsere ersten Passauer Minuten waren noch krampfig, aber mit jedem Schluck Wein wurde es besser.

Nachts feierten wir also viel. Sehr viel, wie fast alle Passauer Studenten. Tagsüber lenkte uns die Stadt nicht groß von unseren Studieninhalten ab. Wir waren also brav und nahmen Kurs auf die Regelstudienzeit: Philipp und Hubertus studierten BWL. Ich Jura.

In den Semesterferien ist Passau gefühlt nur halb voll. Und im Sommer 2005 gesellte sich zu dieser Reizarmut eine so deutlich erhöhte Temperatur, dass nach den letzten Klausuren des Sommersemesters unsere Nerven blank lagen. Hubertus, Philipp und ich wollten nur noch raus aus unseren total überhitzten Wohnungen. Wir hatten keine Lust mehr auf Rechnungswesen und Gesetzbücher. Wir wollten raus aus der Stadt, die wir nach vier Jahren Studium fast in- und auswendig kannten.

Unsere Rettung war der »Panzer«. Ein Mercedes-Kombi mit kantigen Formen und graugrünem Lack, der fast 600.000 Kilometer auf dem Buckel hatte und dessen Tankanzeige über mehr als 300.000 davon schon nicht mehr funktionierte. Wenn man mit dem Panzer fuhr, bedeutete das also immer Abenteuer, schon auf kleinen Strecken. Und in ein solches stürzten wir uns in diesem Sommer: Wir wollten zum Badesee, das Leben auf ON stellen.

Ich erinnere mich noch genau, als Hubertus und ich uns das erste Mal über den Weg gelaufen waren. Es war ein kalter Tag im Oktober 2001, die Welt wunderte sich zu dieser Zeit noch über die gerade geplatzte »Internet-Bubble« und wir saßen in einem typischen, kahlen Seminarraum. Der Kurs: Italienisch für Anfänger. Ein Kurs, von dem wir uns ein bisschen Dolce Vita in diesem Herbst versprachen. Er war für unseren Lebensweg absolut entscheidend – immerhin lernten wir uns kennen –, im Hinblick auf das ursprünglich gesetzte Lernziel aber ein Totalausfall: Italienisch ging nicht in unsere Köpfe. Erstens fehlte uns tutti kompletti das Talent. Und zweitens hörten wir dem Dozenten überhaupt nicht zu, weil wir unsere eigenen Themen viel spannender fanden. Blogs, Computer, Startups, Design – das trieb uns viel mehr um als die italienische Grammatik. Lebenserkenntnis: Sprachtalent? Setzen, Sechs. Nerdfaktor: Eins plus. In der Abschlussklausur schließlich schrieb ich keinen einzigen fehlerfreien Satz. Und verlor Hubertus danach erst einmal aus den Augen.

Hubertus und Philipp kannten sich zu dieser Zeit schon längst. Philipp war sogar der Erste überhaupt, den Hubertus in Passau kennengelernt hatte. Er kam gerade aus Hamburg vom Praktikum bei einer Werbeagentur, wo Websites ab zehn Millionen Euro gebaut wurden. Die beiden kamen bei einem abendlichen Studentenevent ins Gespräch, das Hubertus heute als »neutral bis spießig« erinnert. Nach dem dritten Bier wussten sie sicher, dass sie irgendwie aus der vorgezeichneten Spur ausscheren mussten: Das Penthouse, von dem zukünftige Investmentbanker träumten, war ihnen egal. Das Reihenhaus (bei weniger stressigen Jobs) erst mal auch. Stattdessen: »Lass uns was Eigenes machen!«, sagte Hubertus. »Okay, Australien«, fiel Philipp ein. Da flogen sie dann in den Semesterferien hin – und auf dem Rückflug fiel ihnen die Idee für ihr erstes Startup ein. Das sie 2002 tatsächlich an den Start brachten! Mit Müsli hatte das überhaupt nichts zu tun, es legte aber einen wichtigen Grundstein für die Gründung von mymuesli fünf Jahre später.

Die automatische Videothek

Diese erste Gründung klingt aus heutiger Perspektive nach unternehmerischem Selbstmord. Eine Videothek.

Doch Anfang des Jahrtausends streamte man seine Filme noch nicht. Man ging in einen Videoverleih, holte einen Stapel dicker schwarzer Kassetten ab, glotzte einen Abend durch, spulte die Filme dann freundlicherweise zurück (sonst kostete das Aufpreis) und brachte sie wieder in den Laden. Ziemlich umständlich. Und ziemlich schlecht zu erreichen, zumindest in Passau, wo man von der Uni zur nächsten Videothek gut 40 Minuten Fußmarsch (einfach) absolvieren musste, nur um dann festzustellen, dass die einzige »James Bond«-Kopie leider wieder mal übers Wochenende vergriffen war. In Passau gab es also wenig zu gucken.

»Wir machen eine Videothek auf, die ganz wenig Platz braucht, und sparen so Miete!« Das war die zündende Idee von Philipp, der sich mit Immobilien schon immer am besten von uns auskannte. Und was braucht wenig Platz? DVDs! Immer noch super neu, damals. »Wir sparen noch mehr Platz, wenn wir eine automatische Verleihmaschine aufbauen«, fiel Hubertus ein, der von uns allen schon immer das größte Faible für Automaten und Roboter aller Art hatte.

Tatsächlich haben Hubertus und Philipp im Jahr 2002 genau eine solche Videothek mitten in Passau aufgemacht. Damit hatten sie ganz nebenbei einen Testballon: Funktionierten sie als Gründer-Duo? Ich war ja noch nicht dabei.

»Das war anfangs nicht leicht«, sagt Philipp heute. »Wir hatten beide so einen Dickkopf, dass wir einen Trick anwenden mussten, um zu vernünftigen Ergebnissen zu kommen: Ich musste an geraden Wochentagen nachgeben, Hubertus gab an ungeraden Tagen nach.« Heute arbeiten wir mit etwas ausgefeilteren Methoden zusammen.

Die Videothek war eine mutige Gründung: Die Juristen waren sich damals nicht einig, wie man mit diesen Videoautomaten umgehen sollte (»An Feiertagen Filme ausleihen?«), viele Bürger runzelten schon vor der Eröffnung die Stirn (»Braucht's des?«) und die Mieten waren in Passaus Zentrum für studentische Unternehmer hoch. Für einen Miniladen reichte es aber. Glücklicherweise fanden die beiden schnell einen italienischen Hersteller von DVD-Verleihautomaten, der sowieso gerade nach Deutschland expandieren wollte – und so wurden die beiden praktisch über Nacht zu Videothekaren. Und zu Unternehmern. Und unfreiwillig auch zu Telefonseelsorgern.

An der Tür nämlich hing ein Schild mit den Handynummern von Hubertus und Philipp – 24 Stunden Erreichbarkeit gehören zu einer solchen Videothek eben dazu. Zumal es auch eine Menge Filme mit FSK 18 zu leihen gab, die unsere Eltern der Kategorie »niveauloser Schmuddelfilm« zugeordnet hätten. Aber Eltern müssen ja nicht alles wissen, und eine Roboter-Videothek nur mit künstlerisch wertvollen Arthouse-Filmen funktioniert nun mal einfach nicht.

Genau diese Verbindung zwischen »niveaulosem Schmuddelfilm« und 24/7 führte leider dazu, dass Philipp an geraden und Hubertus an ungeraden Wochentagen mitten in der Nacht aus dem Schlaf geklingelt wurde und mit dem Fahrrad in die Passauer Innenstadt flitzte, um verklemmte Filme aus dem Automaten zu fummeln. Was immer dann passierte, wenn ein Kunde heimlich im Schutz der Nacht etwas zurückgeben wollte, die DVD-Hülle nicht richtig zugemacht hatte und diese deshalb in der Mechanik fest hing. Also praktisch jede Nacht. Manchmal auch mehrmals pro Nacht. Manchmal passierte so etwas auch dem gleichen Kunden mehrmals in der gleichen Nacht. Ziemlich lästig, vor allem in Klausurzeiten und bei Schnee und Eis. Aber auch ganz interessant, was für Typen sich welche Filme ausleihen und dann nicht richtig zumachen.

Philipp und Hubertus war die ganze Prozedur meist unangenehmer als manchen Kunden, von denen einige während dieser Service-Begegnungen dann ein Porno-Fachgespräch führen wollten. Und was schon damals klar war: Murphy's Law schlägt immer zu: »What can go wrong, will go wrong.« Immer dann, wenn es am nervigsten ist. So musste Philipp dann vor seiner ersten Vordiplomsklausur mehrfach ausrücken und DVD's aus dem Automaten holen.

Die relativ hohe Quote an diesen nicht-für-unsere-Eltern-und-schongar-nicht-für-Kinder-geeigneten Filmen mit der dazu passenden Kundschaft führte dazu, dass sich Hubertus und Philipps Identifikation mit ihrem Laden in Grenzen hielt. Deshalb verkauften sie den Videostore, bevor sie einen zusätzlichen Studienabschnitt in Budapest absolvierten – in dem sich vor allem Hubertus mit dem beschäftigen konnte, was ihn am meisten umtrieb und was heute für uns extrem wichtig ist: Marketing.

Kurz nach der Rückkehr aus Budapest traf ich Hubertus mitten in der Nacht zufällig an der Tankstelle in der Passauer Innenstadt wieder. Alles, was ich rausbrachte: »Ach, da bist du …!« Seitdem waren wir Freunde. Heute werde selbst ich als Nerd bei dem Gedanken nostalgisch: Damals konnte man sich noch verlieren, sich dann aber zufällig an Tankstellen wiederfinden. Niemand konnte irgendwo einchecken oder seinen Standort per iMessage schicken.

Es dauerte dann nicht lange, bis wir endlich zu dritt zusammentrafen und sofort wussten: Da passt was. Wir wollen etwas machen. Zu dritt. Eigentlich egal was. Hauptsache: machen.

Irgendwas mit Finanz. Oder Müsli

Wir wohnten damals noch in drei verschiedenen Wohnungen, ich und Philipp jeweils in einer WG, Hubertus alleine. Ich kann mich erinnern, dass wir viele, viele Stunden in Hubertus' Wohnzimmer gesessen und unseren Träumen nachgegangen sind, um nicht zu sagen, gemeinsam herumgesponnen haben. Abendelang. Nächtelang.

Wir wollten etwas zusammen machen – nur was? Die Internet-Bubble der Jahrtausendwende war geplatzt, im ganzen Land gab es zu dieser Zeit unzählige Gründerpreise und Gründerlehrstühle, Business-Angels und Aufbaukredite. Aber erst ganz allmählich kam der Mut für neue Gründungen zurück. In den Zeitschriften wurde das »Web 2.0« gefeiert, der Gründer in der Vorstadtgarage wurde zu einer neuen Heldenfigur, es wurde der kollaborierende Kunde entdeckt und das Phänomen der Mass Customization.

In unserem Passauer Kokon dachten wir uns nun eine Menge Dinge aus, von denen wir die meisten nach fünf Minuten wieder verwarfen. Einige Ideen waren ganz gut, andere völlig bescheuert. Doch wir haben jede von ihnen aufgeschrieben. Wir verraten an dieser Stelle mal die wichtigsten.

Das Heuschnupfen-Survival-Kit

Platz eins der Liste unserer bescheuertsten Ideen gewinnt das Heuschnupfen-Survival-Kit mit der Anti-Allergiebrille, die Hubertus einmal gebaut hat. Eigentlich mehr aus Quatsch ... vielleicht im Hinblick darauf, dass er das Ding mal an Tim Burton verkaufen könnte.

Zu dieser Gletscherbrille für Heuschnupfen-Geplagte bekam der Kunde zwei Stöpsel für die Nasenlöcher, die wir als Hochleistungs-Filter vermarkten wollten. Die Idee: Mit dem Set konnte man sich auch als hochgradiger Allergiker durch blühende Wiesen bewegen. Die gab es um Passau zahlreich.

Die Kaffeevitamine

Direkt auf Platz zwei auf der Liste der bescheuertsten Ideen standen die »Kaffeevitamine«. Vielleicht erinnert sich jemand: Schon damals waren mit allerlei Zusatznutzen aufgepimpte Mineralwassersorten angesagt. Na also: Warum nicht Kaffee aufpimpen? Oder aus der Sicht eines Coffeeshop-Betreibers: einen Upsale ermöglichen. Mehr Umsatz durch ein weiteres Feature für den Caramel-Macchiato: Vitaminpillen, die man gegen einen kleinen Aufpreis direkt ins Getränk bekommt. Dann wäre man durch Kaffee nicht nur wach, sondern auch kerngesund geworden. Den Claim hatten wir uns schon ausgedacht:

»Kaffeevitamine: für den Menschen
wie der Honig für die Biene«

Claim und Idee waren natürlich abstrus. Niemand will in einem Genuss- und Lifestylegetränk wie Kaffee Vitamine haben. Und ganz abgesehen davon: Etliche Vitamine überleben den Hitzeschock in der Tasse überhaupt nicht, andere sind nicht wasserlöslich. Das war uns beim Brainstorming auf Hubertus' Sofa aber erst einmal egal.

Der Geld-Supermarkt

Eine Idee, die retrospektiv zumindest nicht peinlich ist, war der »Money Mart«. Darunter stellten wir uns einen Supermarkt für Finanzprodukte vor. Es war ja so, dass man damals, vor mehr als zehn Jahren, nicht wie heute auf zig Plattformen Aktien handeln oder kaufen konnte, Online-Banking gab es, klar. Aber lange nicht so sophisticated. Wir wollten, dass man ohne Berührungsängste in einen Geld-Supermarkt spaziert und sich in den Regalen dieses und jenes Finanzpaket oder eine schöne »Volksaktie« (die Telekom! Oder Infineon, erinnert sich jemand?) aussuchen kann – vielleicht in Form von Papierhäusern, Plastik-Goldbarren oder Gummi-Mobiltelefonen mit Antennenstummel, so weit hatten wir uns das noch nicht ausgedacht. Das hätte man zur Kasse getragen und schon wäre man ein Aktionär gewesen.

Die Plattform BreedIT

In das nächste Projekt, erster Arbeitstitel »Troopster«, steckten wir viel Zeit, aber die Internetplattform BreedIT schaffte es dennoch nie über die Prä-Alphaphase hinaus. Die Idee fanden wir damals ganz besonders zeitgemäß: Wir wollten eine Plattform programmieren, für alle möglichen Menschen, die an einem Projekt arbeiten. Heute nennt man das Collaboration Software. Das Ganze wäre in der Cloud passiert. An solchen Ideen bastelten damals allerdings alle.

Wir langweilten uns furchtbar, als wir das Konzept ausfeilten, gaben es untereinander jedoch nicht zu – uns fehlte die Haptik, ein echtes Produkt. Doch über Wochen wollte sich niemand von uns dreien die Blöße geben, etwas öde zu finden, das damals zur Speerspitze der gesamten Startup-Welt gehörte. Eben der Welt, zu der wir doch unbedingt dazugehören wollten.

Das Blog für »Ästhetik und Konsumgütervielfalt«

Denn die damalige Zeit, zwischen der Jahrtausendwende und 2005, war für viele Gründer eine aufregende Sturm-und-Drang-Phase und aufregende Zeit, auch wenn wir davon im beschaulichen Passau praktisch nichts mitbekamen. Das Internet war voll von diesen Gründerlegenden, die uns so sehr faszinierten wie nichts sonst. Wir waren immer online und recherchierten. Wir entdeckten die Bloggerszene und hatten unseren ersten Strohhalm gefunden. Ein Blog konnten wir sofort starten: Ohne Geld, ohne große Ahnung, ein einfacher Rechner reichte aus für unser erstes Blog mit unserer ersten eigenen Webadresse:

www.nnuu.de

Super, die Sache mit den doppelten Buchstaben. Das war damals neu und todschick. Wir waren stolz auf unsere virtuellen »Rundschreiben für Ästhetik und Konsumgütervielfalt«, die Hubertus programmiert hatte. Und die wir fortan gemeinsam füllten. Heute würde man nnuu als Design- und Lifestyle-Blog bezeichnen, wir hätten (hoffentlich) 500.000 Follower auf Instagram und wären echte Fashion-Week-Influencer. Na ja, vielleicht. Damals stellten wir futuristische Schaukelstühle vor, Wollstiefel aus Russland, kompostierbare Autos und alles, was uns neu, sonderbar und ganz großartig erschien.

Wir machten uns über allerlei Produkte und Marken Gedanken und freuten uns über unsere durchschlagende Reichweite von 60 Besuchern – pro Tag. Das war für uns Passauer Studenten ganz okay in einer Zeit, in der Facebook noch gar nicht erfunden war, die Tageszeitungen aber schon nervös wurden angesichts dieses »weltweiten Internetzes«, in dem nun auch Privatpersonen wie wir plötzlich publizieren konnten – ohne Verlag und ohne eine Redaktion.

Es war eine gute Übung für uns: Content, Verlinkung, Suchmaschinen, Aktualität … das probierten wir in dieser Zeit alles aus. Als neue Blogger suchten wir Kontakt zu anderen Bloggern. Und ohne es zu wissen, schufen wir damit die Grundlage für mymuesli, bevor wir die Idee überhaupt zu Ende gedacht hatten.

Je konkreter wir mit unserer Müsliidee wurden, desto weniger Zeit hatten wir für das Blog. Wir versuchten nach Kräften, die Fäden zusammenzuhalten und auch überall zusammenlaufen zu lassen. Noch heute steht auf nnuu.de unser Post vom 30. April 2007:

»Es gibt einen Grund, warum hier in letzter Zeit nicht so viel passiert ist: wir haben unsere gesamte Zeit in ein neues Projekt gesteckt. Seit heute Nacht ist mymuesli.com online. Natürlich haben wir auch einen Müsli-Blog, das uns auch als Gründertagebuch gedient hat. Ab sofort kannst Du hier Dein eigenes Müsli mixen. Wir schicken es Dir dann nach Hause oder ins Büro.«

Der legendäre Tag am See

Die Startup-Idee, die unser Leben auf neuen Kurs bringen sollte, war uns tatsächlich an jenem denkwürdigen Tag im Panzer gekommen, auf einer Fahrt zum Badesee. So beginnt auch heute noch jeder unserer Vorträge und fast jeder Beitrag über mymuesli.

Als wir bei brüllender Hitze im Auto saßen und nichts anderes mehr wollten, als zu schwimmen, zu leben, uns in das grünliche, kühle Wasser des Badesees zu werfen, da sprach so etwas wie eine gute Fee zu uns: aus dem Radio, mit der schwäbelnden Stimme des Geschäftsführers einer Müslimarke aus dem Odenwald. Jeder, der Radio hört, kennt die Radiowerbung und ihren Sprecher. Ohrwürmer überleben eben Dekaden. Wer hätte geahnt, dass ausgerechnet dieser Spot den Grundstein für unseren Traum legen würde?

»Leckerleckerlecker.«

Das ist die Kernaussage der Werbebotschaften, die der Geschäftsführer im eigenen Tonstudio produziert. Das Muster ist immer ähnlich: Er wiederholt Produkt- und Müslinamen so oft, bis die Botschaft auch auf der Rückbank angekommen ist. Die Spots polarisieren, aber sind auf ihre Weise richtig gut. Und der Firmengründer ist vom Müslipionier zum erfolgreichen Unternehmer geworden. Chapeau! Doch wir schwiegen erstmal. Bis einer von uns flüsterte: »Mag ja funktionieren, kann man das nicht auch kreativer machen?«

Sofort malten wir uns aus, wie viel besser unsere Müsliwerbung wäre. Und kamen über diesen Umweg darauf, dass wir ja selbst Müsli produzieren könnten, um später dann Werbung dafür zu machen. Doch erst einmal wollten wir eine Runde ins Wasser.

Gute Geschäftsideen entstehen selten in einem Konferenzraum, indem Analysten auf Kuchendiagramme blicken und sagen: »Also den Müslimarkt müsste man mal aufmischen.« Sie entstehen oft zufällig. Und wie eine Sternschnuppe muss man sie dann zufällig entdecken. Und auch ergreifen. Ich glaube nicht an ein Gründergen, aber wer Gründer sein möchte, muss anders denken: Wenn er die Sternschnuppe sieht, dann über das Universum nachdenken. Und sie nicht wieder innerhalb von Sekunden vergessen.

Weil wir Zeit genug und sowieso nichts zu verlieren hatten, hielten wir auf dem Rückweg vom See an einem Supermarkt. Mission: erster Trendcheck am Müsliregal. Mit sandigen Füßen suchten wir das Regal nur sehr kurz. Es ist ja nicht zu übersehen mit seinen großflächig knallbunten Pappkartons, auf denen nicht nur diverse »Cereals« auf ihrer Flugbahn in Richtung Milchschälchen zu bewundern sind, sondern vor allem viele Tiere, die dafür einstehen, dass der Inhalt stark oder schlau machen soll. Die ganze Müsliwand schrie uns an: »Lecker!« Doch wir glaubten ihr nicht mehr.

Unsere Geschäftsidee kassierte die erste Ohrfeige: viel zu viel Angebot. Und so viel trash. So schnell aber wollten wir nicht aufgeben. Das

Nachdenken über Geschäftsmodelle hatten wir trainiert. Der Müsli-markt mochte auf den ersten Blick übersättigt sein. Aber drei Dinge fehlten!

• Es gab keine echte Premiummarke.
• Außerdem war kein Müsli cool oder stylish, stattdessen schien die ganze Produktkategorie sehr angestaubt zu sein.
• Und: Bei fast keinem Anbieter konnte man sofort sehen, wer dahintersteckte, es gab keine guten Webauftritte und Social Media war in der Konzernwelt noch nicht angekommen.

Das Problem: Diese drei Dinge alleine reichten nicht aus für eine neue Marke. Das Alleinstellungsmerkmal war zu schwach. Der Beste zu sein oder der Lustigste oder Coolste ist zu wenig. Wir wollten die Nadel sein, nicht der Heuhaufen.

Dann dämmerte uns, wo es eine große Lücke im Markt gab: Jeder von uns dreien mochte Müsli. Aber jeder mochte sein Müsli anders. Keiner bekam im Supermarkt genau das, was er wollte. Warum also nicht ein Müsli mixen, das man sich selbst zusammenstellen konnte?

Oh mein Gott: Das fühlte sich nach Erleuchtung an. Wir hatten eine Vision. Und sahen unser neues Geschäftsmodell schon auf einer Verpackung stehen. Dort stand es, klar und deutlich: »custom-mixed muesli«!

> Das beste Müsli der Welt ist für jeden ein anderes!

Philipp meldete sich für die Zutatenrecherche, Hubertus befasste sich mit Positionierung, Verpackung und Preispolitik und ich mit rechtlichen Herausforderungen und PR-Konzepten. Und schon hatten wir die nächsten Termine bei Hubertus auf dem Sofa. Ich kann mich erinnern, dass wir viele, viele Stunden in Hubertus' Wohnzimmer saßen und ausprobiert haben: Schachteln, Typografien, Designs. Die Müslisache war zu diesem Zeitpunkt der Exot unter unseren vielen anderen

Startup-Ideen rund um die »richtigen«, die »harten« Themen IT und Finanz. Müsli? Das war rational so wenig greifbar und schien uns so wenig sinnvoll, dass wir nicht viel darüber sprachen. Überhaupt: Wer will schon von sich sagen müssen: »Guten Tag, ich bin Müsliunternehmer.« Das konnten wir uns überhaupt nicht vorstellen.

Dennoch ging eine Magie aus von unserem Müsli. Zu diesem Zeitpunkt wussten wir nicht, dass jeder von uns sich heimlich am meisten genau mit diesem Projekt beschäftigte. Statt mit IT-Plattformen oder Finanz-Supermärkten, was klischeemäßig zu uns BWL- und Jura-Typen viel besser gepasst hätte. Und so kam es, dass zwischendurch immer mal wieder einer von uns Müslibemerkungen fallen ließ.

Philipp: »Ich habe übrigens sehr schöne, getrocknete Erdbeeren gefunden. Ganz rot und rund. Ganz anders als dieses krümelige Pulver im Supermarkt-Müsli, wisst ihr noch?« Hubertus: »Orange fände ich gut im Design. Und die Schrift sollte dick und saftig aussehen, gleichzeitig modern, auf jeden Fall ohne Serifen.« Und ich: »Es gibt einen Haufen Lebensmittelgesetze in Deutschland, wirklich krass …«

Müsli für Rosinenrauspicker

Aber wo sollte man unser Müsli zusammenstellen können? In Läden, die wir ohne Geld und Kontakte in deutschen Fußgängerzonen eröffnen würden? In Bauchläden, wo die Milch schon nach wenigen Minuten in der Sommerhitze gekippt wäre? Oder per Faxabruf als 0190-Nummer?

In unseren vielen Stunden auf Hubertus' Sofa war es uns irgendwann gelungen, die Idee vom besten Müsli der Welt mit der Internetplattform-Idee zusammenzudenken. Was eigentlich kein Geniestreich war, sondern eher aus der Not geboren: Wir drei Studenten konnten uns eine aufwendige Vertriebsstruktur und Lebensmittelproduktion samt Logistik, Marketing und allem, was man sonst noch braucht, schlicht und ergreifend nicht leisten.

Also dachten wir in Richtung Online-Müslibestellung weiter. Etwas Kleines, eine Manufaktur, das schien uns möglich.

»Wir machen mymuesli dann einfach im Hinterzimmer und bei Leerlauf, während wir uns um die anderen Startups kümmern«, schlug Philipp vor, und er hatte auch schon Grundrisse von Ladengeschäften in Passau besorgt, bei denen das so funktioniert hätte. »Und wenn mymuesli nicht läuft, machen wir es nach drei Monaten wieder zu – und keiner merkt das«, fand Hubertus. »Wir könnten mal aus Passau wegziehen und nach München gehen«, brachte ich dann ins Spiel.

Von Passau nach München zu wechseln, das sollte mir erst zehn Jahre später gelingen – aber das ist eine andere Geschichte. Damals schauten wir uns erste Wohnungen in München an. Ich erinnere mich an eine Besichtigung im Westend. Die Wohnung hatte vier Zimmer. Philipp sagte gleich:

»Ah cool, in das kleine Zimmer könnten wir dann mymuesli packen.« Und ich erklärte dem Makler ganz erwachsen unsere Pläne: »Also beruflich? Wir möchten Startups gründen, zunächst mal eins mit Müsli und dann noch was mit Finanz.«

Überflüssig zu erwähnen, dass wir diese Wohnung nicht bekommen haben. Und die anderen auch nicht. Irgendwann gaben wir auf – und gründeten da, wo Hubertus' Sofa stand. In Passau.

Als Carsten Maschmeyer 2016 auf einem Podium bei der »Passauer Neuen Presse« saß, da sagte er: »Passau hat coole Startups, zum Beispiel Crealytics und mymuesli.« Das hat uns sehr geschmeichelt. Uns aber auch an die Zeiten erinnert, als die Gründerszene in Passau sich noch nicht so prickelnd angefühlt hat. Das ist heute anders: Die Uni tut viel für Gründer, die Stadt auch, es gibt ein Gründungszentrum, ein Gründercafé und viele motivierte und kompetente Menschen, die in Passau für und mit Gründern was bewegen wollen.

Aber damals, im Gründungsjahr von mymuesli, war davon noch nicht viel zu spüren. Im Nachhinein vielleicht ganz gut so: Zumindest konnten so noch weniger Menschen versuchen, uns die Idee auszureden, und uns anschließend für verrückt erklären. Für uns persönlich war Passau ideal: Denn so klein die Gründerszene war und so blöd die Voraussetzungen, ein Paket an die Nordseeküste zu schicken, so gab es doch einige Vorteile:

- Wir waren kaum abgelenkt, fürs Nachtleben ist man in Passau mit dem Erhalt des Diploms oder Examens zu alt. Punkt. Gelegentliche Abstürze danach belegen diese Regel.
- In einer Kleinstadt war uns Aufmerksamkeit wesentlich sicherer als in einer Metropole.
- Ob Büromiete, die Lohnkosten für die ersten Aushilfen oder die eigenen Lebenshaltungskosten: In Passau war und ist es günstiger als in München oder Berlin. Das half gerade am Anfang.
- Mitarbeiter wurden und werden nicht so schnell abgeworben. Das ist in Jahr eins noch einigermaßen unwichtig, aber in Berlin, wo wir heute auch ein Büro haben, schon ein großes Thema.

Doch freilich gab und gibt es auch Nachteile:

- Austauschmöglichkeiten mit anderen Gründern gibt es deutlich weniger.
- Recruiting in Passau macht manchmal wenig Spaß: Denn wie wir zum Beispiel bei unserer Internationalisierung gemerkt haben, gibt es wenige Schweden zwischen 20 und 30 Jahren, die unbedingt in eine niederbayerische Kleinstadt ohne Flughafen ziehen wollen, wo selbst am Wochenende nach zwei Uhr die Bürgersteige leer gefegt sind.
- Die Anbindung und Lage im Sinne der Logistik könnte besser sein, Reisen dauern viel länger, als wenn man in einer Metropole wäre.

Es gibt sie nicht, die perfekte Stadt oder den perfekten Standort. Nicht jedes Startup wird nur deshalb ein Erfolg, weil die Gründer ins Silicon Valley ziehen, wo zwar viel Geld, aber ebenso viel supersmarte Konkurrenz unterwegs ist. Andererseits ist nicht jedes Unternehmen nur deshalb dem Untergang geweiht, weil es in der Provinz startet. In Deutschland sitzen ja sogar die meisten »Hidden Champions« in der Provinz! Die wurden ja auch mal gegründet. So verkehrt kann es also nicht sein.

Macht euch also nicht zu viele Gedanken um den Standort, zumal man den jederzeit verändern kann. Fragt euch lieber:

- **Wo möchte ich gerne leben?**
- **Was kann ich mir leisten?**
- **Wo fühle ich mich wohl?**
- **Wo bin ich gut vernetzt? Und:**
- **Wo habe ich Freunde?**

Denn diese »weichen« Faktoren sind verdammt wichtig, wenn man erst mal wenig bis kein Geld verdient und das Sonnenlicht nur noch eine Erinnerung aus besseren Zeiten zu sein scheint. Gründet also dort, wo es sich gut anfühlt. Und dann: weitermachen.

Wir gründeten in Passau, weil wir schon da waren. Passau ist über die Jahre zu unserer wunderbaren »Müslistadt« geworden, die wir nicht mehr missen möchten. Es war also Liebe auf den zweiten Blick. Die aber hält bis heute.

Deine Idee

Da draußen gibt es Tausende richtig gute Geschäftsideen. Jeden Tag sitzen potenzielle Gründer zusammen und grübeln und brainstormen zu ihrem Startup. Und das ist ein tolles Gefühl.

Das Problem: Grob geschätzt 99,9 Prozent dieser Ideen schaffen es nie in die Umsetzung. Der entscheidende erste Schritt ist also: machen. Konkret werden. Umsetzen.

»Wie fange ich an, wenn ich gründen will?« ist eine der häufigsten Fragen, die wir drei regelmäßig gestellt bekommen. Die simple Antwort lautet immer: indem ich anfange.

So arbeitest du an deiner Idee

Günter Faltin, der auch das Vorwort zu diesem Buch geschrieben hat, hat so etwas wie das deutsche Standardwerk zur Arbeit an der Idee verfasst: »Kopf schlägt Kapital«. Seine These: »Je besser eine unternehmerische Idee ist, je durchdachter und ausgearbeiteter, je mehr sie einem vollendeten Kunstwerk gleicht, desto mehr wird sie sich durchsetzen.«

Kunstwerk? Ein Wort, das nach Arbeit schmeckt. Und das ist es auch. Die meisten Geschäftsideen bleiben auf der Stufe des bloßen Einfalls stehen. Bis zur Geschäftsidee und dann bis zum fertigen Konzept sind meistens viele, viele Stunden und echte Arbeit erforderlich – bis man sagen kann: »So und nicht anders wird mein oder unser Unternehmen aussehen.« Es geht also keineswegs um Einfälle, um geniale Gedankenblitze, sondern um harte Gedankenarbeit.«

In der Wissenschaft spricht man dabei von Entrepreneurial Design. Und am Anfang des Designprozesses steht eines: ein klares Alleinstellungsmerkmal.

Wir sind keine erfahrenen Investoren, aber ein paar Beteiligungen haben wir. Und bekommen sehr viele Businesspläne und Ideen zugeschickt. Fast allen fehlt es am Alleinstellungsmerkmal oder an der USP (Unique Selling Proposition). Da sind beispielsweise Smoothies dabei, die als USP eine Tetra-Pak-Verpackung haben (nicht so tolle USP).

Besser: ein Startup aus New York (Green Blender), das Obst- und Gemüsekisten mit Smoothie-Rezepten als Abo verschickt (tolle USP). So kann man sich jeden Tag selbst frische Smoothies im Mixer machen. Hat uns auch als Business-Angels überzeugt.

Nach der Idee: Was unterscheidet mich vom Rest?

In »Mad Men«, einer wunderbaren Serie über eine fiktive New Yorker Werbeagentur in den 1960er-Jahren, wird viel geraucht und viel Whisky getrunken. Dem Protagonisten und Creative Director, Donald Draper, und seinem Team kommen so augenscheinlich die besten Ideen. Und Draper bringt es auf den Punkt, als er seinem Chef Roger Sterling einmal sagt: »Success is related to standing out, not fitting in.«

Noch einmal: Man möchte die Nadel im Heuhaufen sein, nicht der Heuhaufen.

Diese Nadel, das perfekte Alleinstellungsmerkmal zu finden, ist schwierig. Aber wie ein Sparkonto: Je mehr man in diesen Prozess investiert, desto höher sind am Ende die Zinsen. Desto erfolgreicher ist das eigene Unternehmen.

Jeder muss seine eigene Methode finden, wie er hier zum Ziel kommt.

Was uns immer geholfen hat und nach wie vor hilft:

- **Ideen und Geistesblitze vergisst man schnell,** deswegen sollte man sie grundsätzlich alle aufschreiben.

- **Wenn man Ideen und Einfälle aufschreibt,** dann zwingt das automatisch dazu, konzeptionell zu denken.

- **Jetzt heißt es dranbleiben:** Wie entsteht aus dieser Idee ein Konzept für ein Unternehmen? Und vor allem: Was ist meine USP oder mein Alleinstellungsmerkmal? Hubertus drückt das immer sehr schön aus:»Why does it deserve to exist?«

- **Hier hilft es, in Problemlösungen zu denken:** Welches Problem löst meine Idee? (Bei uns zum Beispiel:»Fast jedes Müsli ist ein Kompromiss, mit mymuesli kann man sich endlich das individuelle Wunschmüsli zusammenstellen.«)

- **Du darfst herumspinnen** und es ist völlig normal, wenn von 100 Ideen nur eine umgesetzt wird. Versuche, in einen Modus des freien Denkens zu kommen.

- **Schon an dieser Stelle bist du ein Macher.** Du unterscheidest dich jetzt schon von den anderen 99 Prozent, die immer nur sagen:»Man müsste ja mal ...«

- **Konzentriere dich bei deiner Geschäftsidee auf einen simplen Mehrwert** statt auf einen ganzen Strauß an möglichen Vorteilen und Möglichkeiten.

- **Starke Ideen sind häufig sehr einfach** und der Mehrwert leuchtet sofort ein.

- **Immer im Recherchemodus bleiben:** Welche ähnlichen Produkte gibt es zum Beispiel schon auf dem Markt?

- **Denke an deine Zielgruppe:** Wer genau könnte sich für deine Idee interessieren? Wie und warum macht dein Angebot das Leben deiner Kunden schöner, leichter, wertvoller, lustiger, individueller, schneller, gesünder?

Ausgewähltes für Startup-Macher

- *Kopf schlägt Kapital: Die ganz andere Art, ein Unternehmen zu gründen. Von der Lust, ein Entrepreneur zu sein.* Günter Faltin (dtv 2017) Dieses Buch ist die Pflichtlektüre für Gründer. Prof. Faltin ist einer der wichtigsten Ermutiger hierzulande. Er sagt: Statt viel Geld brauchst du ein richtig gutes Konzept – und das kriegst du hin.

- *Business Model Generation: Ein Handbuch für Visionäre, Spielveränderer und Herausforderer.* Alexander Osterwalder und Yves Pigneur (Campus 2011) Eine super Ergänzung zu »Kopf schlägt Kapital«. Nachdem du mit Faltin ein Konzept entwickelt hast, geht es jetzt um dein Geschäftsmodell.

- *Zero to One: Wie Innovation unsere Gesellschaft rettet.* Peter Thiel und Blake Masters (Campus 2014) PayPal-Gründer und Facebook-Investor Peter Thiel zeigt, dass Innovation nicht horizontal entsteht, sondern sprunghaft. Und dass Gründer nicht den Wettkampf um das Immergleiche antreten, sondern lieber völlig neue Märkte erobern sollten.

- *Das weiße Buch.* Rafael Horzon (Suhrkamp 2011) Ein Buch, das polarisiert. Die einen finden die Biografie des Provokateurs und Seriengründers inspirierend, weil sie zeigt: unglaublich, was alles geht, wenn man einfach mal macht. Den anderen ist das Buch zu sehr die Innenansicht des Alles-total-super-hier-Startup-Raumschiffs Berlin-Mitte. Wir finden: lesen!

- *gimletmedia.com/show/startup* Der Podcast »StartUp« von Gimlet Media ist mittlerweile schon ein Klassiker. In der ersten Staffel geht es um die Gründung eines Unternehmens. Und zwar genau um das Podcast-Startup, das den Podcast Startup produziert, den man dann als Podcast hört. Klingt kompliziert, funktioniert super. Hinter dem Projekt steht der preisgekrönte Radiojournalist und Mehrfach-Gründer Alex Blumberg.

Selbst machen: die Zutaten

Man muss sich unsere Zeit vom Sommer 2005, der Idee, bis zum Launch im April 2007 als Sinuskurve vorstellen: Klausuren? Wir mussten studieren, keine Zeit für Unternehmertum. Keine Klausuren? Voller Fokus auf alle möglichen sinnlosen und sinnvollen Projekte. Vor allem die Müsli-Idee ging uns nicht mehr aus dem Kopf. Doch ein Name für das Projekt? Der fiel uns einfach nicht ein. Man kann kreative Ergebnisse leider selten erzwingen, indem man immer mehr Zeit reinsteckt.

Dann machen wir eben andere Dinge in der Zwischenzeit, dachten wir uns. Gibt ja genug zu tun. Marktforschung zum Beispiel. Die muss immer am Anfang einer neuen Idee stehen. So hatten wir das zumindest an der Uni gelernt.

Unsere Marktforschung: »Würden Sie Müsli online kaufen?«

Die Grundfrage war simpel: Welches Potenzial steckt in einem Online-Müsliladen? Wir entwarfen einen Fragebogen.

Der enthielt alle möglichen Fragen zum Lebensmittelhandel und den Online-Shopping-Gewohnheiten. Denn wir hatten damals noch panische Angst, dass jemand die beste Idee seit der Erfindung des Feuers, Müsli selbst mischen, stehlen könnte. Deswegen musste die entscheidende Frage weit unten versteckt sein: »Würden Sie Müsli online kaufen?«

Nachdem wir die Fragebögen gedruckt, verteilt, per E-Mail oder per Post versendet und wieder eingesammelt und Hunderte Antworten ausgewertet hatten, war das Ergebnis klar: Wer will Müsli online kaufen?

Niemand.

Keiner der Befragten konnte sich vorstellen, Müsli im Internet zu bestellen. Hoffnungsschimmer: Einige der Befragten schrieben, sie würden es sich überlegen, wenn es wesentlich günstiger wäre als Müsli aus dem Supermarkt

An dieser Stelle hatten wir vier Handlungsoptionen. Erstens: unsere Idee begraben. No way. Zweitens: weiter an unserer Idee feilen. Das Müsli irgendwie aus dem Netz raus und den Preis runterdrücken: Keine Option, wir wollten Premium sein. Blieb noch drittens: noch mehr Recherchen zu Markt und Zielgruppe anstellen, um daraus irgendwas abzuleiten. Oder, viertens: die Umfrage in die Tonne werfen und einfach weitermachen. Drittens ergab, dass es zwar keinen Müsliversand, schon gar nicht was mit Bio, aber immerhin einen Cerealien-Versandhandel im Internet schon einmal gegeben hatte: Im Jahr 2001 hatte der US-amerikanische Lebensmittelgigant General Mills das Portal mycereals.com online geschickt. Auf Probe. Die Probe hat es nicht bestanden, nach der Testphase war Schluss mit Körnern aus dem Netz. War ja klar, riefen nun Wissenschaftler hämisch: Das Produkt ist doppelt so teuer wie das Konkurrenzmüsli aus dem Supermarkt, außerdem sind die Absatzchancen zu klein – und jetzt kommt's: »Das Internet ist in der Zielgruppe – gut verdienende Müsliesser – zu wenig verbreitet.«

Damals war das so! Das Internet zu wenig verbreitet, Müsli online zu bestellen war undenkbar. Wir haben es trotzdem gemacht. Hätte man frei nach Henry Fords Zitat (»Hätte ich die Leute gefragt, was sie wollen, hätten sie schnellere Pferde gesagt«) den Leuten im Zeitalter der Pferdekutschen das Konzept für einen ICE mit WLAN vorgelegt, hätten sie es vermutlich auch nicht gewollt. Wir haben uns deshalb gesagt:

Nur ein wirklicher Markttest ist ein valider Test. Und entschieden uns für Option vier, warfen unser Befragungsergebnis in die Tonne, machten einfach weiter.

Das ist eine der Grundeinstellungen, die uns bis heute begleitet: »Just do it« ist meistens der beste Markttest. Auch wenn wir heute neue Produkte entwickeln, stecken wir kein Geld in teure Marktforschung. Wir suchen uns eine kleine, meist virtuelle, Ecke im echten Markt aus, bieten es dort an, und wenn die Reaktion positiv ist, dann wird es weiter produziert und geht in andere Kanäle. So vermeiden wir die »Analyse-Paralyse«, wie Raul Krauthausen das einmal genannt hat. Diese schreckliche Phase des Abwägens: Soll ich oder soll ich nicht? Raul, der Gründer des Berliner Vereins »Sozialhelden«, hat Glasknochen, was ihn aber überhaupt nicht davon abhält, die Inklusion in Deutschland als Aktivist voranzutreiben. Er ist ein echtes Vorbild für Macher – und solche, die es werden wollen. Denn viel zu oft wird vor lauter Vorabzweifeln gar nicht erst eine Verbesserung versucht. »Es wird Zeit, einfach mal in die Technologie und die Menschen, die sie benutzen, zu vertrauen«, sagt Raul (politik-digital.de vom 15.11.2012). Das sehen wir auch so. Und heute wissen wir:

Online-Müsli ohne Rosinen ist ein Nischenprodukt. Aber wenn man ganz viele von diesen Nischenprodukten verkauft, hat man auch einen Markt, der satt macht.

Lange gesucht, endlich gefunden: der Name

Marktforschung? Abgeschlossen, verworfen, weitermachen, Check. Aber wie heißt das Projekt jetzt? In der Hinsicht waren wir immer noch nicht schlauer als 2005. Einer der ersten Arbeitstitel für mymuesli damals war: Pureganics. Die Domains (und viel anderen Quatsch) haben wir heute noch. Wir kamen uns ganz schlau vor, als uns diese Kombination aus »pure« und »organic« eingefallen ist. Eine reine Kopfgeburt, sauber ausgedacht und spaßbefreit, zum Glück ist das nicht der Name geworden. Klingt eher nach einem Fitness-Studio ganz in Weiß oder einer Arznei als nach einem Lebensmittel.

An einem Samstag war ich dann mal wieder auf dem Weg zu einer Übungsklausur. Jurastudenten machen das so: Sie schreiben, leider meistens am Wochenende, Klausuren zu Übungszwecken. Klausur für Klausur pirscht man sich auf diesem Wege langsam ans Prädikatsexamen heran. Weniger ambitionierte Studenten testen so, ob sie gerade eben so bestehen würden und mit der Lernerei endlich aufhören können. Ich war in Jura immer ein besonderer Grenzfall: recht engagiert, viel gelernt – aber dennoch maximal mittelgut. Deshalb war ich ehrlich gesagt erleichtert, als an diesem Tag mitten in der Klausur mein Handy klingelte. Der Anruf fühlte sich schon vor dem Abheben nach Weltherrschaft, großer Startup-Geschichte und Müsliimperium an. Ich musste rangehen – und die Klausur warten. Ich ließ den Kuli fallen, drängelte mich nach draußen und war sehr, sehr neugierig:

»Mir ist endlich ein Name für das Müsliprojekt eingefallen«, machte Hubertus es spannend. Ich kann mich noch so gut an diesen Moment erinnern. Konnte aber nicht glauben, dass der neue Name besser als die vorherigen 157 Versuche sein würde. »Wir nennen es mymuesli.« Ich war sprachlos. Da muss man kurz was erklären: Aus heutiger Sicht klingt das nicht kreativ. Viele Namen beginnen mit »my« als Vorsilbe und enden mit einem Produkt: myparfum oder myswisschocolate waren noch ganz früh mit dabei. Dann wurde es inflationär. Doch damals, da klang dieser Name fröhlich, nah an den Menschen, denen das Müsli einmal schmecken sollte, und es brachte unsere Idee endlich auf den Punkt: Das beste Müsli der Welt ist für jeden ein anderes. Das doppelte »m« im Namen klang sehr schön, gut merken konnte man sich den Namen auch. Aber Geeks bewegt im Gegensatz zu Werbern nur eine einzige Frage in solchen Momenten: »Sind die Domains noch frei?«, fragte ich zitternd. »Ja, sogar die .com!«, entgegnete mir Hubertus aufgeregt. Ich fühlte mich, als hätten wir gerade mitten in Rom einen freien Parkplatz gefunden: magisch. Wir schwärmten noch lange am Telefon, und irgendwann fiel mir ein, dass ich meine Klausur ganz vergessen hatte.

Eigentlich simpel: das Prinzip

Die mymuesli-Idee ist sehr einfach: Aus rund 75 von uns ausgewählten Zutaten sollte jeder sich ein eigenes Müsli nach eigenen Vorlieben zusammenstellen können. Warum überhaupt? Das hat »mobil«, die Zeitschrift der Deutschen Bahn, in der Ausgabe 07/2009 sehr schön auf den Punkt gebracht:

»Es gibt Nussfans und Rosinengegner, Nussallergiker, Rosinenfreunde, rosinenliebende Nussanhänger, Rosinen-Nuss-Hasser und Trockenfruchtfanatiker. Dazu kommen die Schokoverrückten.«

Zwei von uns mochten keine Rosinen, einer machte sich nichts aus Rosinen. Niemand fand Rosinen super. Aber Müsli. Dass es aber in erträglicher Qualität kaum ohne Rosinen gab. So hatte unsere Startup-Idee doch sehr viel damit zu tun, dass wir uns selbst einen Wunsch erfüllen wollten. Nie wieder wollten wir nach einem schlechten Toastbrot zum Frühstück schon um 10.17 Uhr wieder den Hunger unseres Lebens haben ... Als Schüler hatten wir das oft genug erlebt. Und alle wussten wir: Müsli macht länger satt. Schmeckt besser. Win-win.

Wir vergaben die Aufgaben neu: Hubertus wollte (oder musste, er war ja der Einzige von uns, der vernünftig programmieren konnte) sich um die Internetseite kümmern, Philipp um das Kaufmännische, um die Logistik und um die Zutaten. Und ich wollte die Texte schreiben, das Müsliblog betreiben, E-Mails beantworten und die Pressearbeit stemmen. Das Zusammenstellen und Abfüllen der Müslidosen, das würden wir gemeinsam machen. In unserer extra angemieteten Manufaktur, dazu später mehr. Bis die an den Start gehen konnte, mussten wir erst mal unser Produkt entwickeln, zum Beispiel herausfinden, was überhaupt schmeckt! Also richteten wir in unserer WG eine unwissenschaftliche Versuchsküche ein. Wir gaben im Bio-Laden Unsummen für Probierpäckchen mit getrockneten Erdbeeren und Nüssen aller Art aus. Wir mixten Ananas mit Haferflocken und Schoko-Cornflakes mit Gojibeeren und Crunch mit Gummibärchen. Da ging's schon los. Gehören Gummibärchen ins Müsli? Schokolade? Oder Weihnachtsplätzchen? Wir fanden: ja, natürlich. Jeder, wie er mag. Und Peter Thomas von der »FAZ« hatte Verständnis für uns (»FAZ« vom 19.1.2008):

»Orthodoxes Zuckerverbot herrscht nicht, davon zeugen Zutaten wie Schokopops und eben auch Gummibärchen. Solche Bausteine im Müsliprogramm weiß zu schätzen, wer einmal versucht hat, Kindern zuckerfreie deutsche Bioflakes zum Frühstück zu servieren.«

2008 konnte man so etwas noch schreiben, ohne unter einem Shitstorm begraben zu werden – losgetreten von Eltern und von Orthorektikern (Letztere sind solche, die sich wegen gesunder Ernährung so verrückt machen, dass sie davon krank werden.) Der Artikel von Peter Thomas ist übrigens unter der Rubrik »Wahnsinn« erschienen.

Premium ist niemals billig: der Preis

Die Versuche in der WG-Küche hatten ein klares Ziel: Wir wollten das beste Müsli der Welt machen. Und da wir drei ja schon ganz unterschiedliche Müslivorlieben hatten, war unsere erste Annahme, dass eigentlich jeder ein anderes Lieblingsmüsli haben muss. Unsere zweite Annahme war, dass wir für das beste Müsli der Welt auch die besten Zutaten der Welt bräuchten. Logisch.

Wir wollten bei der Produktqualität überhaupt keine Kompromisse eingehen. Denn, so dachten wir, dann sind nicht nur die Kunden glücklich. Sondern uns wird auch keiner von der Konkurrenz ärgern und sagen, wir würden Billigzutaten verwenden. Außerdem sollten von den leckeren Zutaten besonders viele ins Müsli. Ein Beerenmüsli musste genügend Beeren beinhalten, dass es a) den Namen verdient und b) auch in der letzten Schale noch ein paar Beeren schwimmen!

Uns wurde schnell klar, dass allein die Rohstoffe recht teuer werden würden. Wenn es in diese Richtung weitergehen sollte, bewegten wir uns im Premiumsegment. Das war ja eine der Positionierungslücken, die wir schon am Badesee identifiziert hatten. Niemand hatte bisher üppige Portionen getrockneter Himbeeren, Heidelbeeren und Gojibeeren ins Müsli gemixt. Die gängigen Müslipreise im Supermarkt hätten das auch einfach nicht zugelassen.

Apropos Gojibeeren: Was ist das eigentlich? Kann man die essen? Das wussten wir anfangs auch nicht. Also blieb uns nichts anderes übrig als die schon erwähnten Selbstversuche. Es blieb die Frage: warum eigentlich Bio? Das erklärte ich allen damals immer so: »Eine Bio-Aprikose sieht schon anders aus als eine Aprikose aus konventionellem Anbau. Und ich finde, sie schmeckt besser. Die Qualität steht für uns an erster Stelle.«

Eigentlich seltsam, dass eine normale Aprikose per se anders aussieht als eine unnormale Aprikose. Vor allem aber fanden wir, dass man den Unterschied schmeckt. Und das gute Gewissen gab es gratis dazu: Premiumqualität hieß und heißt für uns daher möglichst 100 Prozent Bio. Doch Bio war teuer. So blieb uns nichts anderes übrig, als unser Müsli zu einem vergleichbar hohen Preis anzubieten.

Die richtige Preissetzung ist eine hohe Kunst: Und bis wir unseren Preis gefunden hatten, vergingen daher viele Wochen. Dass allein unsere Versandkosten von 3,90 Euro so hoch sein würden, wie ein durchschnittliches Supermarktmüsli kostete, war uns zu dem Zeitpunkt noch nicht bewusst. Aber egal, wie wir rechneten: Müslimixen im Supermarkt ließ sich als Vertriebsweg nicht realisieren. Jeder Zwischenhändler hätte das Müsli noch teurer gemacht. Wir vermuteten, dass die maximale Zahlungsbereitschaft dann erst recht überschritten würde. Eigene Läden haben wir zum damaligen Zeitpunkt nicht einmal durchgerechnet. Dafür gab es einfach kein Geld. Uns blieb also wirklich nur der Online-Direktvertrieb. In der Zwischenzeit waren wir ob der Versandkosten schon wieder schwach geworden: doch drei Bauchläden kaufen und durch die Fußgängerzone laufen? Unsinn.

Das Online-Modell hatte den Vorteil, dass wir direkten Kontakt zu unseren Kunden haben würden, eine Dialogbeziehung, mit der wir immer schnell und direkt Feedback einholen konnten. Das hielten wir für essenziell, um mymuesli immer besser zu machen. Es hatte auch den Vorteil, dass wir wirklich alles selbst machen konnten. Auch wenn die Idee, die Website selbst zu programmieren, im Rückblick überhaupt keine gute Idee war ...

Ursprünglich wollten wir mit drei Preiskategorien arbeiten: Bronze, Silber, Gold. Wenn man das aber im Detail anschaut, dann kann man irgendwann nicht mehr übersehen, dass Rosinenmüsli auf diese Weise viel zu teuer und Gojibeeren-Müsli viel zu billig wird. Der Gedanke war richtig, denn heute verkaufen wir gelegentlich Müsli für fast 35 Euro pro Dose. Das geht! Man muss nur ganz oft auf die ganz besonderen Extras klicken.

Also haben wir schnell noch etwas ausgedacht, das mit individuellen Preisen zurechtkam. Das heißt, Hubertus hat kurz vor dem Startschuss programmiert, weil er ja der Einzige von uns war, der schon als Teenager programmiert hatte, um nicht kellnern gehen oder Zeitungen austragen zu müssen. Das zahlte sich jetzt aus. Falls jemand das wissen will: Ja, es war die Hölle! Aber Hubertus hat es hingekriegt. Er sieht auf dem Startschuss-Video dann auch verdient am allermeisten fertig aus, da, an unserem kleinen Schreibtisch. Das europäische Pendant zur US-amerikanischen Gründergarage ist wahrscheinlich das Studenten-WG-Zimmer.

Selbst gemacht: www.mymuesli.com

Damals hat man sich Programmieren nicht in coolen Online-Tutorials oder via YouTube beigebracht (das erste YouTube-Video überhaupt vom Mitgründer Jawed Karim war erst im April 2005 hochgeladen worden), sondern mit Büchern. Deren Layout erinnerte stark an die Standardwerke aus unserem Studium, vor denen wir ja geflüchtet waren. Bilanz dieser ersten Monate: zwei kaputte Stehlampen in der WG, weil Hubertus aus Wut immer mal wieder ein Buch in die Ecke geworfen hat. Damals, in der Startup-Steinzeit der frühen 2000er-Jahre, hatten wir viele Vorteile, weil es weniger Konkurrenz durch andere Startups gab. Der Weg war für uns aber gleichzeitig steiniger, weil Gründerwissen nicht so leicht verfügbar war. Wer heute beispielsweise eine Programmierfrage hat, der kommt mit YouTube, Codecademy oder Spezialforen sehr schnell zum Ziel. Und damit viel schneller zu seiner Gründung. Der Standardsatz:»Ach hätte ich doch mal vor zehn Jahren gegründet«, ist also Quatsch: Zwar sind viele Nischen inzwischen besetzt, aber die Ressourcen sind so viel besser geworden.

Unsere allererste Website hatte ein innovatives Kernstück, auf das wir noch heute ziemlich stolz sind: den Müslimixer. Die Fans liebten den Mixer von Beginn an. Im Jahr 2007 gab es Leute, die schrieben uns per E-Mail: *»Hallo, ich habe gerade kein Müsli bestellt, aber ich habe vier Stunden mit dem Müslimixer herumgespielt.«*

So etwas macht heute wahrscheinlich keiner mehr. Dass ich mir mein Produkt auf einer Website zusammenklicken kann, daran hat man sich gewöhnt.

Das Prinzip haben wir nie verändert: Man startet mit einer Müslibasis. Dann fügt man weitere Zutaten hinzu. Jeder User bekommt am Ende zu jeder Dose eine persönliche Mix-ID. Das ist eine Nummer, die im System gespeichert wird. Wenn man also später das genau gleiche Müsli noch einmal essen will, sich aber nicht mehr erinnert, ob da nun Haselnüsse drin waren oder nicht, dann braucht man einfach nur diese Nummer einzugeben.

Im Jahr 2008 hatten wir ein eigenes Recommender-System auf der Homepage installiert: Ein Teammitglied, Thomas, hatte es für seine Bachelor-Arbeit programmiert. Heute ist so ein Mechanismus auch keine Sache mehr, die den Kunden aus den Socken haut.

Damals aber war das noch keinesfalls Standard: Wenn unsere Kunden also am Bildschirm Feigen in ihr Müsli mixten, dann erschienen passende Zutatenvorschläge unter den Worten »Zu Feigen haben andere Müslifreunde gerne gemixt: …« Dafür haben wir viel gutes Feedback bekommen und gerade Neukunden waren messbar glücklicher mit ihren Müslikreationen.

Was wir für die Müslifreunde noch erfunden haben, war eine optische Geschmacksvorhersage. Man kennt es aus Kochbüchern: Eine Zutatenliste ist informativ, es entsteht aber kein buntes Bild im Kopf und auch keine Vorfreude auf den Geschmack, wenn man nicht gerade seit 20 Jahren Gourmetkoch ist. Aus diesem Grund haben wir die »Geschmacksblume« erfunden. Es ist eine bunte Grafik, die auf den ersten Blick zeigt, ob das von mir zusammengestellte Müsli eher süß oder herzhaft oder knusprig oder breiig ist. So bekommt jeder nicht nur ein individuelles Müsli, sondern noch eine individuelle Grafik dazu.

Zusätzlich hat man die Möglichkeit, seinem persönlichen Müsli einen Namen zu geben. Im Laufe der Jahre sind da sehr lustige Ergebnisse entstanden.

- »Mähdrescher«
- »Irish Sheep-Food«
- »Potenzmüsli«
- »Ich hasse Frühstück«
- »Atomkraft nein, nein«
- »Gestiefelter Brummbär«
- »Esel und Kamel«
- »Bitte heirate mich!«

Nach unserem Start waren wir so happy, dass die Seite lief und auch in Zeiten mit größerem Ansturm nicht in die Knie ging. Doch dann kam, was kommen musste. Per E-Mail meldete sich ein echter Hacker. So bezeichnete er sich selbst. Wir versuchten, ruhig zu bleiben, und wir verabredeten uns zu einem Telefonat:
Der Hacker: »Stimmt, ich habe eure Seite gehackt!«
»Vielleicht bist du so freundlich und sagst das niemandem?«

Der Hacker: »Ich sage es euch, weil ich eure gesamten Bestelldaten löschen könnte.«»Vielleicht sagst du es einfach trotzdem niemandem?«»Vielleicht sollte ich erwähnen, dass ich auch jedem Kunden Rosinen ins Müsli mischen könnte.«

Es verschlug uns dreien den Atem. Eine Müsliseite hacken? Wer macht denn so etwas? Zum Glück war der Hacker einer von der guten Seite der Macht und so freundlich, uns bei der Reparatur unseres Bugs zu helfen.

Was uns aber vor weiteren Bugs nicht rettete. Schon bald meldete sich ein Müslikunde, dass er auf unsere Seite zwar zugreifen könne, aber vor dem Abschluss der Bestellung, ganz am Ende, dann eine Fehlermeldung bekäme – und wieder von vorne anfangen müsse. Das wäre auf Dauer eher frustrierend, meinte er.

»Welchen Browser nutzen Sie denn?«»Den ganz normalen. Den Internet Explorer von Microsoft.« Oha. Das war genau der Browser, der für uns eben nicht der normale war. Wir kannten nur Apple und hatten diesen Fehler überhaupt nicht auf dem Schirm. Ganz schlecht, wenn wie damals fast drei Viertel aller Benutzer mit Microsoft im Internet unterwegs sind. Wir hatten keine Ahnung, wie man das schnell lösen sollte. Der Website-Code hatte ja Tausende von Zeilen.

Und wie immer in solchen Momenten, fiel uns nur eine Lösung ein: unsere Müslifreunde fragen. Wir stellten das Problem auf unsere Website, sofort trudelten die ersten Kommentare ein. Nichts half uns weiter. Bis sich ein HTML-Ninja meldete, der uns auf einen Fehler im Quellcode hinwies: Wir hatten ein Leerzeichen vergessen.

Die IT-Probleme rissen nicht ab. Im Sommer 2008, mehr als ein Jahr nach dem Start, hatten wir es endlich geschafft, unsere IT so zu aktualisieren, dass die Kunden per Lastschrift oder Kreditkarte oder Überweisung oder PayPal zahlen konnten. Lastschrift oder Kreditkarte waren für uns am besten, deshalb kombinierten wir gemeinsam mit dem Zahlungsanbieter diese Zahlmethoden mit einer Regenwald-Rettungsaktion. Pro zehn Euro, die der Kunde für Müsli ausgab, rettete er einen Quadratmeter Regenwald am Amazonas.

Leider gab es irgendeinen IT-Fehler, durch den viele Bestellungen doppelt bearbeitet wurden. Wir mussten die Produktion sofort stoppen und einen halben Tag aussetzen, bis wir den Fehler gefunden hatten. Das war frustrierend und ärgerlich, weil richtig teuer. Zum Glück haben es die Kunden nicht mitbekommen. Und der Regenwald freute sich.

Auf der Suche nach der perfekten Hülle: die Dose

Ewig lange tüftelten wir an der Frage, wie genau unser Müsli zum Kunden kommt: im Cellophan-Beutel, dann verschickt im Maxibrief?! Das ging nicht. Wer's nicht glaubt, nimmt sich mal eben einen solchen Beutel mit Briefumschlag und versucht, Müsli sauber einzufüllen. Vergesst es! Außerdem sah das überhaupt nicht gut aus. Und wer glaubt, die Entscheidung für eine Verpackung sei immer das Ergebnis eines strategischen Prozesses, der versucht bitte mal, eine strategisch durchdachte Verpackung in kleiner Stückzahl auf einer Messe zu ordern:

Ende September 2006 steckten Philipp und ich bis zum Hals in unseren Studienabschlüssen. Die offene Frage nach der idealen Müsliverpackung trieb uns aber derartig um, dass wir die Bücher weglegten und uns auf den Weg zur »Fachpack« machten, das ist eine der weltweit größten Messen für Verpackungstechnologie. Wer so etwas noch nie gesehen hat, der fühlt sich spontan sehr klein zwischen all der Wellpappe, den Kisten und Gläsern, Tuben und Schachteln.

Wir bügelten also die Abiball-Anzüge auf, marschierten möglichst selbstbewusst durch die Hallen und sprachen naiv jeden Hersteller an, der uns irgendwie geeignet schien. Doch ganz gleich, bei wem wir unser Projekt vorstellten: Niemand nahm es ernst – obwohl wir sogar selbst ausgedruckte Visitenkarten aus dem Tintenstrahldrucker mitgebracht hatten. Die Hersteller musterten sie skeptisch, fragten dann immer nach einer Verpackungs-Stückzahl »ab 10.000«. Heute wissen wir natürlich, dass selbst das noch wenig ist. Damals hatten wir den Eindruck, mit 10.000 Boxen hätten wir erst einmal genug Material für drei bis sieben Jahre. Dass dieser Eindruck falsch war, konnten wir zu diesem Zeitpunkt nicht wissen. Diese Erkenntnis kam uns 21 Tage nach unserem Startschuss.

Wir hatten die Mission schon fast für gescheitert erklärt und waren bereit für ein erstes Frustbier. Doch weil wir nun extra zu dieser seltsamen Messe gefahren waren und viel Eintritt bezahlt hatten, schleppten wir uns noch durch die allerletzte Halle.

Und sahen: Tierfutter und Salz. In Dosen. Ganz hinten hatte ein Familienbetrieb lauter Behälter für alles Mögliche aufgebaut, das sich irgendwie streuen ließ.

»Siehst du das, was ich sehe«, stieß ich Philipp in die Seite. »Fischfutter?« »Nein, die Dosen.«

Wir nahmen unseren Mut noch einmal zusammen, nestelten die schon etwas angeknickten Visitenkarten noch einmal hervor und erklärten dem Händler die Idee.

»Müsli? In Dosen? Na wenn Tierfutter geht, dann geht auch Müsli. Wie viele Dosen wollt ihr Jungs denn haben?« Wir: »3.000?!« Er: »Hahaha, hinterher wollt ihr das auch noch per Hand abfüllen?« »Äh, wie denn sonst?« »Ach, wisst ihr was, ich mache das für euch!«

In dieser Sekunde hatten wir unsere Verpackung gefunden – wenn auch vielleicht nur deshalb, weil dieser Hersteller uns und unsere Idee irgendwie witzig fand und sie unterstützen wollte. Heute sind wir einer seiner größten Kunden, glaube ich.

Hubertus war ernüchtert, als wir mit nur einem einzigen Angebot von der Messe kamen, aber die Idee mit der Dose fand er spontan gut. Wir wollten mymuesli von Anfang an so gut wie möglich machen. Da uns an dem bisherigen Angebot nichts gefiel, war es relativ leicht, uns zu differenzieren: Wir mussten nur alles anders machen als alle anderen!

Beim Produkt selbst war das einfach: Es war ohnehin jede Müslimischung anders als alle anderen. Und bei der hohen Zutatenqualität konnte ja kaum etwas schiefgehen.

Jetzt eine Dose ins Spiel zu bringen, während alle Konkurrenzprodukte in Pappboxen und Beuteln angeboten wurden, erschien Hubertus, der ja für das Marketing verantwortlich war, als genau der richtige Weg. Als er länger darüber nachdachte, entpuppte sich die Dose sogar als der einzig richtige Weg: Ein solches Teil kann immerhin auf einer Waage stehen! Ein Brief oder Plastikbeutel hätte das nicht gekonnt. Auch der Kunde hatte etwas davon: Die Dose war sehr angenehm in der Handhabung, einfach zu öffnen und wieder zu verschließen bei optimalem Dosierverhalten. In dem Zusammenhang haben wir auch ein neues Wort kennengelernt:»Erstöffnungsgarantie«: So heißt die Alumembran, die den Inhalt jeder Dose frisch hielt und noch heute hält.

Wir probierten dann wochenlang herum, welches Versandgewicht mit welcher Füllhöhe in welchem Dosenformat am besten aussehen und sich gleichzeitig am besten verschicken lassen würde. Letztendlich hat Hubertus den»Goldenen Schnitt«mit den Portogesetzen der Deutschen Post geremixt und das Ergebnis war: 27 Zentimeter hoch, neun Zentimeter breit, 575 Gramm drin. Dann kamen noch ein paar Variablen dazu:

- Das Inhaltsvolumen musste in einem günstigen Verhältnis zu den Preisschwellen stehen.
- Außerdem musste das Inhaltsvolumen zur Verzehrzeit passen. Wenn die Packung nämlich zu schnell leer würde, hätten die Kunden keine Lust, so schnell wieder nachzubestellen. Und wenn sie zu langsam leer würde, könnte der Geschmack leiden.

Was wir nicht geahnt hatten, war, dass unsere Verpackung aus Versehen so ikonisch daherkam, dass sie später fester Markenbestandteil werden sollte. Die Differenzierung durch die Verpackung war auch Marketing; wir hatten einen Wiedererkennungswert gefunden!

Ehrlich gesagt, ist unsere schöne Dose aber manchmal sehr unpraktisch, vor allem für unsere Logistik. Leer beansprucht die Dose genauso viel Lagerfläche wie voll und sie passt nicht in Briefkästen. Das ist der Grund, warum Online-Händler Wollpullis nicht in Dosen verschicken, sondern in superdünnen Plastikbeuteln. Wir hingen aber nun an unserer Dose fest. Was unerwartet zum nächsten Marketingeffekt führte.

Gerade weil unsere Dosen in den Versandkartons nicht in den Briefkasten passen und die Versandboxen meist groß ausfielen, bestellten viele Kunden ihr Müsli ins Büro. Und stellten es dort prägnant auf ihren Schreibtisch: Das waren Tausende Mini-Litfaßsäulen für uns, die für eine Menge Aufmerksamkeit sorgten und viele Kollegen dazu brachten, in der nächsten Daddelpause mit unserem virtuellen Müslimixer zu spielen und sich auch so ein schönes Müsli zu bestellen. Auch witzig: Die 27 Zentimeter hohe Dose passt sehr selten in handelsübliche Küchenschränke. Also muss man sie auf die Arbeitsfläche stellen, wo jeder Küchengast sie sehen kann.

Solche glücklichen Zufälle entstehen häufig, wenn man einfach macht. Ein Zu-Ende-denken-Wollen kann dies sogar verhindern. Also: machen!

Alles, nur keine Haferflocken: das Design

Genauso wichtig wie die Dose selbst war für uns aber das Druckbild. Erst damit ist die Verpackung ja rund, also fertig. Das stellte uns vor ein Problem: Wir hatten fast unendlich viele verschiedene Müslimischungen im Angebot, aber konnten uns nur eine Verpackungsvariante leisten. Die musste immer gleich aussehen, das war schnell klar. Und weil jeder nach seiner Bestellung sowieso schon weiß, was er bekommt, müssen wir ihm auch kein Foto vom Müsli auf die Packung drucken. Die ausgewählten Zutaten kannten die Kunden ja aus dem Mixer.

Mit der alten Marketingweisheit eines Professors aus Budapest, der Philipp und Hubertus durch das MBA-Studium gequält hatte, – »You better make sure that your packaging shows what's inside!« – konnten wir also brechen. Das kam uns sehr gelegen, denn wenn es bei Lebensmittelverpackungen für unseren Geschmack ein absolutes No-Go gab, dann war es der »Serviervorschlag«. Für uns der Inbegriff der Kundentäuschung und die Garantie, dass das, was später auf dem Teller landet, garantiert nichts mit dem Fake-Foto auf der Packung zu tun hat. Wir beschlossen also, möglichst niemals ein Müslifoto auf die Packung zu drucken. Stattdessen blieben wir sehr reduziert und typografisch.

Die Farben für das Logo kamen von Hubertus. Der hatte schon immer ein Faible für Produkt- und Industrie-Design und hätte das beinahe studiert. Die Aussicht aber, vielleicht sein ganzes Leben lang Messergriffe gestalten zu müssen, die fand er so schlimm, dass er lieber etwas anderes studierte, auch nicht Werber wurde, wie schon erzählt, und in seiner Freizeit im Jahr 2006 dann plötzlich Müslidosen entwarf.

Da mymuesli doch mehr Buchstaben hatte, als es Al Ries, einer unserer Marketing-Lieblingsautoren, zugelassen hätte (weil man den Namen nicht sofort auf einen Blick erfassen kann), färbten wir die erste Silbe ein. Das »my« in einem schönen Rotton, das »muesli« in strahlendem Gelb. Das sah nicht nur nach Getreide mit Beeren aus, sondern passte auch noch hervorragend zur Zielgruppe, war frisch, clean und modern.

Weil wir keinen Farbfächer hatten, mit dem man typischerweise prüft, wie Farben im Druck aussehen, fuhren wir immer mit dem Bus zur »Passauer Neuen Presse«, wo meine alten Kollegen aus dem Volontariat uns netterweise ihre Fächer benutzen ließen. Das war im Nachhinein ein bisschen bescheuert von uns, weil dafür Stunden über Stunden draufgingen,

**die man anderweitig hätte einsetzen können. Und kleine Farbab-
weichungen egal gewesen wären. Aber hinterher ist man immer
schlauer. Und das ständige Rechnen in Opportunitätskosten mancher Gründer geht mir auch heute noch auf die Nerven: Man ist da
schnell wieder bei der Analyse-Paralyse. Wenn man immerzu nach-
denkt und -rechnet, ob man das jetzt lieber selbst macht oder ob
der hohen Opportunitätskosten jemand anderem überlässt: Also
da hat man's meistens schnell selbst erledigt. Und weiter geht's.**

Auch wenn das mit den Farben sehr aufwendig war: Richtig war es im
Nachhinein auf jeden Fall, so viel Zeit in das Produktdesign gesteckt zu
haben. Viele unterschätzen diesen Part, aber bei einem Premiumpro-
dukt ist es unabdingbar, sich auch um die kleinsten Details zu kümmern.

»Mischen possible«: die Manufaktur

Die Website wurde langsam fertig; und im Frühjahr fanden wir schließlich einen Raum: In der Passauer Fußgängerzone gab es ein Schuhgeschäft, »Olzinger«, einen alten Passauer Familienbetrieb. Der Inhaber
fand uns lustig. Und vermietete uns den Raum über seiner Filiale für
etwas mehr als 300 Euro. Er war quadratisch, hatte ungefähr 40 Quadratmeter und immerhin große Fenster.

Auf einem großen Tisch, den wir aus einer Küchenarbeitsplatte
und Tischbeinen gebastelt hatten, standen zwei Waagen. Dort wurde
gemixt bis in die Nacht. Unseren Hygienebereich mit Waschbecken,
Handschuhen und Kitteln hatten wir durch eine Theke abgetrennt.
Außerdem standen dort unsere PCs und unser Drucker. Links an der
Wand stapelten Dosen auf Paletten. Rechts die Plastikregale mit Zuta-
tenboxen. Alles ganz durchdacht: Jede Box hatte einen Deckel und eine
bestimmte Farbe. Flocken lagerten in blau gekennzeichneten Boxen,
Früchte waren rot markiert und so weiter.

Man stellt sich unter einem Handwerksbetrieb ja immer etwas Rusti-
kales, Gemütliches vor, bei Startups die berühmte Garage. Das Gesetz

wünscht sich das Gegenteil: glatte Wände, statt Holzregalen bitte nur abwaschbares Plastik. Außerdem ein HACCP-Konzept: ein Standard, den die US-amerikanische Firma Pilsburry mal für die NASA entwickelt hat, als diese Ende der 1950er-Jahre sichere und einwandfreie Astronauten-Nahrung brauchte. Wir wollten aber nur Müsli mischen, nicht zum Mond fliegen. Trotzdem sahen wir jeden Tag aus wie echte Astronauten: mit frisch gewaschenem Overall und mit Haube auf der Frisur, außerdem Handschuhen.

Die Dame vom Ordnungsamt, Fachbereich Lebensmittelaufsicht, besuchte uns regelmäßig auf dem Müsliplaneten und gab uns sehr gute Ratschläge: »Meistens komme ich nach der Eröffnung und muss schlimmstenfalls einen Laden schließen«, sagte sie uns. »Dass sich jemand vor der Eröffnung bei mir erkundigt, was er machen muss: Das passiert fast nie.« Als Premiumanbieter wollten wir jeden Standard übererfüllen – und das fing in der Manufaktur an.

Unser Logistikkonzept war verbesserungsfähig: Die Manufaktur befand sich im ersten Stock eines Altbaus. Und das mitten in einer Fußgängerzone. An einem Samstagmorgen kam der erste Laster. Der Fahrer namens Christian schüttelte nur den Kopf und sagte, dass ja wohl nur Studenten auf die Idee kämen, in einer Eins-a-Fußgängerzonen-Lage eine Lebensmittelproduktion aufzumachen. Recht hatte er. Doch zum einen wussten wir ja damals nicht, dass wir bald Tausende Müslidosen in der kleinen Manufaktur mixen würden. Zum anderen waren unsere Chancen auf tolle Gewerbeflächen sehr eingeschränkt: Wer Müsli mixt, das hatten wir in München ja schon gelernt, kommt bei Vermietern nicht gut an.

Wir trugen mit unseren Freundinnen Paket für Paket, Dose für Dose die Lieferungen nach oben. Die Europaletten passten nicht in das schmale Treppenhaus. Also mussten wir unten alles abladen, einzeln hochtragen, dann die Palette irgendwie die Stufen hochmanövrieren: anschließend wie Lego wieder alles zusammenbauen.

Philipps Freundin Maike, seine heutige Frau, schaute am Abend traurig in die fertig eingerichtete Manufaktur und sagte:

»Oh Gott, wir werden wirklich lange Müsli essen müssen.«

Ich konnte sie gut verstehen: Die Nüsse stapelten sich bis unter die Decke, die Traglast des Bodens hatten wir als unverbindliche Empfehlung verstanden. Aber unser Ehrgeiz war geweckt. Bierlaunig wettete ich, dass ich mir unser Firmenlogo tätowieren würde, sobald wir mehr als eine Million Umsatz machen. Ich bin seitdem froh, wenn keiner nachfragt, ob ich denn meinen Wetteinsatz schon eingelöst hätte.

Umsatz im Morgengrauen: die ersten Bestellungen

Zurück zu unserer ersten Nacht mit mymuesli. Nach 72 Stunden vor dem Rechner sieht man, wie gesagt, auch mit Mitte zwanzig aus wie ein Zombie. Richtig klar denken kann man nicht mehr. Entsprechend verwirrt waren wir, als wir nach dem Startschuss um 4.03 Uhr endlich auf den Matratzen lagen – und der Computer unregelmäßige Töne von sich gab.

Pling, pling, pling, pling ...

Was war das? Systemabsturz schon 20 Minuten nach dem Startschuss? Hubertus schälte sich aus dem Bett, um nachzuschauen, was da los war. Auf das Naheliegende war keiner gekommen. Die Töne hatten eine ganz andere und erfreuliche Ursache: Es waren Bestellungen! Jede Bestellung kam per E-Mail, ein Profi-Shop-System gab es ja nicht. Hubertus hatte das Programm so eingerichtet, dass es uns über jede Bestellung mit einem »Pling!« informierte. Dass Blogger-Frühaufsteher und Early Adopter morgens um 4.30 Uhr fast im Minutentakt orderten, damit hatten wir wirklich nicht gerechnet. Gegen Mittag hatten wir 40 Bestellungen, dann kamen noch mal 20. Wir konnten es gar nicht glauben und kamen aus dem Staunen nicht mehr heraus. Leider waren wir in diesem Moment viel zu beschäftigt, um uns ausgiebig zu freuen. Denn genau jetzt mussten zwei von uns dreien Kisten packen und umziehen.

Hubertus und Philipp hatten sich ein paar Monate vorher entschieden, zusammen in eine WG zu ziehen. Denn die neue Wohnung sollte auch Platz für ein Büro haben. Ich hatte ihnen Jan vorgestellt, einen alten Studienfreund. Er sollte nicht nur ihr neuer Mitbewohner werden, sondern jeweils in Teilzeit: Müslimodel, Kundensupport-Chef, Logistikleiter und Caterer. Das wussten beide Seiten damals noch nicht. Sonst hätte Jan dem Umzug vermutlich nie zugestimmt, sondern die Flucht ergriffen. Denn wer möchte schon in einem Startup-Büro wohnen, wo von morgens bis abends Musik läuft, Menschen telefonieren, Meetings stattfinden und gefeiert wird?

Wir drei fanden unser kombiniertes Wohn- und Arbeitshauptquartier toll. Der Blick aus dem Wohnzimmer ging direkt auf den Inn. Davon sahen wir aus unserem Büro nicht viel. Das lag auf der anderen Seite und bot direkten Blickkontakt zur Agentur für Arbeit. Wir wussten also gleich, wo wir hingehen konnten, wenn mymuesli scheitern würde.

Das Büro war fast voll mit unseren drei Schreibtischen, die wir zu einer Insel zusammengestellt hatten. Irgendwie schafften wir es aber noch, zusätzlich unseren »false friend« in den Raum zu schieben. Das war ein sehr billiges Schlafsofa, das gemütlich aussah, jedoch einen harten Aufschlag bescherte, wenn man sich mit Anlauf nach einem anstrengenden Tag auf seine Polster werfen wollte. Ähnlich fühlte sich das Schlaferlebnis an. Ich wohnte zwei Monate lang auf dieser Couch, bevor ich in eine andere WG umziehen konnte. Mit einem richtigen Bett, zehn Mitbewohnern und einem Bad.

Das Timing war schon sensationell: am Launch-Tag noch eben einen Sprinter mieten und eine Wohnung komplett umziehen. Außerdem gab es ja keine Smartphones, wir hatten auch nur die damals üblichen Mobiltelefone, die nicht viel mehr konnten als telefonieren und SMS schicken. So mussten wir immer mal zwischendrin den Laptop irgendwo mit einem Modemkabel anschließen, um zu sehen, ob Bestellungen gekommen waren.

Bis zum Umfallen: Wir füllen Dosen

Und nach dem Umzug? Haben wir weitergemacht. Wir legten morgens in unserem WG-Büro erst einmal unsere Playlist ein. Musikstück Nummer eins, mit dem fast jeder Arbeitstag begann, war die Suite für Jazzorchester Nr. 2 von Dmitri Schostakowitsch. Viele kennen sie vielleicht aus »Eyes Wide Shut«. Sie macht wach und verbreitet einen ähnlichen Aktionismus wie die Hintergrundmusik, die viele Jahre lang zur Werbung von Bonduelle-Gemüse den Mais marschieren ließ.

Dann druckten wir jede neue Bestellung aus. Mit dem Bestellzettel sind wir zum Kontoauszugsordner marschiert und haben die Überweisung gesucht. Überwiesen? Gut. Dann ab in den Ordner »Bezahlte Bestellungen«. Mit diesem sind wir dann in die Manufaktur gegangen, haben Zettel für Zettel wieder aus dem Ordner genommen und neben eine Waage gelegt, haben eine Dose nach der anderen auf die Waage gestellt und dann ging's los: 40 Gramm Haferflocken, Haselnüsse, Rosinen, Gummibärchen und so weiter. Schütteln. Einpacken. Adressieren. Frankieren. Losschicken.

Fürs Fernsehen haben wir manchmal noch einen Bildschirm zu unserem Mixtisch gestellt – das sah dann mehr nach E-Commerce aus. Aber die meisten Bestellungen mixten wir von ausgedruckten Papierzetteln, das ging schneller. Die Etiketten kamen aus unserem Laserdrucker auf 8er-Bögen. Was nicht gedruckt wurde, etwa weil wir den Bogen falsch eingelegt hatten, ergänzten wir mit Kugelschreiber.

Leider druckte der Drucker oft nicht, weil ihm die Umgebung zu staubig war und er mit Tausenden Klebeetiketten pro Tag nicht so gut klarkam: Also mussten wir ihn alle drei Tage beim örtlichen Media Markt ersetzen. Insgesamt kauften wir das Modell 36 Mal.

Sieben Tage die Woche, 3.000 Dosen ohne Pause. Nach einer Woche schrieben wir schwarze Zahlen. Nach zwei Wochen waren wir ausverkauft. Naiv wie wir waren, riefen wir unseren Dosenhersteller an und wollten Ware mal eben nachbestellen. Der sagte, das sei freilich gar kein Problem. Aber: »Ich mache gerade Dosen für ein paar andere Kunden. Noch sechs Wochen lang. Dann habe ich wieder Zeit für euch.«
Das war das Aus. Dachten wir. Lieferzeiten von sechs Wochen würden die frisch gewonnenen Müslifreunde nicht akzeptieren. Aber was blieb uns übrig? Die Seite offline nehmen? Auf keinen Fall! Also designte Hubertus ein Banner, das quer über die Seite ging und auf dem folgender Text stand: »Wir sind ausverkauft. Lieferzeit: etwa sechs Wochen«. Traurig gingen wir in dieser Nacht ins Bett.

Am Morgen waren wieder neue Bestellungen da. Außerdem hatten Blogs über den Ausverkauf berichtet. Die Kunden fanden das cool, manche Marketingprofis vermuteten einen PR-Stunt. Jedenfalls schreckte unser Produktionsausfall niemanden ab. Die Kunden mixten weiter an der virtuellen Maschine, unser Bestellcomputer plingte lustig vor sich hin und wir machten weiter. Wir konnten zwar nicht mixen, aber es gab genug zu tun in der Zwischenzeit, während unser Bestellstapel höher und höher und höher wurde.

Logistik: steilste Lernkurve

Dass die erste Zeit so an unseren Kräften nagte, lag daran, dass wir weder Schritte noch Stufen gezählt hatten. Unsere Manufaktur lag ja mitten in der Stadt. Und nicht nur die Rohstoffe trugen wir jeden Tag nach oben, sondern anschließend alle Pakete wieder runter zum DHL-Laster.

Weil wir aus allen Nähten platzten, mieteten wir ein kleines Lager dazu. Ein paar Hundert Meter entfernt im vierten Stock eines Mietshauses neben Hubertus' alter Wohnung. So mussten wir diese paar Hundert Meter auch noch laufen, dazu jeweils 80 Stufen hoch und 80 Stufen wieder runter. Nichts gegen Bewegung – aber das war nur anstrengend, zeitraubend und kräftezehrend. Und jeder Passauer, der die mymuesli-Geschichte irgendwo gelesen hatte, sprach uns an. Mit einem Hafersack auf der Schulter waren wir leichte Beute für einen Ratsch und auf 100 Meter gut zu erkennen. Ich hab keine Ahnung, wie wir diesen Sommer 2007 überlebt haben.

In diesem Moment hatten wir verstanden, dass eine »gute Lage« nicht nur auf dem Stadtplan gut aussieht, sondern dass die Lage exakt zu dem passen muss, was man tut. Eine Müsliabfüllfirma muss eben nicht in einer malerischen Altstadt liegen, sondern braucht Platz, kurze Fußwege zwischen Lager und Abfüllstation und einen Parkplatz. Außerdem ist es praktisch, wenn die Gründer nicht jede Dose persönlich zur Post tragen, sondern wenn ein Logistiker mit einem Lastwagen auf den Hof fährt, alles einlädt und abtransportiert.

Okay, Lektion gelernt: Unser nächster Standort war dann ebenerdig, für Zulieferer und für DHL viel besser erreichbar.

Jetzt hätte alles gut sein können! Dass einem Startup die eigenen Logistikprobleme böse auf den Fuß fallen können, ist aber nur die halbe Wahrheit. In echt fallen die Logistikprobleme der Geschäftspartner dann noch mal oben drauf.

Kurz vor Weihnachten 2007 gab es Probleme irgendwo mitten auf dem Meer. Piraten, Seeungeheuer, schlechter Wind – ich weiß es nicht. Das Ananasschiff jedenfalls fuhr und fuhr und kam nicht an. Bei uns stapelten sich die Ananasmüsli-Bestellungen. Es ist unvorstellbar, wie viele Kunden sich Ananas ins Müsli gemixt hatten. Mehrere Tausend! Wir hatten aber keine Ananas, und andere Biohändler hatten auch keine Ananas. Wir mussten die Ananas tütchenweise in den Lagern diverser Bioläden einsammeln. Betriebswirtschaftlich machte das überhaupt keinen Sinn. Aber wir wollten die Müslifreunde doch nicht enttäuschen – vor allem nicht an Weihnachten! Wir taten, was wir konnten, und mussten doch irgendwann 2.500 Briefe schicken: *»Sorry, keine Ananas da, wir haben Dir aber dennoch ein Müsli gemixt.«*

Anfangs hing die Ware zwischen Zulieferer und uns fest. Umso ärgerlicher, wenn sie zusätzlich zwischen uns und den Kunden festhing! Das passierte immer dann, wenn die Müslibesteller zwar ihren Namen und ihre Büroadresse angaben, aber nicht die Firma, bei der sie arbeiteten. Wie soll nun ein Postbote mit einem Paket Müsli unterm Arm in einem Bürogebäude mit über 1.000 Arbeitsplätzen ausgerechnet Herbert Müller finden, der auf sein Ananasmüsli wartet?

Immerhin: Sobald das Müsli aber beim richtigen Müslimixer angekommen war, blieb es auch dort. Wir hatten kaum Reklamationen. Vermutlich deshalb, weil niemand sein selbst gemixtes Müsli wieder aus der Hand geben wollte.

Viel abfüllen, wenig verdienen: Aller Anfang ist schwer

Wir haben also die IT selbst gemacht, das Produktdesign, das Produkt, die Manufaktur und die Logistik. An dieser Stelle werden wir gerne gefragt: Wie habt ihr das eigentlich alles bezahlt?

Unsere Antwort: Wir mussten fast nichts bezahlen, weil wir kaum Kosten hatten. Den Rechner zum Programmieren hatte Hubertus noch aus der Studienzeit. Die Mieten für die Manufaktur und unsere WG-Zimmer waren sehr niedrig. Insgesamt brauchten wir rund 3.500 Euro Startkapital für die Zutaten, die Waagen und was sonst noch so anfiel.

Weil wir uns gerade so mit dem über Wasser hielten, was wir hatten, uns selbst keine Gehälter ausbezahlten, weil wir keine »richtigen Büros« hatten und alles Organisatorische in der WG-Küche improvisierten, reichte das erst einmal.

Die Küche war typisch studentisch: Auf unlackierten Holzstühlen verhandelten wir Liefer-, Arbeitsverträge und Kooperationen und entwickelten unser Geschäftsmodell weiter. Diese Küche war auch die Drehkulisse für die TV-Teams, die uns damals gerne besucht und alles mit Kabeln und Lampen verstopft haben.

Wer ganz pragmatisch gründet, der kauft eben nicht zuerst mal ein teures Auto, kein Penthouse, keine superteuren Design-Büromöbel und auch keine 3.000-Euro-Maßanzüge. Das ist selbstverständlich. Man braucht als Gründer auch kein Sekretariat und muss bereit sein, vieles selbst zu machen, darf sich für fast nichts zu schade sein. An dieser Grundhaltung haben wir bis heute nichts geändert.

Was für eine Firma sind wir eigentlich?
Die Rechtsform

Wer gründet, muss sich für eine Rechtsform entscheiden. Das ist nicht so schwer, wie man denkt: Wir waren zunächst eine GbR, also Personengesellschaft. Und eine solche entsteht recht schnell, dazu muss man nicht mal ausdrücklich etwas vereinbaren, das kann auch konkludent geschehen, wie Juristen das nennen. Also einfach, indem man zusammen Geschäfte macht.

Das hatte viele Vorteile, zum Beispiel war es unbürokratischer und für Philipp waren die Finanzen einfacher zu handhaben. Doch es gab für uns drei entscheidende Nachteile:

• Zum einen haftet man bei der GbR persönlich. Und das für alles Mögliche. Wenn also einer von uns dreien auf dem Weg zur Arbeit einen Unfall gehabt hätte, könnte bei einer GbR der Unfallgegner jeden als Anspruchsgegner ins Visier nehmen. Das würde dann,
• zweiter Nachteil, auch für neue Mitglieder gelten, etwa einen Investor. Der hätte darauf vermutlich keine Lust gehabt, weil er ja Risiken mitträgt, die er gar nicht tragen will und nicht absehen kann.
• Drittens: Eine GmbH, fanden wir, wirkt viel professioneller und zwingt uns außerdem, dem Ganzen einen vernünftigen Rahmen, eine Satzung, zu geben.

Also sind wir im Sommer 2007 zum Notar gegangen: und haben die mymuesli GmbH gegründet. Die drei Nachteile helfen euch vielleicht schon bei der eigenen Entscheidung: Wollt ihr externes Geld aufnehmen durch Beteiligungen? Ist es euch wichtig, größer wahrgenommen zu werden? Dann ist zum Beispiel eine GmbH vermutlich eine gute Option.

Früher musste man bei GmbHs immer noch mindestens 12.500 Euro für das halbe Stammkapital einplanen. Seit der Erfindung der UG reicht auch ein Euro.

Aber: Don't get me wrong, es muss nicht immer eine UG oder eine GmbH sein, eine GbR reicht oft am Anfang aus. Das Gute daran: Die

GbR entsteht meist erst mal umsonst. Der Getränkehersteller Fritz-Kola zum Beispiel war lange Zeit eine GbR der beiden Gründer Mirco und Lorenz. Auch eine Personengesellschaft kann und ist regelmäßig Fundament einer erfolgreichen Gründung. Also muss die Frage vermutlich lauten: Wer kann mir helfen, das nun zu entscheiden und zu optimieren? Dazu gleich mehr.

Ihr seid viele? Was Gründer regeln sollten

Diese Frage betraf uns und sie betrifft euch auch, wenn ihr zu mehreren gründet. Jede Eventualität kann und sollte man sicher nicht regeln, aber ein paar Grundfragen solltet ihr euch mit Notar oder Anwalt oder im Team schon stellen. Typische Fragen sind:

- Was passiert, wenn einer rauswill?
- Wollen wir da vorab eine Entschädigung regeln?
- Sollen und wollen alle Geschäftsführer sein?
- Und – auch wenn man mit Anfang 20 typischerweise nicht an diesen Fall denkt –: Was passiert, wenn einer stirbt?

Sich mit diesen Fragen zu beschäftigen, hat uns dabei geholfen, zu erforschen, was wir wirklich wollen. Wenn zum Beispiel einer das Ganze nur nebenberuflich machen will, könnte man das hier gleich bei der Anteilsvergabe berücksichtigen: Er engagiert sich weniger und bekommt dann auch weniger. Bei uns war es so: Wir wollten alle.

Unser Tipp also: ruhig perspektivisch denken und nicht immer nur sagen: Das ist jetzt erst mal egal. Entscheidet mit Augenmaß, was für euch wichtig ist. Und seid offen und ehrlich zueinander. Denn enttäuschte Erwartungen sind meistens das Ergebnis von nicht geäußerten Erwartungen. Ob ihr das dann in eurer GmbH-Satzung oder einem separaten Shareholder-Agreement oder auf einer Serviette regelt: Dazu können euch Notar und Anwalt beraten. Oder ihr entscheidet es selbst. Hauptsache: machen.

> **Nur keine Scheu! Notare sind Hidden Champions, die nicht nur gut vorlesen können, sondern auch sehr gut beraten. Diese Möglichkeit wird nur von Gründern selten in Anspruch genommen. Anwälte sind natürlich auch gute Berater und vor allem bei schwierigen Konstellationen zu empfehlen. Wer Angst vor hohen Stundensätzen hat: Vorab nach Kostenvoranschlag fragen. Gründerberatungen gibt es auch bei den örtlichen IHKs, an vielen Unis, FHs, durch Vereine oder andere Initiativen.**

Dein Produkt

In diesem Kapitel ging es um die Bestandteile unseres Startups, unsere Unternehmenszutaten. Klar: Jedes Startup hat seine eigenen Zutaten. Aber fast alle Startups haben ein analoges oder digitales Produkt. Das muss im Fokus stehen. Und ständig verbessert werden. Denn so gut der rechtliche Rahmen auch sein mag, über den wir gerade geschrieben haben: Wenn das Produkt doof ist, dann kann man sich den ganzen Rest auch schenken.

Aber wann ist das Produkt gut genug, um auf den Markt zu kommen? Eine schöne Methode ist der MVP-Ansatz von Eric Ries. MVP steht dabei für Minimum Viable Product. Also frei übersetzt ein Produkt, das gerade schon brauchbar ist, aber weit entfernt von perfekt.

Das klappt auch bei Premiumprodukten wie mymuesli. Unsere Dose war zwar durchdacht, es sind viele, viele Stunden an Geistesarbeit reingeflossen. Doch wir wussten: Es würde noch viele, viele Verbesserungen über die nächsten Jahre geben. Also kam auf jede der Dosen ein Beta-Stempel, um zu zeigen, dass wir mit dem Produkt noch lange nicht am Ziel waren. Den Stempel haben wir in einem kleinen Passauer Stempelladen anfertigen lassen, den es heute leider nicht mehr gibt. Der

Eigentümer fragte mehrfach nach: »Ihr seitz auch wirklich sicher, dass auf dem Stempel do nur B-E-T-A stehen soll?«

Das MVP ist, wie unsere ersten Dosen, noch als Prototyp zu sehen. Es lässt erahnen, welches Potenzial in ihm schlummert. Doch schreit geradezu nach Kundenfeedback und Verbesserungen. Und genau um die geht es bei der sogenannten »Lean-Startup-Methode«, für die Eric Ries bei Gründern berühmt ist. Man ist in einem Modus ständiger Kurswechsel. Und ständige Kurswechsel sind ganz normal! Das Ziel: das Produkt immer besser an die Kunden- und Marktbedürfnisse anzupassen. Oder sogar einen Pivot vorzunehmen: also einen Shift weg vom ursprünglichen hin zu einem neuen Geschäftsmodell.

- **Dein Produkt:** Entwickle ein klares Alleinstellungsmerkmal, begründe eine neue Kategorie statt nur einer inkrementellen Verbesserung, fokussiere dich. Analysiere den Markt – im entscheidenden Augenblick setze aber auf das Machen. Sonst tappst du in die Analyse-Paralyse-Falle.
- **Deine Produktion:** Es ist ganz normal, dass du am Anfang viele Fehler machst. Jedes Hindernis, das du überwindest, ist eine Lernchance. Und ein Erfolg! Der muss gefeiert werden – auch wenn die nächste Hürde schon in Sicht ist.
- **Deine Logistik:** geht nur mit kompetenten Partnern.

- **Deine Gefühle:** Besonders am Anfang ist es ein ständiges Auf und Ab der extremen Emotionen, wie in einer Achterbahn. Damit geht jeder anders um ... Wichtig ist: Lass es dir nicht zu nahe gehen. Es wird einen Weg geben, und du wirst ihn finden. Indem du machst! Wobei Machen auch heißen kann: du findest heraus, dass dein Weg ins Nichts führt, du drehst um und startest woanders noch einmal neu.
- **Der Weg ist steinig** und schwierig. Immer. Das ist die normale Härte.
- **Alles, was schiefgehen kann,** geht auch schief. Zumindest fast alles ...
- **Fehler sind dazu da,** aus ihnen zu lernen. Und sie nicht noch einmal zu machen!
- **Fuckups schnell abstellen,** besser werden, weitermachen!

Ausgewähltes für Startup-Macher

- *Lean StartUp: Schnell, risikolos und erfolgreich Unternehmen gründen. Eric Ries (Redline 2014)* Machen, messen, machen, messen – eigentlich ist das Lean-Startup-Prinzip sehr einfach. Ein bisschen was haben wir dazu ja auch schon in diesem Kapitel erzählt. Es geht darum, sehr früh und radikal den Kurs anzupassen an das, was sich als erfolgreich entpuppt. Das spart Zeit und Geld, bringt ein junges Unternehmen entweder schnell in die richtige Richtung, oder die Gründer zu der Erkenntnis, doch lieber etwas anderes zu gründen.
- *Erfolgreich Unternehmen gründen. Felix Thönnessen (Redline 2015)* Der Startup-Experte und Coach hinter den Kulissen der Show »Höhle der Löwen« trägt in diesem Buch grundlegende Gründertipps zusammen: von der Ideenbildung über den Businessplan bis hin zur ersten Büroorganisation. Interessant vor allem für diejenigen, die sich zum ersten Mal mit dem Thema Gründung beschäftigen.
- *The Art of the Start: Von der Kunst, ein Unternehmen erfolgreich zu gründen. Guy Kawasaki (Vahlen 2013)* Guy Kawasaki ist Startup-Legende, Investor, Blogger, Autor, vor allem aber war er einer der ersten Mitarbeiter bei Apple. In seinem Allround-Ratgeber zur Kunst des Gründens verrät er auf sehr amerikanische Art und Weise wirk-

lich gute Tipps, sodass »The Art of the Start« auf die Muss-man-ge-lesen-haben-Liste für Gründer gehört.

- *How I built this:* Ein Podcast über und mit den Gründern, die hinter den bekanntesten Unternehmen und Marken der Welt stehen. Guy Raz gelingt es, super spannende Menschen einzuladen und über gute Ideen, über Erfolge und Abstürze zu plaudern. *www.npr.org/series/490248027/how-i-built-this*
- *www.ted.com/talks/bill_gross_the_single_biggest_reason_why_startups_succeed* In der Fülle der TED-Vorträge weiß man oft gar nicht, wo man anfangen soll. Mein Vorschlag: bei Bill Gross. Er unterstreicht in seinem Vortrag den einen, den wichtigsten, den springenden Punkt, der ein Startup erfolgreich macht. Es ist nicht die Idee, es ist nicht das Team, es ist nicht das Geschäftsmodell, es ist nicht die Finanzierung – es ist ein anderer Punkt ... der auch bei mymuesli nicht unerheblich war.

Bekannt machen: Marketing (fast) ohne Budget

Nach den ersten beiden Kapiteln von Max hast du ja schon einen ganz guten Überblick bekommen, wer wir sind, woher wir kommen und wie es zur Gründung von mymuesli kam. Ich habe die ersten Monate gefühlt nur programmiert. Das machen jetzt glücklicherweise andere bei mymuesli. So hab ich mehr Zeit für meine Leidenschaft: Marketing. Storytelling, Online-Marketing, Offline-Marketing – darum geht es in diesem Kapitel. Wer am Markt erfolgreich verkaufen will, muss gute Werbung machen – so hatte ich es an der Uni gelernt. Also logisch: Wir brauchten eine Werbeagentur, die die richtige Botschaft für die richtige Zielgruppe formuliert, und eine Mediaagentur, die zur richtigen Zeit am richtigen Ort Werbung schaltet, damit die Zielgruppe unsere Botschaft empfängt. Nur: Das ging nicht! Dafür hatten wir kein Geld! Wir mussten einen anderen Weg gehen. Am besten wäre es, so dachten wir, wenn sich die Geschichte von mymuesli von selbst verbreitet. Vor zehn Jahren haben Marketingexperten diese Idee als naive Wunschvorstellung belächelt. Für uns aber war es die einzige Chance, mymuesli bekannt zu machen. Wir haben sie genutzt, und es hat funktioniert.

Warum ausgerechnet Müsli polarisiert

Dass die Idee zu mymuesli die Gemüter polarisierte, war für uns eine große Chance. Auf der einen Seite standen die Skeptiker: »Das ist nicht euer Ernst, das funktioniert doch nie!« Auf der anderen Seite die heutigen Müslifans: »Genau darauf habe ich gewartet!« Jeder hatte eine Meinung zu unserem Müsli und diejenigen, die nichts dazu sagten, wollten uns wahrscheinlich nur den Spaß nicht verderben. Anfangs haben wir uns noch gewundert, dass sich so viele Menschen Gedanken zu Müsli aus dem Internet machten. Uns dämmerte aber, dass das kleine Aufreger-Thema uns in die Hände spielte.

Von null auf 100 Prozent Marktanteil

Ich grübelte darüber nach, warum mymuesli so viel Resonanz erzeugte. Hätten wir nur besseres Müsli in einer anderen Verpackung gemacht, wären dann die Meinungen auch so unterschiedlich ausgefallen? Wohl kaum. Das passiert nur, wenn etwas wirklich neu ist. Mit mymuesli hatten wir offenbar eine komplett neue Kategorie geschaffen: »online custom-mixed muesli«. Das hatte es nie gegeben, und das brachte zwei Vorteile:

• Es war als echte Neuheit prädestiniert dafür, dass man sich privat davon erzählte und Journalisten darüber berichteten.
• In »unserer« Kategorie gab es keinen Wettbewerb! So hatten wir mit dem ersten verkauften Müsli 100 Prozent Marktanteil, waren Weltmarktführer für kundenindividuelles Online-Bio-Müsli.

Zugegeben: Die Marktführerschaft war das Ergebnis eines Gedankenexperiments und stand nicht direkt in Verbindung mit unseren Tagesumsätzen. Aber ... es war ein ermutigender Gedanke für einen Gründer wie mich, der pausenlos versuchte, sein frisches Uni-Gründerwissen mit der noch frischer erlebten Gründerwirklichkeit unter einen Hut zu bringen.

An dem Tag, als wir online gingen, lag ein Großteil der Marketing-Hausaufgaben schon hinter uns. Wobei ich mit Marketing nicht

Werbung meine. Zentrale Faktoren für das Marketing sind die Positionierung am Markt, die Wahl des passendes Vertriebsweges, die Preisstrategie, die Entwicklung der Verpackung und, und, und ... Wir haben fast kein Geld in diese Themen gesteckt, aber sehr, sehr, sehr viel Zeit.

Was eine gute Idee für Startups ist – denn diese Investition lohnt sich mehrfach. Wer gleich zu Beginn die richtigen Weichen stellt, macht sich den Weg später viel leichter. Dazu kommt, dass sich viele Ergebnisse aus dem frühen Marketingprozess später nicht mehr so leicht ändern lassen. Für uns zum Beispiel wäre es absurd, jetzt noch einmal unseren Markennamen oder die Verpackung ändern zu wollen. Schon damals hätte uns eine solche Entscheidung um Monate zurückgeworfen und wäre viel zu teuer gewesen.

Rückblickend war es gut, dass wir vor unserem Startschuss alle großen Marketingentscheidungen schon getroffen hatten. Denn danach war daran gar nicht mehr zu denken: Wir waren online, wir mixten Müslis, verpackten Müslis, kauften Zutaten, telefonierten mit Kunden, schleppten leere Dosen die Treppen rauf und volle Dosen wieder runter. Alles war auf einmal wichtig und dringend ... und alles hing allein an uns. Es gab kein Zurück mehr. Alles, was wir von nun an taten, war nicht mehr nur theoretisch, sondern wirkte direkt und ohne großen Zeitversatz – im Guten und Schlechten. Willkommen in der Realität!

Müslifreunde statt Zielgruppe

Wir sind eine User-Generated Platform«, habe ich damals in einem Interview mit »Markt und Medien« gesagt (Oktober 2008). *»Die Kunden* *haben uns sehr dabei geholfen, den Webauftritt zu gestalten.*« Man lernte viele neue Worte damals – User-Generated war auch dabei.

Auch unser Produkt ist von Beginn an auch ein Ergebnis der Zusammenarbeit mit unseren Fans gewesen. Ganz zu Anfang zum Beispiel haben wir die Müslidosen mit Luftpolsterfolie eingewickelt, damit sie nicht völlig verbeult geliefert wurden. Das sah schrecklich aus und kostete auch noch Aufpreis bei den Versendern. DHL schenkte uns dann eine Palette Paketkartons, die eigentlich für Weinflaschen gedacht waren. Die mussten wir innen mit einem Cuttermesser so zuschneiden, dass unsere Dosen reinpassten. Wenn wir das nicht sauber hinbekommen hatten, musste der Kunde so fest an der Dose zerren, dass die irgendwann mit voller Wucht herausflog und sich der Inhalt irgendwo verteilte. Vorzugsweise über einer Computertastatur. Getrocknete Heidelbeeren bereiten besonders große Freude, wenn sie sich über eine weiße Jeans ergießen.

Luftpolsterfolie – das ist natürlich keine gute Idee bei einem Produkt, das zu 100 Prozent Bio und zu 100 Prozent nachhaltig sein sollte! Im Blog schilderten wir im Mai 2007 das Problem (noch heute nachzulesen unter dem Titel *»Eine neue Umverpackung muss her!«*) und bekamen am gleichen Tag noch einen entscheidenden Hinweis auf eine Hersteller-Plattform, die uns zu einem Kartonhersteller führte. Der konnte unsere Ansprüche an Qualität und Nachhaltigkeit erfüllen. Und hatte seinen Standort keine 50 Kilometer entfernt. Es war cool, mit anzusehen, wie der Crowd-Sourcing-Effekt funktioniert hat.

Wir sprechen viel lieber von Fans, natürlich haben wir aber trotzdem eine »Zielgruppe«. Wie vermutlich fast jeder Onliner haben wir eine hohe Trefferquote bei internetaffinen Menschen aus Bal-

lungsräumen. Und bei Frauen. Die bestellen bei uns häufiger als Männer. Aber das Spannende an mymuesli ist ja die Tatsache, dass wir viele verschiedene Zielgruppen haben. Und man sollte sich auch nicht zu früh festlegen. Sonst schließt man ganz unnötig Menschen aus, die das eigene Produkt eigentlich auch mögen würden – wenn man nur drauf gekommen wäre.

Was den Unterschied und mymuesli wirklich weitergebracht hat: dass wir unsere Kunden so früh einbezogen haben. Doch gleichzeitig ist das ehrlicherweise auch anstrengend: Jedes Feedback muss man ernst nehmen, jede Meinung moderieren. Auch mussten wir uns überlegen, welchen Freiraum wir den Kunden geben wollten: Ging es uns nur darum zu erfahren, was die Kunden denken? Oder wollten wir sie auch echte Entscheidungen treffen lassen? Wir haben viel darüber diskutiert, viele Kundenmeinungen eingeholt, die relevanten Entscheidungen dann aber doch am Ende selbst getroffen.

Die intensive und direkte Kommunikation mit dem Kunden war uns von Anfang an extrem wichtig. Und so schien es uns nur natürlich, rund um die Uhr erreichbar zu sein. Das konnte allerdings ziemlich anstrengend werden. Der »FAZ« erzählte ich 2010 (Ausgabe vom 29.3.2010):

»Zu Beginn haben wir auf unserer Seite voller Übermut angekündigt, man könne uns 24 Stunden am Tag erreichen. Wenn dann aber der Schichtarbeiter um vier Uhr morgens auf dem Weg zur Arbeit nachfragt, ob sich Feigen mit Paranüssen gut kombinieren lassen, dann kommen einem ernste Zweifel an diesem 24/7-Konzept.«

Man hat es ja fast vergessen, aber mit der Interneteuphorie wurde auch die 24/7-Erreichbarkeit total schick.

Geschichte machen!

Während wir mixten wie die Wahnsinnigen, mussten wir an den nächsten Schritt denken. All die potenziellen Müslifreunde da draußen sollten doch erfahren, dass es mymuesli gibt! Unsere Idee brauchte Aufmerksamkeit, musste bekannt gemacht werden. Wie aber sollte das gehen ohne Budget? Wir konnten nur ausgeben, was wir durch Bestellungen direkt wieder verdienten. Jeder neue Kunde musste sich mit seiner ersten Bestellung bezahlt machen. Klingt logisch, oder? In der Marketingwirklichkeit ist das aber eine große Herausforderung. Dazu später mehr.

Wir hatten unsere Drähte zur Bloggerszene, über Max' Volontariat sogar Kontakt zu Printmedien und zum Fernsehen. Es standen uns wunderbare Kanäle offen, um die mymuesli-Story zu erzählen. Jeder liebt ja gute Geschichten und nur gute Geschichten setzten sich im Grundrauschen durch – früher am Lagerfeuer, heute auf Facebook.

Alt trifft Neu, David trifft Goliath

Nur: Was sind gute Geschichten? Das hatte Max glücklicherweise gelernt, als er als Volontär jeden Tag auf der Suche nach der nächsten großen Story war. Und Max fand: Wir sind eine gute Geschichte!

Philipp und ich fanden das nicht. Wir waren zurückhaltend bis skeptisch, was die Pressetauglichkeit unserer so simplen Idee anging. Schließlich waren wir eben nur drei Studenten, die von nichts Ahnung hatten und ein paar Zutaten zu Müslis zusammenrührten, um die dann per Post zu verschicken. Max hingegen sah großes Potenzial und formulierte es so: »Überlegt doch mal: Da kommen drei Studenten aus dem Nichts mit einer einfachen Idee, die einen verstaubten Markt aufrollt, auf dem es seit 50 Jahren keine Innovation mehr gegeben hat. Haferflocke trifft auf E-Commerce, trifft auf Mass Customization, trifft auf die Zukunft. Vom Reformhaus zum Lifestyle-Produkt. Das funktioniert! Da steckt so viel drin! Von David gegen Goliath bis ... bis zur urdeutschen Lust, anderen beim Scheitern zuzusehen.«

Sicherlich half es, dass es für die Presse im Sommer 2007 nicht so richtig viel zu berichten gab, dass man die Idee von mymuesli mit wenigen Worten jeder Oma erklären konnte. Und dass wir einfach wir waren: drei Studenten, die auf dem Weg zum See einen nervigen Radiospot gehört und spontan die Sache mit dem Wunschmüsli aus dem Internet erfunden hatten. Es war eine authentische Gründergeschichte zum Anfassen. Überzeugt hatte Max uns jedoch erst, als der Pressewirbel tatsächlich einsetzte. Was sicherlich auch damit zu tun hatte, dass Startup-Geschichten en vogue waren und der Internethandel immer gängiger wurde.

Die Welle rollt

In den ersten Wochen haben wir so viel PR bekommen, dass es sich wie im Traum angefühlt hatte. Max' Freundin Annika, heute seine Frau, war kurz vor dem Launch nach Thailand geflogen; Max rief sie dann immer an und sagte: »Heute hat das ›Handelsblatt‹ angerufen, und morgen sind wir wieder im Fernsehen.« Sie dachte lange, das seien nur Witze. Ausgegeben haben wir in den ersten zwölf Monaten fast nichts für Werbung. Alle Bestellungen kamen über Empfehlungen von Bloggern und die Presseberichterstattung.

Rückblickend würde ich unseren Gemütszustand in den ersten 18 Trubelmonaten als wirklich dankbar bis total genervt bezeichnen. Zu oft hatten wir immer wieder die gleichen Fragen beantworten müssen und übermüdet in Kameralinsen blinzeln dürfen. Zeitweise hatte ich den Eindruck, dass wir die Welle nicht mehr kontrollieren konnten. Es ging alles viel zu schnell, und natürlich machten manche Journalisten, was sie wollten. Wenn einem dann in einem Interview ein Ausrutscher passierte, man Quatsch erzählte, dann konnte man mit nahezu an Sicherheit grenzender Wahrscheinlichkeit davon ausgehen, dass genau das in der Überschrift landete. Ist ja auch aus journalistischer Sicht nachvollziehbar, sicherlich war es nie böse gemeint und Max sagte dann schulterzuckend: »Ach, das versendet sich!« Den Spruch hatte er beim Fernsehen gelernt.

Auch Stirnrunzeln gab es von Journalistenseite. Sophie, die Redakteurin des TV-Wissensmagazin »Galileo«, wollte uns anfangs nicht glauben, dass wir echt sind. »Jungs, das nehme ich euch nicht ab!«, sagte sie skeptisch. »Ihr behauptet, dass hier drei Jungs wohnen und arbeiten?!« Wir: »Ja?!« Sie: »Glaub ich euch nicht. Das ist doch alles zusammengecastet hier, ein Marketing-Gag.« »Wie kommen Sie denn darauf?« Sie: »Ganz einfach: Hier ist es viel zu sauber!«

Gut, dass wir in diesem Moment Jan ins Spiel bringen konnten. Unser Freund und Mitbewohner hatte uns am Vormittag geholfen, die WG fernsehtauglich zu putzen, und er war es auch, der jetzt mit Sophie ins Gespräch kam und gute Stimmung verbreitete. Eis gebrochen! Wir drehten drei sehr lange Tage zusammen für »Galileo«, hatten riesigen Spaß und waren völlig fertig danach.

Der »Galileo«-Bericht sollte nicht nur eine für ewig konservierte Peinlichkeit für uns werden (Denn wir drei sahen echt fies aus). Die zehnminütige Sendung vor einem Millionenpublikum war die beste Werbung, die wir uns hätten vorstellen können, und katapultierte mymuesli auf ein neues Level.

Es war genau das Level, das unser Systemadministrator Sebastian nicht mehr einkalkuliert hatte. Noch während der Ausstrahlung spürten unsere Server die Wucht des Müslibesteller-Ansturms. Sebastian tat alles dafür, dass die Server standhielten. Es ging eine ganze Weile gut, die Grenze der physikalischen Belastbarkeit rückte näher und irgendwann durchschlug die Wucht der Massen dann doch die Aufnahmefähigkeit unserer Server. Unser Webshop war nicht mehr erreichbar.

Philipp schaute fragend in mein niedergeschlagenes Gesicht. »Stell dir vor, du hast einen Supermarkt mit einem riesigen Parkplatz«, versuchte ich eine Erklärung. »Auf dem Parkplatz warten 10.000 Menschen darauf, deine Produkte zu kaufen – und dann klemmt die Tür. Das passiert uns gerade.« Vielleicht war es aber auch ganz gut, dass nicht alle sofort ordern konnten. Auch so hatten wir alle Hände voll zu tun. Noch Wochen später haben wir an dem Berg von Bestellungen gemixt.

Bevor das alles passierte, waren noch zwei weitgehend ungeplante Begegnungen ausschlaggebend für viel kostenlose Reichweite: Die eine heißt DLD und die andere dpa.

DLD: die Münchner Digitalkonferenz

Hubert Burda hatte zusammen mit Hightech-Investor Dr. Yossi Vardi im Januar 2007 zum ersten Mal die Münchner Digitalkonferenz DLD (»Digital. Life. Design«) veranstaltet. Die war für 500 handverlesene Vertreter der digitalen Elite und Internetszene gedacht. Wir durften jedenfalls nicht hin. Stattdessen gingen wir zum offenen Bloggertreffen am Abend, in der türkischen Gaststätte »Dilo«.

Auf der Anmeldeliste standen etliche Onliner der ersten Stunde, die man noch heute kennt: Klaus Eck zum Beispiel und Sascha Lobo, Kai

Hattendorf, Lars Hinrichs und Jonathan Landgrebe. Abends in der Kneipe erzählten wir beiläufig von unserer Müsliidee. Da wurde Oliver Thylmann hellhörig und rief seinem Kollegen zu: »Komm mal hier rüber, die machen was, was man anfassen kann.« Was mit Anfassen war in der »Internetszene« damals kurios. Oliver Thylmann war »Seriengründer« der ersten Stunde, sein Profil auf der Investorenplattform AngelList (angel.co) beschreibt ihn als »Internet Entrepreneur since 1996, 3 Exits, MBA, Developer Whisperer, Geek, First Adopter and Co-Founder of Giant Swarm«.

Dass wir regelmäßig bei solchen Online- und Blogger-Events auftauchten, mitfeierten und allen Leuten ohne Hintergedanken (und nicht als wandelnde PR-Maschinen) von unserer Müsliidee erzählten, das hat den Unterschied gemacht. Alle waren neugierig. Die freuten sich auf unser Experiment, sie hatten Lust, uns bei der Umsetzung unserer Idee zu helfen, und diese Leute waren auch unsere ersten Kunden.

Dabei waren wir anfangs gar nicht auf der Suche nach »Kunden«. Wir dachten immer in der Kategorie »Müslifreunde« und hatten unsere Freunde und die netten Blogger aus der Kneipe vor Augen. Deshalb schrieben wir, bis es losging, auch locker auf unsere Website:

»Wenn Du der Erste sein willst, der wissen will, was hier passiert, gib uns Deine E-Mail-Adresse.«

Wer sich eintrug, dem schickten wir zum Start von mymuesli.com eine E-Mail mit Infos zu diesem neuen »Selbstmachbiomüsli-Portal«. So konnten wir am ersten Tag 150 Blogger und andere Interessenten per Mail informieren. Das war der Auslöser für die 400 Blogeinträge, die innerhalb weniger Tage im Internet aufpoppten und dazu führten, dass mymuesli.com bei Google das erste von über 100.000 Ergebnissen zum Suchbegriff »Müsli« wurde.

dpa: Fasttrack in die Medienlandschaft

Einen entscheidenden Beitrag hatte eine dpa-Meldung, die pünktlich zu unserem Launch erschien. Die Geschichte zur Meldung ist kurios: Auf der ersten re:publica in Berlin wollten wir eine unserer anderen Gründungsideen diskutieren: die Co-Working-Plattform, auf der sich Experten unterschiedlicher Disziplinen zu Teams zusammenfinden und gemeinsam an Projekten arbeiten sollten. Arbeitstitel: »BreedIT«. Die Domains haben wir noch heute.

Auf dieser re:publica gab es eine Session, ich glaube, von IBM, zu den Themen Cloud, Co-Working etc., die war viel zu voll, sodass wir uns planlos auf eine Couch davor setzten. Da kamen wir mit Kristian Lüders ins Gespräch, der, nachdem wir ihm von mymuesli erzählt hatten, sich als Journalist vorstellte – und unter anderem für die dpa unterwegs war.

»Ach, ihr wollt ein Müsli-Startup gründen? Das ist doch vielleicht eine dpa-Geschichte ...«

Den Fotografen zur Story trafen wir wenige Tage später am Passauer Bahnhof. Von einem Betonpfosten zielte er mit großer Kamera und Weitwinkelobjektiv auf uns herunter. Wir halten einen Haufen Müsli in den Händen. Und sehen sehr unsicher aus. Doch das tat der Verbreitung der Geschichte keinen Abbruch: Im August 2007 stand unsere Story in diversen Tageszeitungen und Magazinen, schon 15 Radiosender hatten uns interviewt und manchmal in der Innenstadt in unserer kleinen, unpraktischen Manufaktur besucht. Wir bekamen sogar Besuch von einem ARD-Fernsehteam, das für die Sendung »ARD-Buffet« nach Passau geschickt worden war. »*Die Ecke hat uns noch gefehlt*«, erklärte Moderator Bernd Schröder der »Passauer Neuen Presse« (23.8.2007).

79

Auch das ZDF schaute vorbei: Und kurz vor dem Besuch der Fernsehleute wurde uns klar, dass unsere Büroräume für TV-Bilder völlig ungeeignet waren. Wir hatten nicht einmal ein Logo an der Wand. Doch das ließ sich schnell ändern: Wir bestachen einen örtlichen Aufkleberhersteller mit Müsli und gaben ein großes Logo-Wandbild per Express in Auftrag. Als das TV-Team unten klingelte, waren wir gerade dabei, die letzte Ecke an die Wand zu pappen.

Die Fernsehleute wunderten sich nicht schlecht über unser winziges Büro, wollten uns vermutlich unterstützen. Und so probierten sie mit Brennweiten und Filmausschnitten so lange herum, bis unsere Räume richtig nach großer Firma aussahen. Im Hintergrund unser schönes Logo, im Vordergrund unsere Dosen.

Im Fernsehbeitrag war später von der »Deutschland-Zentrale von mymuesli« die Rede. Für uns klang das völlig absurd und ist noch heute ein Grund, laut loszulachen.

Auch die Radioreporter meinten es gut mit uns. Ich erinnere mich gerne an einen Beitrag, in dem der Reporter und Max so getan haben, als würden sie eine riesige Runde durch unsere Produktionsanlage drehen. Dabei sind sie in der Manufaktur immer laut auf der Stelle gelaufen. »Und jetzt sind wir wieder im Lager, wo wir vorhin gestartet sind – vielleicht erinnern Sie sich noch«, klang Max Stimme später über den Äther.

Je mehr Presse wir bekamen, desto spannender wurden wir für professionelle, große PR-Agenturen. Als die merkten, dass die Geschichte mit dem Müsli aus dem Internet wirklich funktionierte, wollten sie uns als Kunden gewinnen: Mit jeder Veröffentlichung riefen mehr an, teilweise gleich die Agenturchefs selbst. Jeden Tag kamen neue E-Mails aus München, Frankfurt, Hamburg, Berlin.

Uns beschlich das Gefühl, dass diese Agenturen unseren PR-Erfolg für sich beanspruchen wollten. Irgendwann hielten wir es nicht mehr aus und setzten ein Banner auf die mymuesli-Website:
»Liebe PR-Agenturen, vielen Dank für die vielen E-Mails. Aber wir würden gerne weiterhin die Kommunikation selbst übernehmen.«

Kommunikation ist – gerade für Startups im E-Commerce – eine absolut zentrale Aufgabe. Das ist Chefsache, zumindest am Anfang. Gibt man die PR aus der Hand, gibt man aus der Hand, wie das Unternehmen öffentlich wahrgenommen wird. Wir haben uns seit unserer Anti-Agentur-Entscheidung damals an unseren Kurs gehalten und sind gut damit gefahren. Nicht falsch verstehen: Viele PR-Agenturen machen einen richtig guten Job, wir arbeiten ab und zu mit welchen zusammen und im Ausland überlassen wir die PR fast vollständig den Profis. Das ist nicht nur wegen der fremden Sprachen sinnvoll, sondern auch, weil sich Leitmedien, Mechanismen und Vorlaufzeiten deutlich von denen im Heimatmarkt unterscheiden. Fakt ist: Je mehr man von der Kommunikation gerade am Anfang selbst übernimmt und koordiniert, desto besser versteht man auch seinen eigenen medialen Wert.

Der Badesee und die Billionen

Gute Geschichten unterscheiden gute Ideen von schlechten Ideen. Und weil unsere Tag-am-See-mit-blödem-Radiospot-Story so gut funktionierte, erzählten wir sie einfach immer wieder. Überall. Jedem! Sie steht fast in jedem Beitrag über mymuesli.

Die zweite Geschichte, die in den Medien super gut ankam, war die Sache mit der großen Zahl. Schon am Tag der Gründung hatten wir 75 Zutaten im Angebot. Die Kunden bestellten in fünf Schritten: Basis, Verfeinern, Früchte, Kerne und Nüsse, Extras. Sehr plakativ von A wie Ananas bis Z für Zedernuss. Insgesamt ergibt sich daraus eine sehr große Zahl an Kombinationsmöglichkeiten. Wir fragten einen befreundeten Statistiker, ob er die Zahl der Möglichkeiten für uns ausrechnen könne. Er konnte:

Wer möchte, kann sich den Rechenweg hier ausführlich anschauen: *mymuesli.com/blog/2007/05/01/566-billiarden-muslis-der-rechenweg* Und kann man 566 Billiarden als greifbare Info für PR verwenden? Schwierig. Denn eine solche Zahl kann sich kaum jemand vorstellen. Schon bei 20 Milliarden ist das schwierig. Also suchten wir nach einem Bild für diese Zahl. Und kamen auf diese Variante für Michael Müllers FAZ-Artikel (»Jeden Tag ein anderes Müsli«, 29. März 2010):

»Wenn alle Menschen der Welt jeden Tag dreimal Müsli essen und dabei jedes Mal eine andere Kombination auswählen, müssten alle sechs Milliarden Menschen ungefähr 86.160 Jahre alt werden, erst dann wären alle unsere Müslivarianten einmal probiert worden.«

War dieses Bild nun greifbar? Nein. Es machte die Sache nur noch skurriler. Also blieben wir bei unseren 566 Billiarden Möglichkeiten. Das funktionierte auch ohne Bild. Ausnahmen bestätigen schließlich die Regel. Vor dem Kontrast dieser riesigen Zahl finden es unsere Kunden auch heute noch wunderbar, wenn die virtuelle Müslimixmaschine auf unserer Website quittiert:

»Gratulation! Dein Müsli ist einzigartig. Diese Kombination hat noch kein Müslifreund vor Dir gemixt!«

Neben der Berichterstattung durch die Medien wurde die mymuesli-Story auch von Person zu Person oder eben von »Mund zu Mund« weitergegeben. Manchmal sogar im Café am Nebentisch. So geschehen 2008 in Hannover. Ich kam mir vor wie im falschen Film. Hier und gerade zu dieser Zeit redeten die Leute über mymuesli, und ich saß direkt daneben. Wie unwahrscheinlich! Ähnliches sollte in den nächsten Monaten noch einige Male passieren.

Die Popularität der mymuesli-Story schlug sich in unseren Bestellzahlen nieder. Monat für Monat wuchs unser Umsatz um 80 Prozent. Da fiel mir Max' Wette mit der Tätowierung wieder ein. Zur Erinnerung: Er sagte, sollten wir eine Million Umsatz innerhalb des ersten Jahres knacken, würde er sich das mymuesli-Logo tätowieren. Die Wette hat er verloren. Mit so einem Tattoo waren andere deutlich schneller.

Sprung ins Jahr 2015: Unsere mymuesli-Weihnachtsfeier stand unter dem Motto »Studio 54« und sollte alle unsere Feiern aus den Vorjahren toppen. Das Team zog mit. Schon im Herbst begannen alle mit den Entwürfen für ihre Party-Outfits. Da mussten wir natürlich auch alle Register ziehen. Christian, im mymuesli-Team der Xmas-Party-Profi, engagierte einen Tätowierer für das mottogerechte Flair. Während Philipp das improvisierte Tattoostudio ankündigte und noch auf der Bühne scherzte, dass man sich selbstverständlich – sofern man denn nüchtern und über 18 war – auch das mymuesli-Logo stechen lassen könne, standen die Ersten schon Schlange. Ausredeversuche meinerseits blieben ungehört, zeitweise musste sogar ein zweiter Tintenkünstler unterstützen. Die Bilanz am nächsten Morgen: Ein gutes Dutzend Mitarbeiter trug fortan auf der Haut, wovor sich Max seit neun Jahren drückt.

Auch Preise sind Geschichten

Einige Monate nach der Gründung überraschte uns die »Financial Times Deutschland« mit dem Preis »enable2start« plus Preisgeld von 50.000 Euro. Im November folgte der Bayern-Online-Preis in München, extra für uns gab es einen Sonderpreis, der neben den anderen im Büro hängt und aussieht wie eine goldene Schallplatte für Nerds. Ein Sonderpreis? Vermutlich, weil wir in keine der ausgeschriebenen Kategorien richtig passten. Max lieferte vor der Preisverleihung noch eine Großbestellung in München aus. Die Kundin schaute erstaunt, als er fragte, ob er sich eben im Badezimmer umziehen dürfe: Er müsse auf eine Gala. Der Preis wurde von Bayerns damaliger Wirtschaftsministerin Emilia Müller überreicht und die »Passauer Neue Presse« berichtete am 23.11.2007:

»Alle Zuhörer hatten bei der Laudatio damit gerechnet, dass die drei irgendein neues High-Tech-Gerät entwickelt hätten. Als dann verkündet wur-

de, dass sie für ihre Idee, Müsli übers Internet zu vertreiben, den Sonderpreis erhalten, lachten alle erst einmal ungläubig. Doch als die Jury die Vergabe begründete, applaudierten sie respektvoll.«

Wir freuten und freuen uns sehr über die Anerkennung, noch mehr aber über das kostenlose Marketing für unsere Idee, das auch jeder nachfolgende Preis mit sich brachte. Auf jeden von ihnen folgten neue Anrufe von Journalisten. Und nach jeder Preisverleihung schossen unsere Bestellungen durch die Decke. Danke!

Heute ist Corporate Communication bei mymuesli kein Spiel mit Glück und Zufall mehr. Heute haben wir Wenke, die sich um dieses Thema kümmert. Sie wird oft nach PR-Tipps gefragt.

»Mit dem Launch sollte die PR starten«

Ich kann mich noch gut an mein erstes Gespräch mit Max erinnern. Ziemlich kurz nach der Gründung von mymuesli war das.

Damals arbeitete ich noch für eine große PR-Agentur in Hamburg, betreute verschiedene Marken, die Interesse an einer Kooperation mit dem jungen Startup aus Passau hatten. Einige davon setzten wir zusammen um und hielten so über ein paar Jahre hinweg Kontakt. Was mir dabei immer auffiel: wie wahnsinnig unkompliziert die Zusammenarbeit war.

Alle Abstimmungen liefen wie von selbst, Kompromisse wurden schnell gefunden und generell schien man offen für alles. Jeder, der schon auf Agenturseite gearbeitet hat, weiß, dass das anders laufen kann. Das meine ich gar nicht negativ, aber Abstimmungen bei Markenkooperationen können eine echte Geduldsprobe sein. Denn in der Regel sind mehrere Ansprechpartner involviert, die vor allem eines wollen: das Beste für ihre Marke. Natürlich will das jedes Startup auch. In der Gründungsphase ist jedoch eines noch wichtiger: sichtbar zu werden, und zwar möglichst oft.

Sich mit anderen auszutauschen, ob gewachsene Marke oder Startup, lohnt sich immer. Und natürlich geben wir anderen Gründern gern ein paar Tipps für den PR-Start mit auf den Weg. Dabei wird meistens nach den gleichen Dingen gefragt:

›Wie gehe ich am besten vor, es gibt so unglaublich viele Medien und Kanäle?‹ Am besten Schritt für Schritt. Falls ihr im Team gründet, ist es gut, wenn sich einer um die PR kümmert und zum Beispiel den Launch vorbereitet. Denn mit dem Launchdatum sollte auch die PR starten.

So ein Run, wie ihn mymuesli erlebt hat, ist natürlich ein Glücksfall. Meist muss man länger dranbleiben. Also, nicht ungeduldig werden.

›Ich bin kein PR-Profi. Wie mache ich das am besten?‹ Identifiziere die für dich wichtigsten Kanäle. Wenn du dich nicht zwischen Print, Online, Blogs und Influencern entscheiden möchtest, fang erst mal dort an, wo du etwas über dich und dein Startup lesen möchtest. Mach eine Liste mit direkten Ansprechpartnern. Dafür kannst du zum Beispiel ins Impressum schauen, das muss jeder angeben. Viele Verlagshäuser haben eine Zentrale oder ein Redaktionssekretariat, das weiterhelfen kann. Und die lokale Presse ist in der Regel sehr dankbar, wenn es um Neuigkeiten aus der Region geht.

›Was verschickt man so an die Presse?‹ Keine endlos langen Mailings oder langweilige Pressemappen. Dafür ist jeder Redakteur enorm dankbar. Natürlich geht's darum, dass man sich und sein Projekt vorstellt. Am besten einen Onepager, der zum Beispiel beantwortet: Was macht dein Startup aus? Was ist besonders neu oder innovativ an der Idee?

›Was bekommt man? Und zu welchem Preis?‹ Ganz wichtig: Pressetaugliche Fotos von dir, deinem Produkt und natürlich das Produkt selbst. Und das sollte ein Redakteur am besten live anschauen und probieren können.

Letzter Tipp? Ran an die Kontakte, ran ans Telefon. Persönliche Termine sind immer super. Natürlich hat jeder PR-Profi seine ganz eigene Sicht, was man braucht und was nicht. Aber wir halten es nach wie vor am liebsten unkompliziert und sind offen für alles. Der Weg findet sich dann fast von selbst.

Wenke

Head of Corporate Communication

»Gemixt von Conny!«

Als marketingtechnisch wirksam entpuppte sich außerdem unsere Maxime »underpromise, overdeliver«. Dem kalten und technischen Internet fehlte es an Menschlichkeit und Emotionen – genau wie dem Müsliregal im Supermarkt. Und in Zeiten, wo vor Online-Betrug und eBay-Tricksern berichtet wurde, waren die Kunden überhaupt schon froh zu bekommen, was sie bestellt hatten. War das auch noch besser und persönlicher als erwartet, ging ein Begeisterungsfeuerwerk los. Für die persönliche Note reichten oft schon Kleinigkeiten: Wir schrieben zum Beispiel handschriftliche Nachrichten auf die Versandkartons und wenn jemand »Maxis Geburtstagsmüsli« bestellte, dann kritzelten wir eine Gratulation auf das Paket. Wir ergänzten schlecht gedruckte Müslilabels: »Das Äpf steht für Äpfel.« Außerdem wurde jede Dose vom jeweiligen Müslimixer persönlich unterschrieben.

Was uns an dieser Idee gefiel: Das machen die Autobauer von Marken wie Rolls-Royce oder Mercedes-AMG ähnlich. Bei Rolls-Royce hinterlassen manche Mechaniker ihre Initialen auf einzelnen Fertigungsteilen, immer unsichtbar für den Kunden, zum Beispiel auf der Innenseite der Türverkleidung; nach dem Prinzip »ein Mann – ein Motor« setzt offenbar bei AMG jeder Mechaniker ganz offiziell eine Plakette mit seiner Unterschrift auf den Motor, den er persönlich zusammengeschraubt hat. Bei uns hieß es also »ein Mann – ein Müsli«. Die Müslifreunde liebten diese persönliche Note. »People buy for emotional reasons and justify it with functional reasons«, das hatte Paul Garrison, mein amerikanischer Marketingprofessor aus Budapester Uni-Zeiten, immer gepredigt, und offenbar völlig zurecht.

Letzte Zutat: viel Liebe

Selbst unser Zutatenverzeichnis auf der Rückseite der Dose beinhaltete ein emotionales Detail. Die letzte Zutat eines jeden Müslis lautete: »viel Liebe«. Das zauberte vielen ein Lächeln ins Gesicht – bis es abgemahnt wurde. Das gehöre schließlich nicht in ein amtliches Zutatenverzeichnis.

Was kaum jemand weiß: Das war keine ausgefeilte Marketingidee, sondern allein der Tatsache geschuldet, dass ich mir bei der Programmierung nicht anders zu helfen wusste.

Als ich versuchte, ein gesetzeskonformes Zutatenverzeichnis mit absteigender Reihenfolge der gewichtsmäßigen Zutatenanteile zu programmieren, wurde in meiner PHP-Funktion nach jeder Zutat immer ein Komma ergänzt. Was auch immer ich versuchte: Die Liste der Zutaten endete immer mit einem Komma! Nach verzweifeltem Herumprobieren löste ich das Problem, indem ich die beiden Worte »viel Liebe« zusätzlich anhängte. So wurde aus meiner nerdigen Unfähigkeit ein nettes Detail.

Online-Marketing: smart, schnell, günstig

Man muss Marketing nicht studieren, damit einem eine der ältesten Binsenweisheiten der Marketeers logisch erscheint: Es ist immer leichter und günstiger, einen bereits gewonnenen Kunden zum nächsten Kauf zu animieren, als einen neuen Kunden zu gewinnen.

Um ein effizientes Marketing mit wenig Budget zu starten, wollten wir uns also als Erstes an die Bestandskunden wenden. Ginge unser Plan auf, würden die nicht nur wieder kaufen, sondern weitere Kunden animieren, ebenfalls zu bestellen.

Wir werteten unsere Daten aus und stellten fest: Das tun sie schon! Und zwar beides. Überzeugte Müslifreunde bestellten regelmäßig, bei einigen brauchte es nur eine kleine Erinnerungs-E-Mail. Die zu verschicken kostete uns so gut wie nichts. Bingo!

Zu unserer Überraschung sorgten die gleichen Überzeugungstäter zusätzlich und freiwillig auch noch für Mundpropaganda und erzählten ihren Freunden die Geschichte von mymuesli und ihren Erfahrungen. Ein ganzes Drittel unserer Neukunden ordneten wir der Quelle WoM, also Word-of-Mouth, zu. Zehn Jahre später hat sich dieser Wert kaum geändert.

Durch unsere Drei-Jungs-am-See-Story und ein Produkterlebnis, das die Erwartungen häufig übererfüllte, hatten wir also zwei Booster gefunden. Der eine aktivierte Journalisten, der andere motivierte die Müslifreunde zu Mund-zu-Mund-Empfehlungen. Beides half enorm dabei, Vertrauen aufzubauen, unsere Marke stark zu machen – und ich freute mich, dass mit unserer kleinen Firma endlich etwas passierte, das ich zuvor schon einmal in einem Fachbuch gelesen hatte: »PR builds brands and advertising helps maintaining them.« So steht es in »The Fall of Advertising and the Rise of PR« von Al und Laura Ries.

Je größer das Vertrauen in eine Marke ist, desto kleiner fallen auch die Unsicherheiten und Barrieren bei einer Kaufentscheidung aus. Florian Heinemann von Project A, ein Berliner Risikokapitalgeber, sagt deshalb: »Brandbuilding ist zeitversetzter Umsatz.« Auch wenn wir das immer noch nicht messen können, unterschreiben wir diesen Satz heute gerne. Ist eine Marke erst einmal positiv in den Köpfen verankert, braucht es nur noch kleine Erinnerungsanstöße und es wird gerne wieder gekauft.

Dass wir uns in der E-Commerce-Welt bewegten, half uns dabei, Werbung neu zu denken. In der alten Offline-Werbewelt werden Millionen mit TV-Spots und Print- und Plakatwerbung in die Welt geblasen, und hinterher weiß niemand, warum wer was gekauft hat. Online ist die Zuordnung von Kosten und Einnahmen pro Transaktion tatsächlich möglich.

Willkommen im Funnel

Wie viele Besucher sich auf dem Weg vom ersten Kontakt zur virtuellen Ladenkasse zu einem Kunden verwandeln – das beschreibt die Conversion Rate. Zehn Prozent heißt dann beispielsweise, dass von 100 Besuchern zehn gekauft haben. Online kann man so etwas sehr einfach messen.

Den Prozess, den der potenzielle Käufer durchläuft, nennen Nerds wie wir: »Funnel«. Man kann sich das vorstellen wie einen Trichter: Oben ist der Trichter relativ breit und es landet erst einmal jeder darin, den man erreicht hat – auf welchem Weg auch immer. Vielleicht hat er eine Werbung auf Facebook gesehen oder ist über einen Link aus einem Blogartikel auf unserer Seite gelandet. Hauptsache, er ist erst einmal da.

Im nächsten Moment schaut sich der Besucher um: Was gibt es hier überhaupt? Bin ich hier richtig? Halte ich den Preis für das Angebot gerechtfertigt? Welche Varianten gibt es? Welche ist die richtige für mich? Die Entscheidungen werden in Sekundenbruchteilen und meist unbewusst gefällt – und sie führen dazu, dass der Funnel Schritt für Schritt enger wird: Etliche Besucher werden schon abspringen bei der Frage »Bin ich hier richtig?«, andere klicken weg, weil sie spontan nicht die richtige Variante für sich finden oder beschließen: »Dazu habe ich jetzt keine Zeit, das schaue ich mir später an.« Das ist der Grund, warum eine Website sehr einfach, klar und ansprechend gestaltet sein muss. Findet sich der Besucher einer Seite nicht sofort zurecht, klickt er eben weiter.

Wenn er bleibt, muss er noch einige Hürden überspringen: Sein Produkt finden, eine Kaufentscheidung treffen, das Produkt in den Warenkorb legen, den Warenkorb prüfen mitsamt der jetzt angezeigten Kosten (»Huch! Lieferkosten!«), er muss mit den Lieferzeiten und AGB einverstanden sein, dann muss er noch seine Adresse eintippen, sich außerdem für eine bestimmte Bezahlmethode entscheiden (Rechnung, Kreditkarte, Vorkasse etc.), und dann erst klickt er auf »Kaufen«.

Bei jedem Schritt in dieser Kette kann er plötzlich die Lust verlieren. Wir kennen das Phänomen von uns selbst. Wie oft kaufen wir den schon ausgesuchten Pullover im Online-Shop dann nur deshalb nicht, weil es mitten im Bestellvorgang an der Wohnungstür klingelt oder weil ein Bug im Adressfeld nervt?

Wann genau und wie oft das passiert, kann man messen und anhand der Messergebnisse versuchen, die einzelnen Schritte zu optimieren:

Buttons größer machen, Vorgänge entzerren, Ladezeiten minimieren, den Webshop übersichtlicher gestalten ... Es gibt viele Möglichkeiten. Ziel ist, den Trichter immer breiter und die Conversion Rates innerhalb des Funnels immer besser zu machen. Eigentlich müsste man sagen: immer weniger schlecht. Denn im E-Commerce gilt es schon als richtig gut, wenn von 100 Besuchern fünf etwas bestellen. Zehn Jahre nach unserem Start wissen wir: Der eigene Webshop ist nie fertig.

Wir müssen permanent optimieren, und zwar alles: vom Werbemittel über die Landingpage bis zu den angebotenen Zahlungsmethoden. Deshalb müssen wir uns immer wieder alles angucken, immer wieder an einem einheitlichen Bild arbeiten, viele Verbesserungen systematisch ausprobieren.

Damit wir dabei nicht den Überblick verlieren, halten wir jede Änderung fest und versuchen detailliert nachzuvollziehen, was sich wie ausgewirkt hat. Ein wenig ist das so wie in einem naturwissenschaftlichen Labor: Wir sind permanent im Testmodus, wir messen, wir notieren, wir lesen später immer wieder nach, was wir früher schon einmal herausgefunden haben, und versuchen, auf dieser Grundlage möglichst gute, neue Schritte im richtigen Format und exakt in den Kanälen zu planen, mit denen wir unser eigentlich sehr einfaches Ziel messbar erreichen: Müsli verkaufen.

Pull statt Push

Nun ist mymuesli aber nicht Coca-Cola. Deshalb passt auch das Erfolgsmantra von Marketingchef Sergio Zyman nicht zu uns: »Sell more stuff, to more people, more often, for more money, more efficiently.« Das ist Push-Marketing in Reinform. Und das ist nicht unser Ding. Wir wollen niemandem etwas aufschwatzen und wir wollen niemanden manipulieren. Wollen wir nicht. Können wir auch nicht, weil diese Art des Marketings sehr teuer ist: Man braucht viele Kontakte, ausgefeilte Botschaften, muss die Botschaften in die Köpfe hämmern. Wir gehen den anderen Weg: mit Pull-Marketing! Unsere Marketingversion wäre also:»Make your product more valuable, your service more delightful, and your story more appealing, so that more people are happy to buy more from you.«

Wir hämmern nichts in Köpfe. Stattdessen gehen wir auf potenzielle Müslifans zu, erzählen unsere Geschichte und machen zum Beispiel kleine Geschenke. In allen unseren Läden dürfen Kunden probieren, was sie möchten. Wir sind auch recht großzügig mit Gutscheinen für die erste Online-Bestellung. Das ist das gleiche Prinzip wie auf jedem Wochenmarkt: Gute Marktleute sind großzügige Marktleute, die ihre Kunden selbstverständlich Käse, Obst oder neue Brotsorten kosten lassen. Viele handeln sicherlich intuitiv, tatsächlich wirken hier aber zwei psychologische Prinzipien: die Vermeidung von Unsicherheit und der Wunsch nach Reziprozität.

- **Unsicherheit:** Kaufhemmnisse entstehen häufig aus einer sehr menschlichen Unsicherheit:»Mag ich das überhaupt?«»Ist das sein Geld wert?« Einige solcher Barrieren kann man reduzieren, indem man dem Kunden einen direkten Kontakt zum Produkt ermöglicht: Mango probieren! Zalando macht es übrigens ganz ähnlich mit dem »Zalon«-Service. Der Kunde informiert Stylisten online über Lieblingsfarben, Vorlieben und Körpermaße, Zalon schickt »zur Ansicht« einen großen Karton mit Mode, der Kunde zahlt nur, was er behält. Dass Kleidung im Wert von mehr als 1.000 Euro auf den Weg geschickt wird, rechnet sich nur deshalb, weil etliche Kunden hinterher doch mehr behalten als ursprünglich geplant. Wenn ich etwas gratis testen darf, fühle ich mich offener für Neues. Der Test reduziert meine Unsicherheit. Gekauft!

- **Reziprozität:** Dann gibt es da noch das Prinzip der Reziprozität –
  wir kennen es aus dem Alltag. Du lädst mich zum Kaffee ein, den
  nächsten Kaffee spendiere dann ich. Du schenkst mir Blumen zum
  Geburtstag, ich bringe dir einen Wein mit. Wir möchten etwas zurückgeben, wenn wir etwas bekommen haben, und wenn es nur die
  Zeit ist, in der wir jemandem zuhören. Das ist nicht immer rational,
  aber hochspannend. Mehr dazu steht in »Predictably Irrational«, einem sehr lesenswerten Buch von Dan Ariely.

Den richtigen Kanal für jeden Kunden finden

Wer sich mit Online-Marketing beschäftigt, kommt leider nicht darum
herum, sehr viele Fachbegriffe zu lernen. Es wimmelt von Abkürzungen
in diesem Bereich, die ich an dieser Stelle nicht alle ausbuchstabieren
möchte. Dazu gibt es gute Quellen im Netz. Für uns am wichtigsten
sind SEA, SEO, SMM, E-Mail-Marketing und CLV.

SEA: der oft sinnlose Standardweg

Search Engine Advertising, kurz SEA, meint Marketing per Suchmaschine. Das Prinzip ist einfach: Ich hinterlege bei einer Suchmaschine
wie Google oder Bing einige Stichworte – dafür zahle ich Werbegelder.
Sobald ein User eins dieser Stichworte in die Suchspalte schreibt, erscheint meine Anzeige oben auf der Seite. Das ist zum Beispiel sinnvoll, wenn ich Sneaker verkaufen will. Das Stichwort »Sneaker« führt
bei Google zu 157 Millionen Einträgen, die sich natürlich niemand
systematisch anschaut. Deshalb haben Unternehmen wie Snipes oder
Zalando Keywords wie »Sneaker« gekauft. Für viel Geld, nehme ich an,
denn der Preis für SEA hängt davon ab, wie viele Interessenten auf das
gleiche Stichwort setzen. Google versteigert Anzeigenplätze, das ist ein
Milliardengeschäft.

SEA ist ein Weg, der für viele Gründer schlicht und ergreifend zu teuer ist. Und immer dann völlig sinnlos, wenn das Startup-Produkt oder

die Startup-Dienstleistung im Markt noch völlig unbekannt ist. Niemand sucht im Internet nach »Müsli«, wenn er nicht schon irgendwo gehört hat, dass es Müsli online zu kaufen gibt. Genauso hat niemand nach einem »iPad« gesucht, als es noch nicht erfunden war. Logisch.

Vor der Entscheidung für oder gegen SEA ist es also sinnvoll zu überlegen: Was genau verkaufe ich eigentlich? Decke ich einen Bedarf (Sneaker) oder wecke ich erst einen Bedarf (online custom-mixed muesli), von dem der Kunde noch gar nicht wusste, dass er ihn haben könnte? Wenn ich ein Bedarfswecker bin, brauche ich kein SEA. Zumindest am Anfang nicht. Sobald mein Startup bekannt ist, kann es doch sinnvoll sein. Aber erst dann.

SEO: Viel Aufwand spart viel Geld

Wer für Keywords nicht bezahlen möchte, kann sich trotzdem auf einen guten Platz im Suchmaschinen-Ranking katapultieren. Er muss nur verstehen, wie Suchmaschinen suchen, und ihnen dann entsprechendes Futter hinwerfen.

In unserem Fall geht das so: In möglichst vielen Überschriften und Texten auf unserer Website kommt das Wort Müsli möglichst oft vor. Wir versuchen natürlich, das so zu machen, dass es nicht völlig bescheuert klingt. Zu unseren Läden haben wir zum Beispiel geschrieben:

»Seit ein paar Jahren müssen unsere Müslifreunde auch offline nicht auf ihr Lieblingsmüsli verzichten. Denn mymuesli gibt es mittlerweile in vielen eigenen Läden zum Anfassen, Anschauen und Probieren. Vor Ort unterstützen die Müsliberater gerne bei der Suche nach dem persönlichen Lieblingsmüsli. Neben den vielen Müslisorten können sich Besucher auch frisch angemischtes

Birchermüsli schmecken lassen oder das Frühstück im mymuesli2go-Becher fertig zubereitet mit auf den Weg nehmen.«

Mitgezählt? Acht Mal kommen die Worte Müsli oder Muesli vor. Daneben zeigen wir sehr viele Bilder mit Müsli oder rund um Müsli. All das wird von Suchmaschinen gemessen und führt zu einem guten Platz für mymuesli im Ranking und damit auch zu einer steigenden Klickrate für uns. Willkommen im Funnel!

Neben der Optimierung der eigenen Seite bietet es sich auch an, den Kontakt zur virtuellen Nachbarschaft zu verbessern. Diese Strategie heißt »Offsite Optimization« und geht so: Sobald ein erfolgreicher Blog oder eine megaerfolgreiche Seite wie spiegel.de einen Link zu einer Startup-Seite setzt, geht das Startup durch die Decke. Aus Sicht einer Suchmaschine färbt Attraktivität einer anderen Seite nämlich auf die eigene Seite ab. Deshalb sind Verlinkungen mit, sagen wir: »Emmas Blog« zwar nett, bringen SEO-technisch aber nicht viel. Wenn aber apple.com einen Link setzt, dann kann ein E-Commerce-Startup nur hoffen, dass die Server standhalten.

Wie bei »Star Wars« gibt es auch bei SEO eine gute und eine dunkle Seite der Macht: »White-Hat-SEO« arbeitet mit den Strategien der Suchmaschinen und akzeptiert diese damit auch. Anders »Black-Hat-SEO«: Hier wird mit jeder Menge Spam gearbeitet, mit im Ausland gekauften Links oder mit Doorway-Pages, auf die Suchmaschinen gut ansprechen, die aber für User unsichtbar bleiben. Manche setzen auch auf eine ähnliche Strategie wie die Abgasschummler aus der Automobilindustrie: Den Suchmaschinen präsentieren sie andere Ergebnisse als den Usern. Das ist technisch möglich und wird als »Cloaking« bezeichnet: Sobald eine Suchmaschine anklopft, bekommt sie hochgradig aufgepimpte SEO-Texte zur Auswertung, dem User aber zeigt man schöne Webseiten. Vorsicht bei solchen Methoden: Es kann sehr unangenehm werden, wenn das auffliegt. Cloaking-Spam kommt in den Suchmaschinen auf die schwarze Liste, wird also nie wieder gefunden. Kurz: Don't try this at home! Erzählt lieber eine wirklich gute Geschichte und macht die SEO-Hausaufgaben, das bringt langfristig mehr.

Es gibt mittlerweile sogar eine Art SEO-Hausaufgabenkontrolle. Unter sistrix.de lässt sich ein Sichtbarkeitsindex für Google erstellen. Der Sichtbarkeitsindex zeigt den Erfolg von SEO-Maßnahmen an und kann auch die Auswirkungen von Google Algorithmus-Änderungen analysieren. Hinter Sistrix steht ein Startup aus Bonn. 2003 war es ein Blog, 2008 kam die erste Software, heute verarbeiten mehr als 1.000 Server für Sistrix über 250 Milliarden Links, viele Milliarden Ranking-Daten und über 100 Milliarden Social Signals.

SMM: Facebook ist für uns immer noch der wichtigste Kanal

Es läuft und läuft und läuft: Facebook! Schon oft wurde dieser Kanal kritisiert als langweiliger Social-Media-Platz für »Eltern und Lehrer«, als Tummelfeld für Trolle und »crazy cat ladies«. Mag ja alles sein! Dennoch: Facebook ist im Social-Media-Marketing (SMM) megawichtig, und gerade für uns funktioniert dieser Kanal ausgezeichnet.

Facebook ermöglicht uns zum Beispiel die gezielte Ansprache von Menschen, die Yoga treiben oder die sich für Muskelaufbau interessieren. Das eröffnet uns die Chance, für Menschen mit Yoga-Affinität ganz andere Werbung zu schalten als für Muskelaufbau-Fans mit Proteinmüsli-Affinität. Tatsächlich tun wir das! Die einen bekommen diese Farben, die anderen jene. Die einen emotionale Texte, die anderen eher Fakten. Wir leiten diese unterschiedlichen Zielgruppen auch weiter zu unterschiedlichen Landingpages. Und wir testen die Wirkung verschiedener Elemente innerhalb einer Zielgruppe: Eine Hälfte unserer Zielgruppe bekommt Bild A, die andere Hälfte Bild B. Wir messen, welches Bild besser gefällt, und tauschen dann entsprechend aus. Das gleiche mit Typografie und Buttons: Die einen sehen zum Beispiel größere, die anderen kleinere Elemente – was besser ankommt, darf bleiben. Das funktioniert offline alles nicht. Ich kann nicht dem einen Kunden einen grünen und dem anderen einen roten Laden zeigen. Im Social-Media-Marketing liegt wahnsinnig viel Potenzial, wenn man alles misst und viel experimentiert.

Bei Facebook zahle ich pro »impression« oder »click« auf meine Anzeige, darüber leite ich den User auf meine Facebook-Seite oder in meinen Webshop. Unserer Erfahrung nach funktioniert es besser, die User erst einmal auf die eigene Facebook-Seite zu leiten. Das hat allerdings den Nachteil, dass wir über diese Seite nicht so gut Müsli verkaufen können wie über unseren Webshop.

YouTube, Snapchat und Co.: viel Bewegung, wenig Wirkung?

Social-Media-Kanäle wie YouTube, Snapchat, Instagram, Pinterest, Twitter oder Musically gab es vor zehn Jahren noch nicht. Das Einzige, was es damals an Sozialen Medien gab, das waren Blogs – und die haben wir von Beginn an intensiv genutzt.

Alles andere haben wir nach und nach ausprobiert und professionalisiert – genau so, wie es die Kanäle auch selbst getan haben. Bei Instagram konnte man zum Beispiel am Anfang nur Fotos posten. Jetzt gibt es Influencer mit Hunderttausenden oder sogar Millionen von Followern, die sich oft Tausende Euros dafür bezahlen lassen, dass sie ein Mal ein Produkt ins Bild halten. In Relation zur Reichweite eines TV-Spots kann eine solche Werbeaktion trotzdem günstiger sein.

Bei YouTube sind Professionalisierung und Kommerzialisierung extrem weit fortgeschritten: Hier haben sich Influencer mit riesigen Reichweiten und Zugang zu ganz speziellen Zielgruppen etabliert. YouTube ist der Fernsehersatz der Online-Generation, und es ist nur logisch, dass alle großen Marken hier bezahlte Werbung schalten oder versuchen, mit den Top-YouTubern im Bereich ihrer Zielgruppe zu kooperieren. Der Drogeriemarktkette dm ist das zum Beispiel sehr erfolgreich gelungen: dm kooperierte mit »BibisBeautyPalace« und launchte eine eigene Produktlinie (»bilou«). Die Fans von Bianca Heinicke (»Bibi«) flippten regelrecht aus, stürmten dm und ruckzuck war jeglicher Bibi-Duschschaum vergriffen.

Bezahlte Kooperationen müssen aber nicht der Weg sein. Wenn das eigene Produkt cool ist, Spaß macht und Nutzen stiftet, dann ist die Wahrscheinlichkeit groß, dass es ohne Werbegelder-Nachdruck weiter verbreitet wird. Mancher Influencer freut sich auch über eine Kooperation, bei der kein Geld fließt. Nach dem Motto: Startup-Jungs und YouTube-Star turnen gemeinsam durchs Video, das bringt dem YouTuber interessanten Content und den Startup-Jungs Reichweite. Deal.

Bei Snapchat und Musically ist die Kommerzialisierung noch nicht fortgeschritten – das macht den Kanal für Early Adopter interessant, für Startup-Werbung gleichzeitig aber auch ungeeignet: Wer sich zu früh in einen weitgehend werbefreien Kanal drängelt, macht sich möglicherweise unbeliebt. Hier sind Fingerspitzengefühl und ein sehr gutes Timing gefragt.

Daneben gibt es auch etablierte Kanäle, auf denen sich Botschaften von US-Präsidenten super verbreiten, die aber für Produktwerbung nicht so gut funktionieren: Twitter zum Beispiel. Es sind die spezifische Twitter-Kommunikationskultur und die Festlegung auf 140 Zeichen, die es uns schwermachen, unsere Ziele zu erreichen. Wir versuchen es zwar, aber Twitter ist für uns nicht der erfolgreichste Werbekanal: Hier beantworten wir dann eher Kundenfragen. Vielen anderen Startups geht es auch so, zumindest im deutschsprachigen Raum. Dennoch kann Twitter ein super Kanal für Gründer sein. Und zwar immer dann, wenn sie statt zu ihren Produkten etwas zum Thema Gründen sagen wollen. Wer eine Meinung kundtun oder eine nützliche Information verbreiten will, kann Twitter super nutzen. Der Reichweitenerfolg zahlt dann eben mehr auf die Personen hinter dem Startup ein als auf seine Angebote. Auch das ist besser als nichts.

E-Mail-Marketing: besser geht's nicht

Zur Erinnerung die alte Marketing-Weisheit: Neue Kunden gewinnen ist immer aufwendiger, als bereits treue Kunden zu einem weiteren Kauf zu motivieren. Hier kommt E-Mail-Marketing ins Spiel. Eine Weile wurde diskutiert, ob E-Mail-Marketing nicht völlig Old School sei – etwa so, als würde ich einem Kunden einen handgeschriebenen Zettel in den Briefkasten werfen.

Das Gegenteil ist der Fall. Für uns ist der E-Mail-Newsletter eines der wichtigsten Marketinginstrumente. Es macht uns großen Spaß, jede Woche zu erzählen, was in der Müslistadt Passau passiert, welche saisonalen Produkte es gibt oder ob wir eine neue Kooperation eingegangen sind – wie jüngst mit dem Anbieter einer Yoga-App.

Es ist erstaunlich, wie viele Müslifans sich durch unsere Mails daran erinnern, das nächste Müsli zu bestellen, und das dann wirklich tun!

Die wichtigste Formel heißt CLV

Die wichtigste Lektion aus unseren Online-Marketing-Jahren lässt sich in einer Formel zusammenfassen: CLV. Wieder eine Abkürzung. Dieses Mal steht sie für Customer Lifetime Value. Klingt kompliziert, ist aber ganz einfach und logisch.

Bei uns ist das so: Wir konzentrieren uns auf die Kunden, die sich im Laufe der Zeit von Einmal-spontan-Käufern in Immer-wieder-Müsli-Besteller verwandeln. Wir setzen also auf eine lange »lifetime« und wollen möglichst wenig in Werbung für Kunden investieren, die ohnehin nicht wiederkommen. Also kalkulieren wir die Werbekosten so, dass wir mit dem Erstkauf eines Kunden noch nicht zwingend etwas verdienen: Wir lassen ihn im Laden probieren, verschenken für die erste Online-Bestellung Gutscheine, veranstalten Gewinnspiele und so weiter. Ab dem zweiten, dritten, vierten Kauf aber soll der Kunde für uns profitabel werden. Und wenn er das ist, dann pflegen wir den Kontakt zu ihm mit weiteren Aktionen: E-Mail-Newsletter, Facebook-Beiträge und so weiter. So verdient mymuesli langfristig mit jedem Kunden mehr Geld, als es für Werbung ausgibt. Eine simple Sache, die man aber ernst nehmen muss, wenn man sich nicht eines Tages darüber wundern will, wo der Gewinn bleibt. Heute wacht bei mymuesli Daniel darüber, dass wir möglichst viel richtig machen.

»Vielversprechende Ideen auf kleinem Niveau testen«

Auslöser für meine Bewerbung für ein Praktikum in den Semesterferien war ein Vortrag von Max an der Uni. mymuesli klang super sympathisch, sodass ich mich initiativ beworben habe und 2009 im Marketingteam bei Hubertus anfing.

Mein erster offizieller Titel nach dem Praktikum war tatsächlich ›Head of Customer Wow Experience‹ und beschrieb auch am besten, um was ich mich kümmern durfte. Meine Aufgaben umfassten nahezu jeden Bereich im Online-Marketing wie Newsletter konzipieren, die Website grafisch weiterentwickeln, Facebook-Marketing und vieles mehr. Der Kunde sollte dabei immer einen Wow-Effekt spüren, positiv überrascht sein. Mit dem Wachstum von mymuesli hat sich auch mein Aufgabenbereich verändert. Heute bin ich ›Director Marketing‹. Im Laufe der Jahre haben wir viel dazugelernt, was für Startups, was für uns funktionieren kann und was nicht.

Wenn mich heute ein Startup nach Tipps für die Gründungsphase und fürs Marketing fragen würde, sähen die wahrscheinlich so aus:

Wenn das Budget nicht unendlich groß ist, vielversprechende Ideen auf kleinem Niveau testen, um möglichst schnell ein paar funktionierende Werbemaßnahmen zu identifizieren. Dabei aber das eigene Bauchgefühl nie vernachlässigen.

Was Suchmaschinenoptimierung (SEO) angeht: Dieser Teil des Online-Marketings wird oft nur als Mittel gesehen, einen Teil der Suchanfragen insbesondere von Google ›kostenlos‹ auf die eigene Website zu bewegen. Dabei eignet sich der Kanal auch besonders gut zur Recherche. So kann man relativ schnell ermitteln, ob es für ein Produkt oder eine Dienstleistung überhaupt einen Markt gibt. Wenn es kein Suchvolumen zu einem betrachteten Thema gibt, wird es sehr schwierig, einen Markt dafür aufzubauen.

Klassische Bannerwerbung? Haben wir ausprobiert und betreiben wir in kleinem Maße, unser Lieblingsformat ist es nie geworden. Wir werden sicherlich weiter testen, sind aber wenig zuversichtlich, dass diese Form der Werbung eine Zukunft bei mymuesli hat.

Blogs? Was kann ich dazu sagen. Ach ja: Ich schreibe selber eines. Und werde oft gefragt, was eigentlich die beste Frequenz für Blogbeiträge ist. Einmal pro Woche? Oder drei Mal jeden Tag? Die Antwort ist: Es gibt keine Regel. Sinnvoll ist es, sich mit der eigenen Kommunikation nach den Gewohnheiten der Kunden zu richten. Ansonsten gilt: Wenn du etwas Relevantes zu sagen hast, dann schreibe einen Blogbeitrag. Und wenn du gerade nichts zu sagen hast, dann lass es. Bevor man sich etwas Seltsames aus den Fingern saugt, schreibt man lieber gar nichts.

Auch fürs Bloggen gilt: Messen hilft! Wenn es keine Resonanz auf den Artikel gibt, sind die Beiträge vielleicht nicht die richtigen. Und wenn die Leser nach wenigen Sekunden abspringen, stimmt auch etwas nicht. Das lässt sich alles genau nachvollziehen. Die Kunst besteht dann darin, aus den Messergebnissen die richtigen Schlüsse zu ziehen und einen besseren Weg zum Kunden zu finden.

Daniel
Director Marketing

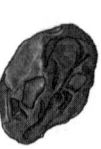

Unser TV-Spot: Slow Motion zum kleinen Preis

2008 drehten wir unseren ersten Fernsehspot. Den hätten wir uns gar nicht leisten können, aber wir hatten Kay kennengelernt: ein Kameramann, der eine Slow-Motion-Kamera hatte. Heute kann man solche Zeitlupenfilme mit fast jedem Smartphone drehen, aber damals brauchte man großes Spezialequipment. Kay fand uns nett und bot uns an, einen Spot einfach so für uns zu drehen. Ohne Honorar. Wir mussten ihm lediglich die Technik (zum Beispiel Lampen) leihen, eine kleine Crew stellen und eine schöne Wiese scouten. Die Idee: Zwischen Gänseblümchen sollte eine Müslischüssel mit Milch stehen, in die in Zeitlupe unsere Zutaten fielen – bis eine Stimme aus dem Off rief:

»Rosinen? Ich mag keine Rosinen!«

Wir hatten zwar noch nie einen Müslifilm gedreht, aber wir kamen zum Glück auf die Idee, dass in Zeitlupe fliegende Haferflocken ziemlich stauben würden. Um das zu verhindern, hatten wir sie in der Nacht noch schnell mit einem Küchensieb vorbereitet. Die viele Eigenleistung zahlte sich aus: Der erste mymuesli-Werbespot kostete etwas weniger als 3.000 Euro.

Das war viel Geld für uns – aber für einen TV-Spot war es auch lächerlich wenig. Für unser Budget bekamen wir nur kurzfristig frei werdende Sendeplätze und konnten Sendezeit und Umfeld nicht mitbestimmen – aber immerhin! Durch unsere Erfahrungen aus dem Online-Marketing wussten wir gut, was wir ausgeben durften, um potenzielle Kunden zu erreichen. Das ermöglichte es uns, weiterzudenken und eben auch kleinere Budgets zum Testen neuer Werbeaktivitäten bereitzustellen. Mit einem Sender haben wir es sogar geschafft, einen Cost-per-Order-Deal abzuschließen, bei dem wir immer nur zahlten, wenn es auch zu einer Bestellung kam. Dadurch wollte der Fernsehkanal von der neuen Online-Welt lernen und wir profitierten davon extrem.

Der nächste Spot: Luftsprung mit mymuesli

Vier Jahre später hatten wir Lust auf einen neuen Spot. Wieder mit viel Spaß und wenig Geld. Um dieses Mal auch noch das Geld fürs Equipment zu sparen, haben wir die Not zur Tugend gemacht und allen erzählt: Wir machen zum Launch des neuen iPhone den weltweit ersten Fernsehspot, der komplett mit einem Smartphone gedreht und geschnitten wird!

Das sollten die Teammitglieder Kolbi und Daniel übernehmen. Und weil wir ohne spektakuläre Technik zumindest einen spektakulären Inhalt brauchten, schickten wir unser Müsli mit dem Flugzeug hoch in den Himmel. Ein Fallschirmspringer sollte zeigen, dass man das Mitnehmprodukt »mymuesli2go« überall unbeschwert genießen kann. Wir wussten aber nicht, wo man einen solchen Stuntman herbekommt. Also buchten wir einen Tandemsprung bei Fallschirmprofi Bernhard. Statt einer zweiten Person gaben wir ihm dann das neue iPhone mit. Dem Smartphone ist im freien Fall nichts passiert, dem Springer sowieso nicht. Und die Müslibecher haben sich am Markt etabliert.

Große Frage: Was bringt TV-Werbung?

Wenn viele Marketingmaßnahmen parallel laufen, wird es immer schwieriger, Bestellungen einzelnen Aktivitäten zuzuordnen. Selbst wenn wir online die Klicks und Käufe feststellen konnten, die über Google AdWords kamen, war es gut möglich, dass der Auslöser für den

Klick einen ganz anderen Ursprung hatte. Jemand liest zum Beispiel einen Artikel und erinnert sich dann noch an »Müsli«, »mixen« und vielleicht »Passau«. Google spuckt dann brav mymuesli aus – aber direkt neben den eigentlichen Suchergebnissen auch unsere Werbung. Viele klicken darauf, wir zahlen, Google verdient – aber eigentlicher Auslöser für Besuch und Kauf war der anfänglich gelesene Artikel. Es kann also passieren, dass Messungen wunderbar präzise sind, aber trotzdem wenig aussagen.

Umgehen kann man dieses Problem mit Trackinglinks: Das sind Links, bei denen ein zusätzlicher Text an die normale URL angefügt wird – zum Beispiel ein Unterverzeichnis wie mymuesli.com probieren. Ähnlich wie mit unserer Domain wunschmuesli.de im TV verwenden wir zum Testen von Offline-Werbung gerne Trackinglinks. Die unterschiedlichen Zusätze geben Aufschluss darüber, woher der Nutzer gekommen ist.

Ist er also über eine bestimmte Anzeige über meine Tracking-URL gekommen (mymuesli.com/probieren), kann er nicht gleichzeitig über meinen TV-Spot gekommen sein (wunschmuesli.de). Inzwischen gibt es auch eigene Software, die helfen soll, TV messbar zu machen. Wir nutzen dafür momentan Spot Effects.

Offline-Marketing: heiter bis blutig

»Bitte spuck kein Blut auf unser Logo!«, flehte ich vor dem WG-Fernseher – es muss 2008 oder 2009 gewesen sein. Der Boxer Sebastian Sylvester, wenn ich mich richtig erinnere, wurde im Ring so heftig vermöbelt, dass die besonders günstigen Last-minute-Werbeflächen im Ring besser zu einem Pflasterhersteller als zu uns gepasst hätten. Wir fürchteten um seine Gesundheit. Und mehr Bestellungen als sonst konnten wir auch nicht messen.

Dass das Ergebnis bei einem Hallenfußballturnier mit Bundesligamannschaften ähnlich ausfallen würde, ahnten wir. Trotzdem wurden wir schwach. Denn mymuesli auf der Fußballbande? Das wollten wir unbedingt sehen! Also probierten wir es aus. Wirkung: wieder null. Eine einmalige Sache. Unsere nicht überprüfte Erklärungshypothese: Bei uns bestellen Frauen deutlich häufiger, die schauen ungern nachts Boxen und auch nicht so viel Hallenfußball. Außerdem regen solche Banden nicht dazu an, sofort auf eine Website zu gehen.

Aber dann hatten wir noch das Angebot, Werbung auf der Rückseite eines Wellness- und Saunamagazins zu schalten, das es heute nicht mehr gibt. Na ja, dachten wir, Wellness ist ja nicht so weit weg von guter Ernährung, oder? Und Frauen und Männer saunieren beide gerne. Hat leider dennoch nicht geklappt: Nicht ein einziger Kunde hat den extra für die Anzeige angelegten Trackinglink aufgerufen.

Nun ja. Nicht alles funktionierte gleich so gut wie unsere Gehversuche im Online-Marketing und der TV-Spot. Eigentlich sogar das wenigste. Doch damals waren wir wie besessen davon, den nächsten Werbekanal mit positivem ROI, also Return on Investment, zu entdecken.

Gutscheine wirken Wunder

Rabatte und der Aufbau einer Premiummarke verstehen sich so gut wie Rosinen und zwei Drittel der deutschen Bevölkerung: eben überhaupt nicht. Das kann man sich leicht denken, wenn man überlegt, wann Premiummarken wie Porsche oder Apple das letzte Mal leuchtend rote, fette Prozentzeichen im Schaufenster hängen hatten: noch nie! Statt zu reduzieren, schenken auch wir den Müslifreunden lieber eine Probefahrt: Sie dürfen alles kostenlos probieren. In den Läden sowieso, zusätzlich arbeiten wir mit Gutscheinen. Um besser messen zu können, welche Werbemaßnahme den Kunden zu uns geführt hat, nutzen wir spezielle Gutscheincodes – die können wir dann einzelnen Kampagnen zuordnen. Solche Gutscheincodes haben aber den Nachteil, dass man immer etwas bieten muss, damit sich der Kunde überhaupt die Mühe macht, den langen Code einzugeben. Und den Vorteil, dass man den Erfolg von Kampagnen messen kann.

Doch auch Gutscheine haben ihre Tücken bei der Messbarkeit. Die leidet schnell – oder besser gesagt: Es leidet der Marketingexperte, der mit Messergebnissen vernünftig arbeiten will. Denn Gutscheincodes werden auch gerne weitergegeben oder auf Gutscheinportalen verbreitet. Landet ein Code dort, verfälscht das alle Messergebnisse. Verlässt man sich trotzdem blind auf die eigenen Daten, kann man leicht falsche Schlüsse daraus ziehen.

Das alles sind die Tücken des Performance-Marketings. Zum Glück gibt es bei mymuesli jemanden, der sich damit auskennt: Flo.

»Alles soll messbar sein«

Meine bisherigen fünf Jahre bei mymuesli sind von stetem Wandel geprägt. Anfangs saßen wir – Hubs, Stephan, Daniel und ich – zu viert im neuen, nicht zu Ende renovierten Büro in Berlin. Es ist ein typisches Berliner Startup-Loft – mit entsprechender Startup-Nachbarschaft. In Berlin haben wir jetzt rund 40 Leute, die sich unter anderem um Grafik, um den Webshop, um Kooperationen und um Marketing kümmern, national wie international.

In der Art und Weise wie wir Marketing betreiben, hat sich im Vergleich zu unserer Herangehensweise von vor fünf Jahren viel getan. Mein persönlicher Fokus hat sich dabei vom Bestandskundenmarketing (CRM) zu Neukunden-, Growth- und Performance-Marketing verschoben. Hier taten wir uns – abseits von PR und Word-of-Mouth – anfangs noch sehr, sehr schwer.

Ohne Venture-Capital im Rücken sind teure Marketingkampagnen nicht realisierbar und es gilt erfinderisch zu sein und strategisch vorzugehen. Unser Erfolgsrezept? Testen, messen, testen, messen. Oder wie

Samuel Beckett sinngemäß sagt: ›Ever tried. Ever failed. No matter. Try Again. Fail again. Fail better.‹ Das ist die rote Linie, die sich durch all unsere Marketingaktivitäten zieht: Egal ob TV-Werbung, Suchmaschinen-Werbung, Facebook-Advertising, Paketbeileger, Influencer-Marketing oder Marketingkooperationen. Wir testen im kleineren Rahmen, messen, beenden, was für uns nicht funktioniert und skalieren was bei gegebener Signifikanz gut und lohnenswert für uns ist. So spielen beispielsweise Werbung bei YouTube, Plakate oder auch Banner-Schaltungen aufgrund mangelnder messbarer Erfolge fast keine Rolle, wohingegen Werbung auf Facebook aktuell einen sehr großen Stellenwert für uns hat.

Mein Tipp? Eine stetige Bereitschaft, Neues zu probieren, Routinen zu hinterfragen und etwas Freude am Verhandeln zu entwickeln. In konkreten Werbemöglichkeiten gedacht, würde ich aktuell in erster Linie Bewegtbild auf Facebook empfehlen. Bei über 1,8 Milliarden Nutzern und den besten Targeting-Optionen in der Geschichte der Werbung kann meines Erachtens nach jeder Werbetreibende die statistischen Zwillinge seiner Kunden finden. Voraussetzung: Testen, messen, optimieren ...

Senior Head of Performance Marketing

Deine Story

In diesem Kapitel stecken zwei Kapitel. Erstens geht es darum, deine Story in Umlauf zu bringen. Dazu brauchst du überhaupt kein Budget, sondern nur: die Story!

In fast jeder guten Geschichte überwindet ein Held oder ein Heldenteam eine Grenze und schafft etwas, das neu, anders und mutig ist. Eine typische David-gegen-Goliath-Geschichte ist die von Airbnb. Als kleine Plattform, die jeden ganz normalen Haushalt in ein privates Hotel verwandeln konnte, hat Airbnb die ganze Reisebranche aufgeschreckt: Glaubte man vorher nicht, dass das geht – ging aber!

Um Missverständnisse gleich auszuräumen: Nein, wir finden nicht, dass wir selbst »Helden« sind – es geht hier nur um Storytelling. Unsere Geschichte hat etwas von Klein-gegen-Groß, mehr aber noch erzählt sie vom Kampf zwischen Alt und Neu. Hier die Reformkost-Pioniere aus dem 19. Jahrhundert, da die Internetjungs mit Gummibärchen im Online-Müslimixer. Funktioniert!

Was ist deine Geschichte? Vielleicht hast du die unglaubliche Fähigkeit, aus Alt wieder Jung zu machen? Diese Story erzählen Gesundheits-Startups, aber auch Visagisten und Reiseanbieter. Oder du kannst mit geradezu magischen Fähigkeiten (oder Big Data) die Persönlichkeit deines Kunden erkennen? Fashion- und Kosmetik-Startups erzählen diese Story.

Du bist der Held, aber kein unverwundbarer Oberchecker

Siegfried aus der Nibelungensage klebte ein Blatt auf der Schulter, als er in Drachenblut badete – da war er verwundbar. Superman reagiert empfindlich auf Kryptonit. Jeder gute Superheld hat einen Schwachpunkt – und jede Gründergeschichte wird umso besser, je deutlicher die Gründer ihre Schwachpunkte offenlegen. Wir haben das auch gemacht. Und unser Schwachpunkt war: die totale Planlosigkeit am Anfang. Wir haben unsere Lernkurve nicht versteckt, sondern ins Netz gestellt. Mit dem Effekt, dass viele Müslifreunde Spaß daran hatten, uns zu helfen. Fragt sich also: Was ist dein Kryptonit?

Die Geschichte in Umlauf bringen

Wenn du die Story hast, dann erzähle sie. Immer wieder, in immer anderen Zusammenhängen. Am besten ist es, wenn du dich vernetzt mit den Menschen, die etwas mit deinem Business zu tun haben und zu denen du dich zugehörig fühlst. Je mehr deine Kunden nicht nur deine Kunden sind, sondern auch deine Freunde sein könnten, desto leichter läuft alles. Vernetzung also. Ohne geht es nicht. Und dann kommt noch ein Faktor dazu: der richtige Moment für deine Geschichte. Bei uns war es das wachsende Interesse an E-Commerce in Verbindung mit einem Presse-Sommerloch. Wenn du einen Gummistiefelverleih aufmachen willst, dann brauchst du schlechtes Wetter. Eine Baufinanzierungs-Plattform profitiert von einem Bauboom. Und so weiter.

Nachdem du deine Storytelling-Hausaufgaben gemacht hast, kommt der zweite Teil dieses Kapitels: Marketing. Vor allem Online-Marketing. Daraus ist heute schon eine richtige Wissenschaft geworden. Lass dich davon nicht abschrecken, sondern fang da an, wo die Schwelle niedrig liegt und die Kosten gering sind: also immer erst testen, dann mehr Geld ausgeben. So hangelst du dich weiter, vielleicht holst du dir Experten ins Boot, vielleicht gibst du auch irgendwann viel Geld für Online-Marketing aus. Wichtig ist:

- **Sieh deine Story als Kern deiner Marke.** Ist die Story gut, entsteht Mundpropaganda – von allein.
- **Daraus entsteht Vertrauen.** Auf dieser Basis wächst deine Marke. Und mit einer Marke, der die Kunden vertrauen, kannst du erfolgreich weiterarbeiten.
- **Schenke deinen Kunden** immer ein bisschen mehr Emotionen genau da, wo sie nicht damit gerechnet haben. Das macht Spaß und das bildet einen persönlichen Draht. So werden aus Kunden Fans.
- **Klingt selbstverständlich,** aber immer noch gibt es grausige Gegenbeispiele da draußen: Baue deinen Webshop so einfach und so ansprechend wie möglich. Und für mobile Endgeräte optimiert. Damit sich dein Fan auch zurechtfindet, wenn er gerade auf seinem Smartphone in einer verstopften U-Bahn unterwegs ist. Denn: 2016 war es zum ersten Mal so weit, es gingen mehr Menschen (51,3 Prozent) mit Mobilgeräten ins Internet als mit stationären PCs – so eine Studie von StatCounter.
- **Mache dir die Mühe,** deine Texte für Suchmaschinen zu optimieren, und lies viel zu diesem Thema. Das macht erst einmal keinen Spaß, bringt dich aber unglaublich voran.
- **Stecke anfangs möglichst kein oder kaum Budget** in dein Online-Marketing. Versuche erst, so viel wie möglich mit attraktiven Inhalten und mit günstigem E-Mail-Marketing zu erreichen.
- **Video ist das neue Mobile,** sagen viele Marketing-Profis. Videos werden also immer wichtiger. Wenn du selbst eines oder viele drehen willst: Tu es! Auch mit Mini-Budget und Smartphone-Kamera lassen sich heute großartige Filmprojekte verwirklichen.

Ausgewähltes für Startup-Macher

- *Predictably Irrational, Revised: The Hidden Forces That Shape Our Decisions. Dan Ariely (Harper 2010)* Ganz unabhängig davon, welche Uniabschlüsse wir haben und wie hoch unser IQ sein mag: Wir handeln sehr oft irrational. Teure Pillen halten wir für wirksamer als billige, wir kleben fleißig Sammelmarken auf, um bei Suppendosen ein paar Cents zu sparen, während wir für Marken-Pappbecher-Kaffee völlig schmerzlos exorbitante Preise zahlen. Wir sehen Zusammenhänge, wo keine sind, schätzen vieles völlig falsch ein und prokrastinieren munter vor uns hin. Dan Ariely zeigt, dass unsere unlogischen Verhaltensweisen weder sinnlos noch zufällig sind – sondern vorhersehbar irrational. Das Buch empfehlen wir jedem neuen Marketingmitarbeiter bei mymuesli als Pflichtlektüre.

- *The 22 Immutable Laws of Branding: How to Build a Product or Service into a World-Class Brand. Al Ries und Laura Ries (HarperBusiness 2002)* Wenn du eine starke Marke hast, dann hast du ein starkes Marketingprogramm. Wenn du keine starke Marke hast, dann helfen dir auch keine Anzeigen und keine abgefahrenen Verpackungskonzepte, keine Verkaufsförderung und keine PR-Maßnahmen, um deine Ziele zu erreichen. Das ist die zentrale Aussage des Strategen Al Ries und seiner Tochter Laura Ries. Aus einer Fülle von Fallbeispielen destillieren sie 22 Regeln. Am wichtigsten ist: Fokus. Und den verliert man im Tagesgeschäft schnell mal. Das Buch war unsere Bibel beim Markenaufbau von mymuesli.
- *Made to Stick: Why Some Ideas Survive and Others Die. Chip Heath und Dan Heath (Random House 2010)* Provokativ, entlarvend und ziemlich lustig – das ist das Buch der Brüder Heath zu der Frage, warum wir manche Ideen gut finden und sich andere Ideen einfach nicht durchsetzen können, obwohl sie super sind.
- *The End of Marketing as We Know It. Sergio Zyman (HarperBusiness 2000)* Marketing ist keine Kunst für Zyman, sondern Business, Strategie und Wissenschaft. Nicht unser Ansatz, aber ein interessanter Einblick in die Denke des Marketingkopfes hinter Coca-Cola.
- *Democratizing Innovation. Eric von Hippel (MIT University Press 2006)* Vor rund zehn Jahren schon hat Eric von Hippel die neue Kultur der »user innovation communities« unter die Lupe genommen. Er plädiert dafür, diejenigen systematisch in die Innovationsprozesse des Unternehmens einzubinden, die sich mit den Produkten am besten

auskennen und die besten Ideen haben: Kunden.

- »*Glengarry Glen Ross*«, *US-amerikanischer Spielfilm von James Foley aus dem Jahr 1992.* Es geht um zwei Tage in Mitch & Murray's Immobilienfirma »Premiere Properties«. Der Chef Blake (Alec Baldwin) ist der Prototyp eines ekelhaften Immobilienhais. Dennoch: Wer immer mal sehen wollte, wie ausgefuchste Akquisegespräche funktionieren, der sollte sich dieses Meisterwerk antun. Der »Always be Closing«-Monolog ist in Vertriebskreisen legendär.

- *www.onlinemarketingrockstars.de/podcast* OMR hat sich zu einer der wichtigsten Plattformen der Digital-Marketing-Branche mit der größten Jobbörse entwickelt. Hier erscheinen jeden Tag neue Beiträge und jede Woche ein neuer Podcast, der von 15.000 Fans gehört wird. Highlight ist das Online-Marketing-Rockstars-Festival mit etwa 25.000 Besuchern in 2017. Einen aktuellen Ein-Stunden-Podcast zur mymuesli-Story mit Hubertus findest du hier: *www.onlinemarketingrockstars.de/hubertus-bessau-mymuesli-podcast*

- »*Adaption*«, *US-amerikanischer Spielfilm nach einem Drehbuch von Charlie Kaufman aus dem Jahr 2002.* Im Mittelpunkt steht der Drehbuchautor Charlie Kaufman selbst, der das Buch »Der Orchideendieb« für ein Drehbuch adaptieren soll und daran verzweifelt. Sein Bruder Donald besucht ein Drehbuchseminar bei Robert McKee, um Charlie zu helfen. Seine Drehbuchversion ist absolut klischeehaft und wird für eine Million Dollar an ein Studio verkauft. Eine sehenswerte Komödie, die sich herrlich lustig macht über Hollywood und das Handwerk des Filmemachens – gleichzeitig ein interessanter Einblick in die Kunst des Storytelling.

- *Story. Die Prinzipien des Drehbuchschreibens. Robert McKee (Alexander Verlag 2011)* Wer den Film »Adaption« gesehen hat, der kennt Robert McKee und seine Seminare für angehende Drehbuchschreiber. Im Film kommt er weniger gut weg, aber das ist eine andere Geschichte. Sein Buch behandelt die Grundzüge, die jede gute (Hollywood-)Geschichte braucht. Gerade diese Geschichten fehlen aber nicht nur bei vielen Vorträgen und Präsentationen, sondern auch bei Marketing und PR mancher Gründungen … was schade ist. Denn was für einen Film funktioniert, muss auch für ein Startup funktionieren! Das Buch ist eine gute Grundlage, um die Kunst des Storytellings zu lernen. Außerdem spart man sich ein sauteures Seminar.

Mitmachen!
Die ersten
Mitmischer

Wir springen nach dem Querschlag durch unser Marketing nochmals fast an den Anfang von mymuesli: Im Mai, Juni und Juli 2007, den ersten drei mymuesli-Monaten, hatten Hubertus, Philipp und ich in unserer kleinen Manufaktur Dosen gemischt bis zum Umfallen. 14 Stunden am Tag – kein Problem, wir waren ja jung. Außerdem fanden wir das schön, nach so vielen Jahren Hirnarbeit und Stillsitzen an der Uni. Man konnte es auch sportlich sehen: Philipp hält heute noch den Rekord mit weit über 30.000 selbst und händisch gemischten Müslis.

Im August ging dann selbst ihm langsam die Puste aus – und die Zeit neben all den anderen Aufgaben, die erledigt werden mussten. Wir ahnten, dass wir so schnell aus der Müslinummer auch nicht mehr herauskommen würden. Uns wurde klar, dass wir das alleine nicht mehr würden stemmen können. Was eine neue Einsicht war. Bisher hatten wir immer geglaubt: Zu dritt kriegen wir alles hin.

Mitstreiter: Warum es besser ist, als Team zu gründen

Vielleicht fragt ihr euch ja auch, ob ihr alleine oder als Team gründen sollt. Vielleicht sogar mit Freunden? Wir werden bei mymuesli oft gefragt, wie das denn sei: drei Freunde, die gemeinsam ein Unternehmen gegründet haben? Streitet man sich als Team oft? Hätten wir das auch alleine gemacht? Ich kann nur für mich sprechen an dieser Stelle: Aber alleine hätte ich mit Anfang 20 niemals ein Startup gegründet. Zu viel Angst, zu viel Sicherheitsdenken, zu wenig Wissen in vielen Bereichen, keinerlei Gründungserfahrung. Die Tatsache aber, dass wir ein (Dreier-)Team waren, hat mir von Anfang an enorme Sicherheit gegeben: Denn ein Startup ist immer ein Wagnis. Und zu wissen, dass auch andere bereit sind, für die gemeinsame Idee »all in« zu gehen, beruhigte mich.

Außerdem haben sich unsere Fähigkeiten sehr gut ergänzt: So konnten wir von Finanzen bis IT, Marketing oder Öffentlichkeitsarbeit alles abdecken. Das hat Geld gespart und die Erfolgswahrscheinlichkeit erhöht. Darüber hinaus gab und gibt es so kaum Konflikte: weil jeder eigene Bereiche und Aufgaben mit eigenen Projekten hat.

Wenn ihr dann erst mal mittendrin seid, die ersten Sales und Kunden kommen, dann kommen automatisch auch die ersten Probleme: Und genau dann ist es so wichtig, Mitgründer zu haben. Denn in einem guten Team kann man fast alles lösen. Außerdem sich gegenseitig pushen und motivieren.

Doch wie ist das, wenn man vorher schon eng befreundet war?

Wenn man das große Glück hat, dass man Freunde findet, die eine identische Vision haben, eine Idee auf die Straße bringen wollen – und deren Fähigkeiten zueinander passen, dann muss man loslegen. Wir drei mymuesli-Gründer vertrauen uns blind. Das war gerade in der Anfangsphase wichtig. Denn das bedeutet eine große Sorge weniger. Ich würde mich immer unwohl fühlen, wenn mir gegenüber eine Art gecastetes Mitgründer-Team sitzen würde. So toll die Lebensläufe und Empfehlungen auch sein mögen.

Ich bewundere Unternehmer, die es ganz alleine geschafft haben. Aber gemeinsam gründen, idealerweise mit Freunden: Das ist, glaube ich, immer die bessere Wahl. Michael Jordan hat einmal gesagt: »Talent wins games, but teamwork and intelligence win championships.«

Hilfe, wir werden Chefs

Unser Dreierteam brauchte aber weitere Hilfe. Wer fiel uns da ein? Unsere Freundinnen, unsere Freunde, unsere Familie. Und alle wollten uns gerne zur Seite stehen. Sogar Philipps alter Angelkumpel Berti kam aus dem tiefsten Baden-Württemberg für ein Wochenende zum Mixen nach Passau. Statt zu feiern oder ins Kino zu gehen, trafen wir uns mit ihm und anderen von nun an auf eine Runde Manufaktur. Es gab ja immer was zu tun. Unser WG-Mitbewohner Jan wollte eigentlich sein Studium beenden. Stattdessen glich sein Alltag dank uns nun einer Startup-Tour-de-Force, die in etwa so ablief: Philipp betrat das WG-Büro immer schon im Frühnebel, also gegen halb sieben Uhr. Hubertus und ich trotteten irgendwann hinterher und kochten erst mal Kaffee. Dann ging der Trubel los. Es gab erste Meetings in der Küche, das Telefon klingelte nonstop. Gegen Mittag mixten wir spätestens die ersten Müslis in der Manufaktur, um 15 Uhr kam nämlich der DHL-Bote: Wir beluden täglich seinen Truck. Dann wieder bis etwa Mitternacht: Büro, Manufaktur, immer im Wechsel.

Jan hatte bis mittags etwa Zeit, um den Unikram zu erledigen. Dann riefen wir ihn meist schon das erste Mal an, weil wir entweder Hilfe in der Manufaktur brauchten oder ein TV-Team vor der Tür stand und jemanden als Model suchte, der fürs Bild durch die Website klicken würde. Wenn wir gegen Abend wieder Müslis mixten, war Jan der Kundensupportleiter. Wenn die Kunden endlich schliefen, half er, die bezahlten Bestellungen für den nächsten Tag zu identifizieren und den Kontoabgleich zu machen. Wir sind ihm und allen anderen Freunden und Familienmitgliedern noch heute unheimlich dankbar für den Support damals: Doch so konnte das nicht weitergehen. Es half nicht. Wir brauchten die ersten Mitarbeiter.

Casting auf der Campus-Mauer

Das M-Wort löst bei vielen Gründern Bauchschmerzen aus. Der Grund ist meiner Meinung nach ein gerade bei jungen Startups weit verbreiteter Irrglaube: Viele scheuen sich davor, die ersten Mitarbeiter einzustellen, in dem Glauben, dass man a) alles selbst machen muss und b) auch alles besser kann. Beides ist Quatsch. Aber das kapiert man noch nicht sofort. Außerdem, c): Man kann Management und Führung auch lernen. Man wird besser darin. Es dauert halt. Und erfordert Übung.

Doch dazu gleich mehr, denn so tiefsinnig dachten wir nicht, damals im Sommer 2007. Wir kamen ja schlicht nicht mehr hinterher. Schlimm wurde es im Oktober 2007, der beste Monat für mymuesli in der kurzen Firmengeschichte. Nachdem schon von Hubertus erwähnten »Galileo«-TV-Bericht stieg nämlich die Zahl der Aufrufe unserer Website um 6.400 Prozent. Absurde Zahlen ... In der Folgewoche verfünffachte sich der Umsatz auf 22.000 Euro – und das, obwohl die Server ständig ausfielen wegen des Ansturms.

Wir mussten dringend recruiten, wie man das in der Personaler-Fachsprache nennt: Also gingen wir auf den Uni-Campus, setzten uns auf eine Mauer vor einer Cafeteria und scouteten: Wer sah so aus, als könne er einen Hafersack tragen? Wer hatte die Ausstrahlung eines stets freundlichen Kundensupport-Mitarbeiters? Unsere potenziellen neuen Kollegen sprachen wir dann direkt an:»Hey, du siehst nett und passend aus. Hast du Lust, uns zu unterstützen?«

So ging bei uns am Anfang Human Resources oder HR: ohne Anzeige, ohne Vorstellungsgespräch, wir machten unser Casting auf der Straße und auf dem Campus. Ob die jungen Leute Mitleid mit uns hatten, ob sie die Aktion witzig fanden oder nur pleite waren, wissen wir nicht. Jedenfalls organisierten wir uns auf diese Art und Weise einen Schwung Aushilfen für die Manufaktur – und für August zwei Praktikanten, Eva und Daniel. Alle waren Studenten, was für ein tolles Startup-Feeling sorgte. Alle gingen in die gleichen Seminare, die gleichen Clubs und auf die gleichen Partys. Viele waren untereinander befreundet oder fanden durch mymuesli neuen Anschluss. Alles richtig gemacht, klopften wir uns auf die Schulter. Team-Spirit: Eins plus.

Lästige Konkurrenzveranstaltung: Klausuren

Als die Klausuren und Hausarbeiten anstanden, dämmerte uns, dass unser Idyll einen Makel hatte: Der Erste klagte über Halsweh, er könne nicht kommen, seine Kommilitonen hatten abwechselnd Mandelentzündung oder Fieber oder beides.

Wir verstanden sehr gut, dass die Klausuren für die Studenten von hoher Relevanz waren. Aber für uns waren kurze Lieferzeiten der relevante Faktor – nicht die Klausuren. Hubertus fasste diese Erkenntnis für die »Financial Times Deutschland« Anfang 2008 so zusammen (»FTD enable2start« 2/2008, S. 18): *»Leider konnten wir die Lieferzeiten aufgrund von Krankheiten, Klausuren und Ferien der Mitarbeiter noch nicht in dem Maße reduzieren, wie wir uns das gewünscht hätten. Darum werden wir Konsequenzen aus den Lehren des Weihnachtsgeschäfts ziehen und bald implementieren. Eine davon ist, dass gute Mitarbeiter sich nicht nur durch eine hohe Produktivität auszeichnen, sondern auch zuverlässig sein müssen. Wer regelmäßig arbeitet, aber nicht den höchsten Output hat, kann für das Unternehmen wertvoller sein als jemand, der zwar schnell arbeitet, aber häufig absagt.«* **Seitdem wissen wir: Heterogenität ist super für jedes Team.**

Die Manufaktur platzt aus allen Nähten

Im November hatten wir dann schon zwölf Aushilfsmitarbeiter und platzten in der Passauer Innenstadt aus allen Nähten. Unsere größte Investition war in diesem Monat ein iMac für 1.175 Euro für die studentischen Mitarbeiter im Support, die mittlerweile täglich kamen, um uns zu helfen. Damals hatte Apple noch einen kleineren Marktanteil und wir mussten fast jeden Mitarbeiter in die Besonderheiten des Betriebssystems einweihen. Zum Beispiel, wie man ein @-Zeichen auf einem Mac tippte. Unsere kleine Manufaktur hatten wir inzwischen auf gefühlt 2.000 Prozent Auslastung gepimpt: Jeder Quadratzentimeter war optimiert und mittendrin immer Philipp, am Versandtisch, der mir und Hubertus einbläute: »Man muss immer selbst verpacken«. Sein Vertrauen in die Mitarbeiter würde über die nächsten Jahre schon noch wachsen, da waren wir uns sicher. Aber seine geringe Fehlerquote gab ihm recht.

Sogar den Gang vor der Manufaktur hatten wir für die Lagerung von Kartons mit fertig verpackten Bestellungen in Beschlag genommen. Und breiteten uns langsam über das ganze Haus aus. Am meisten verwunderte das eine junge japanische Frau, die mit ihrem Mann für einen Forschungsaufenthalt nach Passau gekommen war und im gleichen Haus wohnte. Ihr Mann, Prof. Dr. Susumu Kuroda, untersuchte an der Uni Passau, wie aus intransitiven Verben durch Präfigierung Formen wie »anlächeln« oder »zulächeln« abgeleitet werden, die ein Akkusativ- oder Dativobjekt regieren.

Und ebenso wenig, wie wir seine Forschung verstanden, verstand am Anfang vermutlich Frau Kuroda, was wir da im ersten Stock machten. Sie schien zumindest sehr erleichtert, als wir ihr und ihrem Mann erklärten, dass es sich um ein Lebensmittel-Startup handelte – und nicht um Mengen für den Eigenverzehr. Aber wer weiß: Japaner sind eben sehr, sehr höflich und freundlich, wahrscheinlich wusste sie das schon von Anfang an.

»Nein, wir essen das nicht alles selbst.«

Aber im Herbst war Schluss: nicht mit der Forschung Prof. Kurodas. Sondern mit der Manufaktur. Wir platzten. Anbauen: keine Chance. Nur ein Umzug konnte uns retten. Weil also in der Innenstadt wirklich gar nichts mehr ging, mieteten wir ein paar Kilometer außerhalb Passaus eine Halle mit Hochregalen, Gabelstapler und Lkw-Laderampe. In einem echten Logistikzentrum.

Gabelstapler machen glücklich

Hey! Logistikzentrum. Und Gabelstapler! Wer je einen solchen Stapler gefahren ist, der weiß, dass das echt Spaß macht. Die Dinger sind schnell und stark, vorwärts wie rückwärts. Wenn man sich nicht auskennt damit, rauscht man schnell mal eben in eine Wand und hinterlässt ein Loch. Oder man nietet ein Tor um. Das Tor hat dann Totalschaden, dem Stapler merkt man nichts an! Philipp war ein ganz guter Fahrer, Hubertus auch. Ich dachte zumindest, ich wäre Maverick auf dem Ding. Bis ich dann ein 20.000-Euro-Rolltor aus den Angeln riss, weil ich vergessen hatte, die Gabel herunterzufahren.

Unser neuer Standort schien uns ideal. Dort war ein Tiefkühllogistiker aus der Fleischbranche angesiedelt, der uns Räume untervermietete. Schon das Vorgängerunternehmen hatte mit Wildfleisch gehandelt, der Betrieb musste aber schließen. Zurück blieb perfekte Infrastruktur für Lebensmittelunternehmen, weil bei der Fleischverarbeitung ganz besonders strenge Vorschriften gelten. Wir konnten also direkt loslegen auf unseren neuen 1.500 Quadratmetern: eine Produktionshalle und fünf Büros. Zu Beginn dachten wir noch, es wäre doch spitze, wenn wir erst mal nur die Hälfte des Platzes nutzen könnten. Die Halle kam uns riesig vor. Tatsächlich würden wir zwei Jahre später wieder aus allen Nähten platzen, das wussten wir damals glücklicherweise noch nicht.

»Des Waidmanns edle Ernte«

Anfang 2009 stattete uns die Zeitschrift »brand eins« einen Besuch ab und machte sich ein bisschen darüber lustig, dass wir uns so intensiv um unser Müsli kümmerten und wenig um ein schickes Interior Design (brand eins 04/2009):

»In dem Raum, in dem Bessau an der Website arbeitet, Wittrock an neuen Marketingideen strickt und Kraiss den Nachschub der Zutaten koordiniert, wimmelt es von Computern, Kabeln und auf dem Boden verteilten Rucksäcken, an den Wänden hängen Fanbriefe ...«

Unser Marketing- und IT-Zimmer im obersten Stock sah tatsächlich sehr nach Startup aus. Öffnete man aber die Tür zum Treppenhaus und den unteren Büros, dann wurde man schlagartig an die Wildfleisch-Vergangenheit des Gebäudes erinnert. Auf die Wand des Atriums hatte der Vorbesitzer eine Gams auf einer Bergkuppe malen lassen. Darunter stand: »Des Waidmanns edle Ernte«. Wartende Besucher durften auf grünen Ledersesseln Platz nehmen, die vor einer Milchglaswand mit aufgemalten Wildenten standen.

In diesem Setting interviewten wir auch unsere erste potenzielle Vollzeitmitarbeiterin. Simone hatte sich als Sekretärin und Bürokauffrau beworben. Am liebsten hätten wir »Sekretärin, Bürokauffrau, Buchhalterin und Kundensupport« in die Anzeige geschrieben. Aber hatten Angst, dass man sich erschlagen fühlen würde.

Riesenschritt: unsere erste echte Mitarbeiterin

Simone wurde unsere erste Vollzeitmitarbeiterin und hat uns seitdem die Treue gehalten. Im Nachhinein finde ich das unheimlich mutig: Denn da oben, in dem leeren Atrium auf der grünen Ledersitzgruppe, da musste man schon viel Fantasie haben, um an einen zukünftigen Müslimittelständler zu glauben. Doch sie ließ sich nicht abschrecken. Danke!

»Bestell dir mal alles, was du brauchst«

Als ich an meinem ersten Arbeitstag ins Büro kam, da war da: fast nichts. Philipp drückte mir den Katalog eines Büroversandhandels in die Hand und sagte: ›Bestell dir mal alles, was du brauchst.‹ Im Laufe des Tages organisierten mir die Jungs einen Computer. Wenn Max mit uns im Büro war, arbeitete er meistens auf dem Boden. Denn sein Schreibtisch stand ein paar Räume weiter.

Ich war die erste feste Mitarbeiterin bei mymuesli. Als ich anfing, war ich 21 und wollte einen vielseitigen, einen spannenden Job. Und den hatte ich dann auch: Ich habe Post bearbeitet, Konten geprüft, Produktionsaufträge ausgedruckt, Kundensupport gemacht, die Produktionsaufträge bearbeitet. Es war eine lange Liste. Und vor Weihnachten waren gerade die Stapel mit den Produktionsaufträgen echt riesig!

Heute bin ich auf den ersten Blick ›nur‹ noch für die Buchhaltung zuständig. Doch weil mymuesli so gewachsen ist, ist mein Bereich immer noch groß – und vielseitig. Langweilig wird's nie, das Buchhaltungsteam ist immer gut drauf. Man kann sich auf jeden verlassen und alle machen einen super Job! Anfangs war es bei mymuesli chaotisch. Und sehr schön! Wir waren so wenige Mitarbeiter, dass jeder jeden kannte. Und wenn man mal genug hatte vom Büro, von der Post und Kontoauszügen, konnte man in die Produktion gehen und hat viele bekannte Gesichter gesehen und Kollegen getroffen. Jeder konnte und musste auch sehr viel selbst entscheiden, damit es mit mymuesli jeden Tag weitergeht.

Langsam werden wir wie eine normale Firma. Es gibt immer mehr Funktionsbereiche und immer mehr Standorte. Die Produktion in Passau befindet sich mittlerweile in einem Haus – wir, als Verwaltung, wir sitzen in einem anderen Haus daneben. Das bringt uns mehr Platz und bessere Strukturen, andererseits entsteht so etwas wie ein Abteilungsdenken. ›Wir hier‹ und ›die da drüben‹.

Vielleicht sollten wir einen Tunnel graben. Zum Glück bekommen wir durch das Wachstum jedes Jahr viele neue Mitarbeiter, die so jung sind, dass sie fast automatisch neues Chaos mitbringen. Das ist gut so, denn so bleiben wir in Bewegung.

Für die Zukunft wünsche ich mir, dass es weiter so steil bergauf geht. Und obwohl ich die ständige Unruhe hier bei mymuesli mag, wünsche ich mir, dass wir die Strukturen hier immer weiter verbessern.

Wir haben uns die letzten Jahre echt ganz gut organisiert, und wir haben heute auch genügend Tische, Papier und Bleistifte. Ich habe jedenfalls schon lange niemanden mehr auf dem Boden arbeiten gesehen.

Simone
Teamleitung Buchhaltung

Schluss mit dem Abfüllchaos: Ein roter Fiat kommt

Im Jahr 2008, also ein Jahr nach der Gründung, beschäftigten wir zwei Vollzeitkräfte plus 40 Teilzeitkräfte und 400-Euro-Mischer. Die beiden Vollzeitkräfte waren unsere Rettung in dieser Zeit: Simone war ja schon seit Februar da gewesen. Uns fehlte aber noch ein echter Produktionsleiter, der Philipp entlasten sollte.

Eines Tages fuhr ein kleiner, weinroter Fiat Punto mit »Free Tibet«-Aufkleber auf den Hof. Der Fahrer war der Pubertät schon länger entkommen. Das musste der Kandidat für den Posten des Produktionsleiters sein: Gunter. Wir hatten eine Anzeige geschaltet. Er fühlte sich spontan angesprochen, obwohl er selbst gar kein Müsli mochte. Er war jemand, der herzhaft Bayerisch sprach und gern in herzhafte Wurstsemmeln biss. Bevor er bei uns anheuerte, fragte er denn auch erst einmal einen alten Freund um Rat: den Leiter des Schlachthofes im Nachbarstädtchen Vilshofen. Was Gunter ganz wichtig war, erklärte er 2009 der Zeitschrift »brand eins«:

»Ich muss den Überblick behalten, wer wofür Verantwortung hat. Nur so kann ich sagen: Da ist zu viel Hafer drin, hier zu wenige Kokos. Und ich will dann nicht hören: Weiß ich nicht, war ich nicht.«

Deshalb sortierte er mit Philipp die Vorgänge auseinander. Die Lagerarbeiter waren fortan ausschließlich dafür zuständig, die Papiersäcke in die Halle zu transportieren. Alle Mixer wurden in Zweierteams aufgeteilt, mit weißen Kitteln und Haarnetzen ausgestattet und mit einem praktischen Regalsystem umstellt. Darin befanden sich alle Zutaten, die ständig nachgefragt wurden: Hafer, Crunch, Apfelstücke, Gummibärchen. Alle exotischen Zutaten – Gojibeeren, Urgetreide, Zedernüsse – standen in der Hallenmitte in Wannen. Die fertigen Mischungen gingen dann zu einem Etkettierer, der mithilfe eines Computers die Etiketten herstellte und aufklebte, und dann ab in die Post.

Gunter mochten die Mitarbeiter, er war sehr gut darin, alle zu motivieren. Heute betreibt er eine Energieberatung. Mit kleinen Hubschraubern und Wärmebildkameras fliegt er über Solaranlagen und kann zeigen, wo diese nicht mehr so gut funktionieren. Wir haben immer noch Kontakt – seltsame Erinnerungen schweißen zusammen: Einmal zum Beispiel hatte uns ein Marketingdienstleister erwischt, als wir uns Indianerfedern aus Karton gebastelt hatten und barfuß durch die Büros rannten. Gunter war immer für einen Spaß zu haben.

Abfüllen und abfeiern

Trotz der neuen Unterstützung arbeiteten wir selbst immer noch 110 Stunden pro Woche, kämpften mit langen Lieferzeiten und hatten die Herausforderung noch nicht im Griff, jeden Tag 500 E-Mails zu bewältigen. Nur kurze Zeit nach der Einstellung des Produktionsleiters und der Neuorganisation der Abfüllung gelang es jedoch, die Zeit zwischen Geldeingang und Verschickung auf 24 Stunden zu drücken. Das war ein Durchbruch, denn anders als viele Onlinehändler konnten wir ja nicht einfach fertige Ware aus dem Regal nehmen, sondern mussten jedes Müsli nach Kundenwunsch mixen. Vorproduzieren? Unmöglich! Mit zunehmender Versandgeschwindigkeit ging auch die Mailflut zurück.

»Die Leute kommen jetzt gar nicht mehr dazu, uns zu schreiben, dass sie statt Apfel lieber Rosinen in ihrer Bestellung hätten oder dass wir das Müsli doch ins Büro schicken sollen«, erklärte Hubertus damals der »Financial Times Deutschland« (April 2008, »enable2start«, S. 20).

Die Teilzeitkräfte übernahmen genau das, was wir nach unserem Startschuss Tag und Nacht gemacht hatten: Zutaten wiegen, abfüllen, schütteln. Schütteln war wichtig, damit nicht alle Rosinen unten in der Dose, alle getrockneten Erdbeeren oben und der Kunde nicht verärgert in der Hotline landete.

Das System war aber immer noch das alte, jede Bestellung wurde ausgedruckt und man hat alles einzeln abgezählt. Das ist im Nachhinein sehr, sehr verrückt.

Eins meiner wichtigsten Learnings aus dieser Zeit ist, dass man, wenn man von der Uni kommt, eigentlich nichts weiß. Da können Uni und Professoren nichts dafür: Sie bilden vorwiegend für

**die Forschung aus. Die Praxis kennenlernen: Da braucht es Eige-
ninitiative. Das war mir zwar schon klar.** Aber was mich mehr
erschreckt hat, war, dass ich so wenig über Mitarbeiterführung,
Leadership und Management wusste. Die »Financial Times enab-
le2start« schrieb im Juli 2008 nach einem Interview mit Hubertus:
*»Aber manchmal fühlt sich Bessau dann doch schon wie in einem
Konzern. Wie neulich, als ein paar Mitarbeiterinnen Hilfe brauchten, weil sie den Postwagen nicht verschieben konnten. Ihr direkter Vorgesetzter, Produktionsleiter Gunter Huber, war unterwegs.
Und dessen Chef Hubertus Bessau saß direkt über ihnen im Büro.
Aber den Boss fragen? Geht nicht, sagten sich die Damen. Und
riefen lieber Huber auf dem Handy an.«*

Doch wir hatten Glück, denn ein Kunde schrieb uns, dass seine Frau
Cornelia nach einer Führungsposition in der Logistikbranche eine neue
Herausforderung suche.

Cornelia, die sich als Conny vorstellte, mochten wir sofort – und sie
hatte echt Ahnung von Logistik! So wurde sie, als Gunter ins Energie-
geschäft wechselte, unsere neue Produktionsleiterin. Das ist sie heute
noch, sie hat in der Manufaktur sehr viel verbessert und hat neun Jahre mymuesli-Geschichte mitgeschrieben. Dafür sind wir ihr für immer
dankbar.

»Improvisieren auf höchstem Niveau«

Ich bin schon ein bisschen stolz, wenn man mich als ›Urgestein‹ bei
mymuesli sieht. Seit neun Jahren bin ich dabei und habe dabei eine
Menge erlebt.

Vor allem aber durfte ich die Entwicklung von der Produktion ›von
Hand‹ bis zur Manufaktur begleiten und mitgestalten.

Oft war es Improvisieren auf höchstem Niveau, denn der Anspruch
an perfekte Qualität und Hygiene durfte nie infrage gestellt werden.
Während in der ersten Produktionsstätte die Dienstpläne der Mann-

schaft noch auf Zuruf abgestimmt werden konnten, ist heute ein ausgefeiltes System erforderlich.

Mein erstes Ziel bei mymuesli: die Arbeitsabläufe für alle einfacher zu machen, oft mit simplen Tricks und einfachen Mitteln: Großen Müslimixern habe ich zum Beispiel höhere Arbeitsplatten organisiert. Dem Mitarbeiter am Versandregal habe ich einen mechanischen Greifarm besorgt, damit er besser an die hinteren Dosen in den tiefen Regalfächern kommt. Denn die Regalböden waren gefühlt drei Meter lang und vorher musste er immer fast ins Regal klettern.

An Bewegung mangelte es uns auch nie: In der alten Manufaktur hatten wir zwei Ebenen. Es gab zwar einen Aufzug, der machte vieles leichter. Aber der Aufzug war so klein, dass man zwar eine Palette hineinschieben konnte, dann aber selbst nicht mehr hineinpasste. So blieb den Mitarbeitern nichts anderes übrig, als den Aufzug zu füllen und dann selbst schnell die Treppe hochzulaufen – aber immerhin besser, als Säcke selber zu schleppen.

Wir haben in den ersten Jahren ständig improvisiert, ständig etwas Neues erfunden. Manches hat sich auch nicht bewährt. Zum Glück haben wir heute Profimaschinen, die unser Team auf die mymuesli-Bedürfnisse anpasst und die speziell für uns gebaut werden.

Als Produktionsleiterin habe ich heute viel speziellere Aufgaben als früher: Ich organisiere die komplette Technik, kümmere mich um die Qualitätssicherung, schreibe Reinigungspläne. Genau wie früher muss ich mir immer noch jeden Tag etwas Neues einfallen lassen. Bei stark wachsenden Unternehmen läuft nie etwas reibungslos. Man muss immer dranbleiben.

Aber genau diese Herausforderung ist ja das Schöne an meinem Job. Und was ich mir für die Zukunft wünsche? Ganz ehrlich: mehr Platz in der Manufaktur! Der ist immer knapp, seit neun Jahren.

Conny

Produktionsleiterin

Aber was sagen eigentlich Mitarbeiter, die erst später dazugekommen sind? Muss man die ersten Jahre eines Startups mitgemacht haben, um den Spirit zu verstehen? Arthur war viele Jahre bei der Bundeswehr – eine Art konzeptioneller Gegenentwurf zu mymuesli. 2013 bewarb er sich dann bei uns. Er hat es seitdem mit uns ausgehalten.

»Jeder wird gesehen, jeder bekommt Möglichkeiten«

Ich bin 2013 nach Passau gezogen und habe bei mymuesli als Müslimischer angefangen – das heißt, man kümmert sich darum, dass aus den Rohwaren eine Müslimischung entsteht, aus der dann die Kollegen unsere Fertigmüslis machen. Man hat dafür auch Hilfsmittel, etwa eine Art Profi-Betonmischer, einen Tumbler.

Aber das ist schon anstrengend.

Warum ich zu mymuesli gegangen bin? Ganz ehrlich: zuerst deshalb, weil mymuesli direkt bei mir vor der Tür war. Nach einem Monat aber war ich begeistert und entschlossen, zu bleiben. Nach neun Monaten suchte mymuesli einen Schichtleiter, das habe ich dann gemacht. Wir hatten damals noch kein Warenwirtschaftssystem, also war jeden Tag Inventur angesagt. Jeden Tag durchzählen, jeden Tag! Das hieß dann Lagerreport.

2015 kamen dann mein Wechsel zur Produktionsplanung und kurz darauf das Warenwirtschaftssystem. Damit müssen wir vor allem nicht mehr so oft Inventur machen. Andererseits braucht es nun Zeit, bis jeder das System verstanden hat – und die Zeit fehlt uns dann wieder bei der Produktion. Ja, manchmal ist das schon stressig. Das Wachstum bei mymuesli war oft so schnell, dass wir kaum hinterhergekommen sind und ständig Platzmangel hatten. Demnächst werden wir einige Logistikprozesse auf Just-in-Time umstellen. Dann haben wir hoffentlich noch mehr Flexibiliät, aber müssen noch genauer planen.

Doch das ist nicht das Einzige, was sich in der Produktion verändert hat und verändern wird. Jetzt arbeiten hier sehr viel mehr Mitarbeiter als am Anfang – vor Weihnachten und zu Stoßzeiten zum Beispiel auch mal in drei Schichten. Früher kannte ich jeden mit Namen, heute vielleicht noch die Hälfte. Das Gute ist aber, dass sich hier niemand wie eine Nummer fühlt.

Jeder wird gesehen, jeder bekommt Möglichkeiten, und das Allerbeste, das sind die Weihnachtsfeiern. Das sind die geilsten Feiern, die ich in meinem ganzen Leben gefeiert habe!

Nach Weihnachten geht's dann gleich wieder rund mit neuen Sorten: ›Schlanker Leben‹, ›Figurfit‹, Müsli zu Ostern, Müsli für den Sommer, Müsli im Herbst und dann schon wieder: Weihnachten ... und die nächste Feier. So etwas bietet wirklich nicht jedes Unternehmen, das ist ein echter Höhepunkt.

Arthur

Produktionsplaner

Und nebenher ein Saftladen

Wer Mitarbeiter hat, der hat auch Mitarbeiter mit Ideen, auf die man niemals selbst gekommen wäre. Das Orangenabo war so eine Idee. Sie kam von Stephan, heute für das Wohl unserer Marke und Produkte verantwortlich. Er war damals gerade mal 23 Jahre alt. Wir fanden die Sache gut und haben Stephan die Freiheit gegeben, das Startup hochzuziehen. Und die Verantwortung. Was super funktioniert hat. Auf seine Visitenkarte schrieben wir »CEOh!«

Seine Idee war die: Immer wenn man sich einen frischen Orangensaft pressen möchte, hat man keine Orangen. Um diese Notlage für immer zu beenden, könnte man also eine Website mit einem Abo für Orangenkisten bauen. Wer will, kann sich dann sechs oder zwölf Monate lang Orangenkisten per Post schicken lassen. Alle zwei Wochen eine, und das für weniger als einen Euro am Tag. Haben wir ausgerechnet. Um das ganze Jahr über die besten Orangen zu liefern, wäre es prima, mit den Jahreszeiten von Kontinent zu Kontinent zu wandern, immer entlang des Zitrusgürtels, der sich rund um den Globus zwischen dem 20. und dem 40. Breitengrad befindet, und zwar nördlich und südlich des Äquators. Abonnenten könnten im Netz immer schauen, wo ihre Orangen gerade herkommen. Wir waren nicht sicher, ob die Sache funktioniert. Aber siehe da, sie funktioniert – im kleinen Maß zumindest. Aber immerhin. Wer's nicht glaubt, kann gleich mal oh-saft.de klicken und die erste Kiste bestellen.

Wie findet man die richtigen Mitarbeiter?

Zu Mitarbeitern, Führung, Personal, Leadership werden jedes Jahr viele Regalmeter Bücher geschrieben. Das haben wir nicht vor, wir haben bei diesem Thema selbst noch eine megasteile Lernkurve vor uns – und machen da sicher auch eine Menge falsch. Wer sich blöd behandelt fühlt, der hinterlässt dann gleich einen Kommentar auf einer Internetseite, wo man Arbeitgeber bewerten kann.

Da ist eine Menge Quatsch dabei, aber sicher auch viel, was man besser machen muss: Ein großes Thema ist, dass wir oft übersehen, wie wichtig es ist, Veränderungen, Strategien und Zukunftspläne frühzeitig zu kommunizieren. Und zwar an alle, nicht nur diejenigen, die viel und eng mit uns dreien zusammenarbeiten. Es reicht außerdem nicht, über die Zukunft zu reden: Man muss Pläne auch gemeinsam mit den Mitarbeitern kritisch hinterfragen; bereit sein, Fehler zu machen, und besonders, sie zuzugeben. Gelernt haben wir aber auch: du kannst es niemals allen recht machen. Das geht manchmal bei fünf, ganz sicher nicht bei mehr als 800 Mitarbeitern.

Würde ich mit dieser Person segeln gehen?

Doch je besser die Teammitglieder zusammenpassen, desto weniger solcher Reibungspunkte gibt es. Nur: Wer sind die richtigen Menschen für mein Startup? Wer passt zu mir, meinem Spirit – und wie wähle ich die aus?

Am 3. Oktober 1979 wurde in Hamburg der Grundstein für eine der legendärsten deutschen Werbeagenturen gelegt. Sie hieß zunächst »Eiler & Riemel Hamburg«, ab 1985 dann: »Springer & Jacoby«. Die Agentur gibt es heute nicht mehr. Aber ihr Symbol kennen Werber noch immer: den sogenannten Pistolenföhn, den man als Anstecker nach überstandener Probezeit überreicht bekam. Ab da wusste man: Ich bin ein Mitglied der Springer-&-Jacoby-Familie. *»Wer einen Pistolenföhn am Revers hatte, der war erfolgreich, klug, kreativ und ein bisschen durchgeknallt, denn er war von S & J und damit in der Kaderschmiede der Werbebranche«*, schrieb Tina Kaiser 2007 in der »Welt am Sonntag«.

Die Auswahl war hart: Springer & Jacoby wollte die Besten. Entscheidend war für den Teamfit jedoch vor allem eine Frage, die alle zukünftigen Kollegen des neuen Mitarbeiters beantworten mussten: »Würdest du mit dieser Person zwei Wochen lang alleine segeln gehen?« Ja? Dann gab es den Pistolenföhn. Wenn auch nur einer Nein sagte: »Leider hast du die Probezeit nicht bestanden.«

Wir sind große Fans dieser Methode: Denn sie stellt das Team, den Zusammenhalt, das Sich-Einfügen in eine Gemeinschaft in den Mittelpunkt. Und das sollte man meiner Meinung nach immer priorisieren. Mit aller Konsequenz nur diejenigen einstellen, mit denen man tatsächlich ein paar Tage auf hoher See verbringen würde. Um diese Menschen zu finden, braucht man nur seinen eigenen Freundeskreis betrachten: Wen will ich um mich herum haben? Wer passt dazu? Und wer nicht?

Ach ja: Das erste Bauchgefühl, ob positiv oder negativ, ist meistens das richtige. Es wird sich über die nächsten Wochen selten ändern. Außerdem: Personalfragen sollte man sich nie schönreden: »Sie oder er passt nicht zu 100 Prozent ins Team, aber ist fachlich dafür super.« Damit haben wir ganz schlechte Erfahrungen gemacht. Mit der Segelfrage aber haben wir Teammitglieder gefunden, die heute noch einen super Beitrag leisten.

OKR: unsere Führungsformel

Mit der Zeit wird aus dem kleinen Gründerteam und immer mehr Mitseglern eine größere Mannschaft. Zu tun gibt es ja genug. Das aber sinnvoll aufzuteilen ist manchmal gar nicht so einfach. Wer soll eigentlich was machen? Woher wissen alle, was heute, was morgen und die nächsten Tage zu tun ist? Wie setzen wir unsere knappen Ressourcen möglichst effizient ein? Zu diesem Thema – besser gesagt zu unserer Lösung für diese Fragen – werden wir häufig gefragt. Deswegen will ich in diesem Kapitel die Antwort geben und kurz erklären: OKR. Was? Noch nie von OKR gehört? Kein Problem. Kannten wir auch anfangs nicht.

Der Begriff: Objectives and Key Results

Wir schreiben das Jahr 1999: Google war noch kein Jahr alt, als einer der Investoren, John Doerr, ein neues Leadership- oder Organisationsmodell vorschlug, das er von Intel mitgebracht hatte und das dort von Intel-Mitgründer Andy Grove erfunden wurde. Seitdem sind »Objectives and Key Results«, kurz OKRs, bei Google im Einsatz. Sie helfen, die Komplexität einer schnell wachsenden Organisation in den Griff zu bekommen. Heute nutzen auch Unternehmen wie Oracle, Twitter und LinkedIn diese Methode. In Deutschland beispielsweise Zalando. Und wir. Zu OKR hatte ich viel gelesen und das Thema intern vorgestellt. Das alles klang für uns schlüssig: OKR ist einfach zu verstehen, hilft bei der Priorisierung und Aufgabenverteilung und braucht keine komplizierte technische Infrastruktur, um von allen genutzt werden zu können. Perfekt für Startups, die schnell wachsen. Das wollten wir gemeinsam mit der Münchner Unternehmensberatung Murakamy, die auf das Thema spezialisiert ist, einführen. Das war 2014.

»Objectives and Key Results« ist ein Führungs-, Ziel und Organisationsmodell zugleich. Es beantwortet transparent für alle im Unternehmen eine Frage: Was haben wir konkret in den nächsten drei Monaten zu tun?

Denn OKRs werden fast immer (auch bei uns) für ein Quartal formuliert: Pro Abteilung und pro Mitarbeiter gibt es fünf Ziele (Objectives), die man durch jeweils vier Meilensteine (Key Results) definiert und erreicht. Los geht es dabei mit den Unternehmenszielen, der höchsten Ebene. An diesen Oberzielen orientieren sich dann alle anderen Abteilungen oder Ebenen bei der Formulierung ihrer OKRs. Diese werden also von oben nach unten adaptiert; aber auch umgekehrt: Denn etwa 60 Prozent des OKR-Inputs kommen vom mymuesli-Team. Die restlichen 40 Prozent kommen von uns drei Gründern – weil wir uns täglich Gedanken machen über die langfristige, die strategische Entwicklung des Unternehmens. Mit diesem Mix kommen wir insgesamt zu einer Planung, die alle Perspektiven und Ideen vereinbart.

Alles transparent

Quartalsweise Planung? Alter Hut, werden manche jetzt sagen. Der Teufel steckt aber im Detail: Die erste Herausforderung bei OKR liegt darin, nicht einfach das Tagesgeschäft und Selbstverständlichkeiten abzubilden. »Mülleimer ausleeren« ist zum Beispiel kein Ziel, das wird ja ohnehin gemacht. Und zweitens muss jedes Ziel, jedes Key Result, auch messbar sein: »Die Website irgendwie ein bisschen schöner machen« geht also auch nicht, denn das Ergebnis lässt sich nicht messen. Drittens: Die Latte muss bei jedem Ziel so hoch liegen, dass man gerade eben so drüber springen kann. Denn liegt sie zu niedrig, ist das Ziel langweilig. Liegt sie zu hoch, entsteht Frust.

Außerdem werden OKRs verhandelt: Ich kann mein Ziel ja meist nur erreichen, wenn mir andere dabei helfen, etwa die IT. Die will aber vielleicht ganz andere Dinge in diesem Quartal schaffen. Also müssen wir reden. Und verhandeln. Bei mymuesli findet eine solche Verhandlung ein Mal pro Quartal statt mit einem kleinen Kreis an Teamleitern. Die Ergebnisse und OKRs werden für alle bei mymuesli transparent abgelegt, so kann jeder seine eigenen wiederum anpassen. Denn etwa 60 Prozent hat er ja schon formuliert, die kommen ja »von unten«.

OKRs im Alltag

Und dann geht's los: Jeden Morgen schaut man am besten erst mal auf seine OKRs. Und versucht bei jedem Objective im Quartal zumindest zu 70 Prozent zu erfüllen. Schafft man regelmäßig mehr, dann plant man vermutlich nicht ambitioniert genug. Schafft man weniger, dann hat man vielleicht unerreichbare Ziele oder falsche Prioritäten gesetzt. 70 Prozent Zielerreichung sind ideal. An dieser Stelle mussten wir erst einmal umdenken. In Schule und Ausbildung hatten wir gelernt, dass Hausaufgaben immer komplett zu erledigen sind. Sonst wurde geschimpft.

Durch OKR haben wir gelernt, dass diese Nur-100-Prozent-sind-gut-Ansätze nicht wirklich schlau sind. Aus dem einfachen Grund, dass sie ein Lernen aus Erfahrung unmöglich machen. Wenn ein Ziel nicht erreicht wird, heißt das fast nie, dass der dafür Verantwortliche zu langsam oder nicht kompetent ist. Es kann ja sein, dass sich die Dinge in der Zwischenzeit so verändert haben, dass das Ziel keinen Sinn mehr hat. Oder dass es von Vornherein unsinnig war. Wenn man ein Vierteljahr lang theoretisch jeden Tag für eine Sache Zeit hatte und sie nicht erledigt hat: Lohnt es sich dann, weiter daran festzuhalten? Oder kann man das Thema dann nicht einfach über Bord schmeißen? Meistens muss man das. Und deshalb werden die nicht erledigten Hausaufgaben für das nächste Quartal dann erlassen.

Jeder misst sich selbst

OKR ist kein System, um Teammitglieder in ihrer Performance durch Vorgesetzte zu beurteilen: Für die Key Results sind Mitarbeiter persönlich verantwortlich. Wie gut oder schlecht sie pro Key Result abgeschnitten haben, beurteilen sie selbst. So greifen Freiheit und Verantwortung logisch ineinander. Unserer Erfahrung nach mögen Mitarbeiter diese Kombination viel lieber und finden das viel motivierender als die klassische Kombination aus Druck und Belohnung. Wichtig: Nicht alle Mitarbeiter bei mymuesli haben OKRs, in der Manufaktur zum Beispiel kann man sie nicht in allen Bereichen anwenden. Aber wir arbeiten daran, das System möglichst breit einzuführen.

Seit der Einführung betreut Christian das Thema OKR bei mymuesli. Er hat auch schon anderen Unternehmen erklärt, wie sie OKR einsetzen können, um transparenter und effektiver zu werden.

»Experiment geglückt«

Ich betreue OKR bei mymuesli, seit wir es eingeführt haben. Und vorweg kann ich sagen: Experiment geglückt, OKR ist unser wichtigstes Management-Tool geworden. Warum? Weil sich jeder Mitarbeiter quartalsweise auf die fünf wichtigsten Ziele konzentriert. Diese sind horizontal miteinander vernetzt und bauen über alle Ebenen hinweg aufeinander auf. So sieht jeder Mitarbeiter seinen Beitrag zur Zielerreichung und kennt seine Erwartungshaltung.

Gibt es Projekte, die mehrere Teams betreffen, so werden diese teamübergreifend verankert. Ist in einem Quartal beispielsweise die Einführung eines neuen Kassensystems für die Läden geplant, so muss das auch unbedingt in den OKRs von Finance und der IT berücksichtigt werden. Durch diese horizontale Vernetzung von Zielen stellen wir sicher, dass alle Ressourcen optimal aufgeteilt sind und nur Projekte angetrieben werden, die auch wirklich Priorität haben.

Deutlich wird das bei Teams, die größtenteils Dienstleister für andere Abteilungen sind – wie zum Beispiel die IT. Diese hat nach Abzug von Urlaub und Fortbildungen eine fixe Anzahl an Manntagen pro Quartal, die sie für andere Abteilungen aufbringen kann. Ist die IT in dem genannten Quartal schon mit der Anbindung der Kassensysteme beschäftigt, so müssen die anderen Abteilungen über die übrigen Ressourcen verhandeln. Dadurch können wir schon im Vorfeld klären, wer was plant und wer das wie umsetzen kann. Was nicht passt, wird also passend gemacht: und so lange diskutiert und verändert, bis alle der Meinung sind, dass ihre eigenen und die Unternehmensziele realistisch erreicht werden können.

OKR klingt vielleicht ein wenig kompliziert, hat sich aber in der Praxis absolut bewährt. Als Faustregel kann man sich merken: Jeder Mitarbeiter hat fünf Objectives mit jeweils vier Key Results, also 20 Ziele. Für jedes Ziel stehen ihm dann typischerweise drei Tage pro Quartal zur Verfügung. Es ist also nur eine Frage der Einteilung und Abstimmung, wann was erledigt wird.

Aber freilich hat es seine Tücken: Und man muss wie bei jedem neuen System dranbleiben, ständig anpassen und verbessern. Sonst wird so eine Methode zum einen nicht in den Teams akzeptiert.

Zum anderen darf sich ein Unternehmen ja nicht in ein starres Korsett pressen. Man muss OKR eben so nutzen, wie es für einen selbst am besten passt.

In Zukunft wäre es spannend, OKR noch mehr mit moderner Organisationstheorie zu verknüpfen. Zum Beispiel wäre es möglich, interdisziplinäre Teams um Objectives zu bauen, die für einen bestimmten Zeitraum an einem gemeinsamen Ziel arbeiten. Losgelöst von Abteilungen können Mitarbeiter dann ihre volle Aufmerksamkeit – für bestimmte Zeit – gemeinsam auf ein Objective legen.

OKR schafft Transparenz und setzt den richtigen Fokus für die nächsten drei Monate. Es hilft Mitarbeitern Klarheit über die wichtigsten Aufgaben zu schaffen und ihre knappen Ressourcen richtig einzusetzen. Nicht zuletzt weiß jeder, was wann in unserem Unternehmen passiert.

Wenn man es richtig machen will, bedeutet es aber auch viel Arbeit. Nicht für mich als OKR Master. Sondern für alle. Doch der Aufwand lohnt sich. Ich traue mich zu sagen, dass unsere Arbeit mit OKR dazu beigetragen hat, dass wir so schneller und besser in der Umsetzung von Projekten wurden.

Christian

Business Development Manager

Mit OKR zur transparenten Organisation

Was wir alle gut finden, ist die mit OKR einhergehende Transparenz. Wenn ich zum Beispiel wissen will, was eigentlich Daniel in Berlin im Moment macht, schaue ich in der Cloud nach. Da steht es. Dazu braucht es keine Spezialsoftware: Wir nehmen Online-Tools von Google, die nur in der Profi- und Teamversion Geld kosten.

Die Transparenz spart für alle viel Zeit. Wenn zum Beispiel eine Marketing-Mitarbeiterin in Berlin eine ganz bestimmte Frage in Passau stellen will, dann kann sie dank OKR sehr genau herausfinden, bei wem dieses Thema auf der Liste steht.

Wir verstecken die OKRs aber nicht nur in der Cloud, wir schreiben sie auch für alle sichtbar auf unsere Bürowände und -türen. Viele Mitarbeiter heften sich ihre Ziele auch als Post-its an die Bildschirmkante.

Neben OKR haben wir mittlerweile auch eine weitere Sache mit Drei-Buchstaben-Abkürzung: ein ERP – kurz für Enterprise Ressource Planning System. Das war ein Riesending für uns. Und passt gut hier als Anekdote ins vierte Kapitel, weil der Mitarbeiter, der es über mehr als zwei Jahre eingeführt hat, eine der vielen ungewöhnlichen mymuesli-Karrieren hinter sich hat: Uli hatte sich vor vielen Jahren mit seiner von ihm gestalteten Abizeitung bei uns beworben, als Grafikpraktikant. Nach dem Studium kam er in Vollzeit zurück: und war monatelang damit beschäftigt, alle und wirklich alle unsere Prozesse zu notieren und in eine Struktur zu bringen, Anbieter zu vergleichen und Angebote zu verhandeln. Das umfangreichste Projekt seit unserer Gründung. Das System wurde auf den Tag genau fertig, im Budget. Wow. Das ist bei ERP-Einführungen eher ungewöhnlich, um es milde auszudrücken. Doch das Beispiel zeigt: Nur weil jemand keine jahrelange Expertise in einem Gebiet hat, heißt das nicht, dass er die nicht aufbauen kann, wenn er sich voll reinhängt. Teammitglieder sollte man nach der Kultur auswählen, vieles andere kann man dann »on the job« lernen. Der US-Ökonom Peter Drucker soll einmal gesagt haben: ›Culture eats strategy for breakfast‹. Dazu mehr noch im nächsten Kapitel.

Deine Mitarbeiter

Mitarbeiter sind wohl für jeden Gründer zuerst einmal eine Überraschung. Erstens, dass man überhaupt welche braucht. Zweitens, dass sie die Dinge oft völlig anders angehen, als man es sich vorgestellt hat.

Nun gut. Man wächst mit seinen Aufgaben, so ging es auch uns mit unseren Mitarbeitern. Aber, ganz ehrlich: Man lernt bei diesem Thema nie aus. Hier diejenigen Punkte, die uns wichtig erscheinen:

- **Auf Sympathie, Werte und Vertrauen** kommt es mehr an als auf Fachkompetenz. Ist ja auch logisch: Kompetenz kann man lernen, »ein toller Typ sein« und »ins Team passen« kann man nicht wirklich lernen. Das ist man, oder man ist es eben nicht.
- **Commitment:** ist ja schön, wenn jemand seinen Job gut kann. Wenn er aber mit einer »I don't fucking care«-Haltung arbeitet, dann ist er nicht da, wenn's drauf ankommt. Commitment macht den Unterschied und ist unbezahlbar.
- **Führungskräfte:** kann man ausbilden, muss man ab einer bestimmten Größe aber auch einstellen. Und manchmal braucht es jemanden aus einer anderen Generation oder mit einem anderen Background, um weiterzukommen. Heterogenität tut gut.
- **Aufgaben klar verteilen:** Der Witz ist, dass die Aufgaben von oben nach unten und über die Abteilungen hinweg ineinan-

der greifen müssen, damit das gesamte Unternehmen funktioniert. Gar nicht so einfach! Wir haben mit OKR einen Weg durch dieses Labyrinth gefunden, andere Wege funktionieren aber sicherlich auch.

- **Zielverhandlungen:** Wir gehören zu einer Generation, die auf autoritäre Anweisungen von oben weder gut zu sprechen ist, noch selbst derartige Anweisungen geben möchte. Also verhandeln wir die Ziele, die vor uns liegen. Davon profitieren alle: Wir haben ein besseres Bild davon, was machbar ist, und unsere Mitarbeiter haben sich ihre Aufgaben selbst gestellt.

Ausgewähltes für Startup-Macher

- *How Google works. Eric Schmidt und Jonathan Rosenberg (John Murray 2015)* Die Bedienungsanleitung von Google-Topmanager Eric Schmidt und Jonathan Rosenberg, früher Senior Vice President of Products bei Google und jetzt persönlicher »Advisor« des Alphabet-CEOs Larry Page. Wie macht man ein riesiges Unternehmen aller Disruptionen zum Trotz noch größer und noch besser? Und wie lassen sich besondere Mitarbeiter anwerben, führen und motivieren? Nicht nur für HR-Leute eine Pflichtlektüre.
- *Let My People Go Surfing: The Education of a Reluctant Businessman – Including 10 More Years of Business Unusual. Yvon Chouinard und Naomi Klein (Penguin Books 2016)* Neuauflage des Erfolgsbuchs von 2006: Der Gründer des Unternehmens »Patagonia« zeigt, wie sich Leidenschaft fürs Surfen, Verantwortung und Business vereinbaren lassen.
- *High-Performance-Organisationen: Wie Unternehmen eine Hochleistungskultur aufbauen. Marcus Heidbrink und Wolfgang Jenewein (Schäffer Poeschel 2011)* Ob die deutsche Fußballnationalmannschaft, ein Orchester oder mymuesli: was Organisationen tun müssen, um die Weichen Richtung High-Performance zu stellen.
- *Drive: Was Sie wirklich motiviert. Daniel H. Pink (ecowin 2010)* Die meisten Unternehmen versuchen, ihre Mitarbeiter mit Geld, Prestige oder durch »Zuckerbrot und Peitsche« zu motivieren. Das funk-

tioniert nicht. Denn es ist nicht das Geld, was Menschen antreibt, sondern Selbstbestimmung, Perfektionierung und Sinnerfüllung. Finden wir auch!

- *www.ted.com/talks/dan_ariely_what_makes_us_feel_good_about_our_ work* Warum mühen sich Bergsteiger ab, auf die höchsten Gipfel zu steigen, wenn sie dann hauptsächlich mit Frostbeulen und Atembeschwerden zu tun haben? Was motiviert sie? Verhaltensökonom Dan Ariely (der Autor, dessen Buch »Predictably Irrational« wir schon in Kapitel 3 vorgestellt haben) zeigt, dass weder Geld allein noch die Freude an etwas zum Erfolg führen, sondern die Lust daran, voranzukommen und Ziele zu erreichen.
- *www.ted.com/talks/simon_sinek_how_great_leaders_inspire_action* Einer der berühmtesten TED-Talks überhaupt. Simon Sinek zeigt, warum das »Warum?« in Unternehmen so wichtig ist und wie es Apple, Martin Luther King und die Wright Brothers erfolgreich gemacht hat. Mehr als 31 Millionen Mal wurden diese 18 Minuten Inspiration angeschaut.
- Murakamy Blog: *http://murakamy.com/blog/fuehren-mit-zielen-das-okr-modell-von-google-objectives-and-key-results*
- Murakamy-FAQ dazu: *http://murakamy.com/blog/okr-modell-faqs*
- Optional noch ein Video von dem, der das bei Google eingeführt hat: *https://www.youtube.com/watch?v=mJB83EZtAjc*
- Zur Formulierung von Zielen speziell: *http://murakamy.com/ blog/2015/3/26/unternehmensziele-identifizieren-und-ziele-richtig-formulieren*
- Und hier noch ein Artikel von »Business-Insider«: *http://www. business-insider.com/googles-ranking-system-okr-2014-1?IR=T*

Trotzdem machen

»Es ist so schwierig, gute Leute zu finden.« So beginnt in Deutschland vermutlich jedes zweite Unternehmergespräch. In Wirklichkeit sollte es heißen: »Es ist so schwierig, ein guter Chef zu sein.« Wir drei sind vom Ziel, richtig gute Chefs zu sein, immer noch weit entfernt. Aber wir haben in den letzten Jahren zumindest verstanden, glauben wir, dass es nicht ausreicht, ein Gehalt zu zahlen und nett zu sein. Was ein Unternehmen, insbesondere ein Startup braucht, ist eine passende Kultur – vor allem aber ein gesunder Umgang mit den mitunter unangenehmen Begleiterscheinungen des eigenen Wachstums. Nur so kann man Höchstleistungen bringen.

Huch! Wir werden Mittelstand

»Eine menschliche Kultur ist die Voraussetzung für dauerhafte High-Performance«, bringen es die Forscher Marcus Heidbrink und Wolfgang Jenewein auf dem Cover ihres Buches »High-Performance-Organisationen« (2011) auf den Punkt. Marcus hat uns bei mymuesli schon öfter besucht und auch in sein Buch aufgenommen. 2011 kommen er und sein Kollege Wolfgang Jenewein zu dem Fazit:

»mymuesli steht als Fallbeispiel für ein hoch transformationales und innovatives Startup, das nach einer stürmischen Startphase in die Stabilisierungsphase eintritt, in der nun Strukturen und Hierarchien eingeführt werden müssen, um wiederkehrende Probleme dauerhaft und effizient zu lösen.«

Was er meint: Transformationale Unternehmen haben eine Vision, die gemeinsam erlebt wird. Das schweißt zusammen und alle wissen nicht nur automatisch, was zu tun ist. Sondern es macht auch noch Spaß. Es gibt ein »Why« (dazu unbedingt Simon Sineks TED-Talk schauen: »How great leaders inspire action«).

In einer transaktionalen Kultur funktioniert das etwas sachlicher, alles ist ein Marktplatz: Ich arbeite, dafür bekomme ich dann Geld. Das funktioniert, solange sich die Rahmenbedingungen nicht ändern. Denn dann gerät das System ins Wanken.

Bei mymuesli hat sich seit der Gründung eine coole und funktionierende Kultur entwickelt, ohne dass wir Gründer das bewusst gesteuert hätten. Aber irgendwann mussten wir immer mehr Strukturen und Hierarchien einführen.

Wir wollten und mussten erwachsen werden und kamen zu der unangenehmen Einsicht, dass dabei nur Professionalisierung und durchdachte Prozesse helfen können. Was nicht heißt: Bürokratie, von oben nach unten »durchregieren« und damit genauso werden wie die »old economy«, von der wir uns mit der eigenen Gründung ja unterscheiden wollten.

Wir müssen also beides hinkriegen: Professionalisierung und Prozessdisziplin auf der einen Seite, gleichzeitig aber dürfen die neuen Strukturen unser mymuesli-Selbstverständnis, unsere Startup-Kultur und »fun and a little weirdness« (die geheime Zutat des amerikanischen Unternehmens Zappos, berühmt für seine Kultur) nicht verdrängen.

Heute wissen wir, dass ein geiles Fest und gemeinsame Teamerlebnisse und -erfolge zum Beispiel mehr wert sind als tolle Titel und komplizierte Hierarchien.

Heute wissen wir auch, dass man für eine Topkultur richtig viel arbeiten muss. Das haben wir auch manchmal versäumt in den letzten Jahren, weil wir dachten, das sei nicht so wichtig wie andere Dinge oder selbstverständlich. Man muss es sich immer wieder in Erinnerung rufen auf der Reise vom Startup zum Mittelständler.

Steffi war unsere erste Auszubildende und kann ihre Eindrücke von dieser Entwicklung aus erster Hand schildern.

»Jeder achtet darauf, dass keiner verloren geht«

›mymuesli? Was ist das jetzt wirklich? Sind das nicht diese drei Studenten?‹ Am ersten Tag in der Berufsschule mussten wir drei Auszubildende schon einige Fragen beantworten. Wir lernten alle den Beruf ›Bürokauffrau‹ und waren in der Klasse die Einzigen, die in einem Startup angefangen hatten. Das war 2011. Zu dieser Zeit saßen wir bei mymuesli, meinem Ausbildungsbetrieb, noch alle zusammen in einem einzigen Büro. Jeder kannte jeden und die Chefs saßen mittendrin. Als angehende Bürokauffrau habe ich in der Buchhaltung mitgeholfen, im Kundensupport und im Vertrieb, außerdem im Produktionsbüro. Und wenn Not am Mann war, habe ich eben in der Manufaktur ausgeholfen.

Heute gibt es verschiedene Bereiche mit extra Ansprechpartnern, mehrere Standorte und Läden in vielen Städten. Längst kennt man nicht mehr alle Mitarbeiter, aber die Stimmung ist trotzdem die gleiche geblieben: Wir haben überall einen ganz freundlichen Umgang miteinander. Jeder achtet darauf, dass keiner ›verloren geht‹ und jeder immer weiß, was Sache ist: Welche Aktionen sind geplant? Gibt es neue Produkte? Legendär sind unsere Weihnachtsfeiern. Das sind jedes Mal Mottopartys an einem besonderen Ort – und alle kommen verkleidet! Jeder macht sich im Vorfeld viele Gedanken darüber, was er zu diesem Abend anzieht, und die Chefs verkleiden sich natürlich auch. So haben wir einmal den ›Wilden Westen‹ erlebt, ein anderes Mal waren wir alle zum Captain's Dinner auf einem Schiff eingeladen.

Heute arbeite ich hauptsächlich im Einkauf, ich kümmere mich aber auch um Personalfragen in der Manufaktur. Was ich mir für die Zukunft wünsche? Vor allem, dass die gute Stimmung erhalten bleibt und dass alle weiterhin so nett und rücksichtsvoll miteinander sind. mymuesli ist ja längst kein kleines Passauer Startup mehr, bei dem man fragen muss, was sich dahinter nun wirklich verbirgt. Die Firma ist so unglaublich schnell gewachsen, für Passau ist das ein richtiges Highlight.

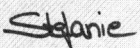

Assistenz Produktionsleitung

Neue Büros, jetzt mit Darkroom

Es ist gar nicht leicht zu sagen, wann die Reise und die Verwandlung anfing – und dieses Gefühl, dass wir kein kleines, chaotisches Startup mehr sind, sondern eine »richtige Firma«. Vermutlich irgendwann um das Jahr 2011. Wir waren noch nicht ganz 100 Mitarbeiter – sehr viele davon Aushilfskräfte mit Studentenausweis und Teilzeit-Müslimixer. Unsere heiß geliebte Halle wurde zu klein und zu kalt. Wir hatten deswegen noch das Untergeschoss dazugemietet. Doch es war baulich abgetrennt: Um Ware aus der Halle ins Untergeschoss zu bringen, musste man mit dem Gabelstapler ums Gebäude fahren. Auch bei Schnee und Eis.

Deshalb baute sich das Lagerteam jeden Montag aus Pappe und Frischhaltefolie ein Führerhäuschen, das wettergeschützt war. So schlitterten wir dann in die Woche. In den Büros oben wurde es auch immer enger. Wir wussten: Es ist bald wieder Zeit für einen Umzug.

Nur wenige Kilometer von der Passauer Innenstadt entfernt liegt das Gelände, das wir mittlerweile Wheat Packing District getauft haben und wo auch heute noch das Herz von mymuesli schlägt. Über Jahrzehnte waren die Hallen nahe der Bahnstrecke zwischen Passau und München als Lager für die Lebensmittellogistik genutzt worden. Jetzt wollte sich der Eigentümer aus der Branche zurückziehen, suchte eine neue Nutzung. Wir kamen, sahen – und bauten um. Die Halle mit ein paar Tausend Quadratmetern und das darüber liegende Büro waren perfekt. Außerdem in der Stadt. Es gab echte Infrastruktur außen herum, einen Supermarkt, eine Apotheke – sogar einen Dönerstand. So sah er aus, der Passauer Startup-Himmel. Dieses Mal würden wir auch in die Büros investieren: so schön die grünen Ledersessel und die Jäger-Deko auch waren. Aber wir würden schlichte Einrichtung kaufen und das Konzept von rustikal auf minimal ändern. Bernd, ein befreundeter Architekt, plante ein komplett schwarzes Büro als Gegenentwurf zu unserer weißen, cleanen Dose. Sogar schwarz lackierte Toiletten mit Plastik-Kronleuchtern gab es von nun an. Wir mochten unseren Darkroom sofort und konnten den Einzug kaum erwarten.

Unsere erste Maschine

Unser Fokus galt aber ehrlicherweise der neuen Manufaktur. Die plante ein Studienfreund mit uns, der sich im Team um technische Weiterentwicklungen kümmerte. Und das Herzstück dieser Planung: unsere neue Müslimixmaschine. Sie sollte endlich alles einfacher machen, besser, schneller, vollautomatisch mehr als 566 Billarden Müslis mixen.

Per Barcode-Scanner würden die Dosen und kundenindividuellen Mischungen erkannt und von 80 Behältern in Reihe dann automatisch befüllt. Am Ende Deckel drauf, auf ein Schüttelbrett und per Computersteuerung zum richtigen Versandtisch. Das klang zu schön, um wahr zu sein.

Ausgerechnet ein Ostfriese plante diese Maschine. Das ist nicht etwa wegen der Ostfriesenwitze lustig, sondern weil es wohl kaum eine längere Strecke durch Deutschland gibt als von Emden, Ostfriesland, nach Passau, Niederbayern. Bis wir ihn gefunden hatten, mussten wir uns erst aus einer Sackgasse befreien. Doch Schritt für Schritt.

Wo geht man hin, wenn man in Deutschland eine Maschine kaufen will? Ja, auf Messen. Das hatten wir beim Dosenthema ja schon einmal erfolgreich durchgespielt. Und sonst: genau, ins Land der Tüftler: Baden-Württemberg.

Wir fanden dort ziemlich schnell passende Maschinenbauer. Den ersten trafen wir noch in unserer WG-Küche, wo wir auch den DHL-Vertrag ausgehandelt hatten. Ich war noch so müde von der Nacht davor. Wir hatten ewig Müsli gemixt und dann noch das ein oder andere Bier getrunken und über die Zukunft von mymuesli philosophiert. Philipp und Hubertus schien das nichts auszumachen. Ich schlief aber pünktlich im Meeting ein, als unser Gegenüber den Preis für seine Maschine nannte: acht Millionen Euro.

Vielleicht war es eine psychologisch erklärbare Schutzreaktion meines Organismus, vielleicht fand ich das ganze Setting auch nur absurd. Ich vermute, es muss ziemlich abgezockt gewirkt haben, bei dieser Summe einfach wegzupennen. Aber ich wusste ja, dass wir das niemals hätten bezahlen können. Er vermutlich auch: Wir haben nichts mehr voneinander gehört. In der Zwischenzeit jedoch hatte sich ein alter Jugendfreund von Hubertus als Ingenieur selbstständig gemacht. Gerd aus Emden. Ostfriese.

Er verstand sofort, was wir brauchten, und auch, dass unsere Schmerzgrenze ziemlich weit entfernt lag von acht Millionen. Nach wenigen Meetings schließlich der Handschlag: Wir machen uns eine Müslimaschine! Indem wir zum Beispiel Scanner aus Supermarktkassen statt teurer industrieller Scanner nehmen und auch sonst an allen Ecken und Enden smart statt teuer bauen, würden wir das auch bezahlen können. Schöne Sache: Solche Maßnahmen kann man durch die bayerische Wirtschaftsförderung unterstützen lassen. Es ging also los: Wir automatisierten. Nach fast zwei Jahren Vorarbeit, Tausenden Ingenieursstunden und schlaflosen Nächten lief die erste Dose übers Band. Es fühlte sich an wie damals, als wir in der WG den Knopf gedrückt hatten, um die Website online zu stellen. Wieder hatten wir kein Feuerwerk zur Hand. Und wieder zweifelten wir, ob »Pling« nun ein gutes Zeichen war oder nicht.

Der Mitarbeiter, der die Maschine mittlerweile am besten kennt, ist Johannes:

»Wir müssen alles anpassen«

Als ich gekommen bin, stand die Müslimixmaschine erst ein halbes Jahr. Am Anfang haben wir ständig an jeder Station geschaut, ob alles läuft: Besonders schwierig war es, die Dosen richtig zu verschließen.

Ich denke, es ist ganz normal, dass man so eine Maschine an die örtlichen Gegebenheiten anpassen muss, so gut sie auch gebaut ist. Manchmal war es etwa für die Scanner zu heiß und die Maschine wusste nicht, was sie wo hineinfüllen sollte.

Also haben wir Lüftungen überall dort eingebaut, wo es den Scannern zu warm wurde. Das war alles sehr aufregend in der Anfangszeit, heute läuft alles perfekt. Die Ingenieure, die die Maschine gebaut haben, verstehen ihren Job und haben uns immer weitergeholfen. Jetzt füllen wir jeden Tag routiniert ab – und, ehrlich gesagt: Manchmal vermisse ich das Chaos von früher. Es war stressig, aber es war auch lustig.

Bei aller Professionalisierung ist aber eine Sache immer gleich geblieben: Egal was wir machen, es kann nichts auf Anhieb supertoll funktionieren. Warum? Bei uns passen die wenigsten Standardprozesse. Wir müssen alles anpassen: Hardware, Software, alles.

Das liegt nicht nur daran, dass unsere Bio-Zutaten oft sehr schwanken. Und mal nach einer Ernte viel größer oder sehr viel kleiner oder sehr viel schwerer oder leichter sind als das, was wir sonst so abfüllen. Und es sind halt sehr viele Zutaten: Doch es ist diese Vielfalt, die mymuesli so erfolgreich macht – und die für uns an der Maschine immer eine Herausforderung bleiben wird.

Johannes

Techniker Produktion

Zusammen mit Johannes arbeitet Hans fast täglich an der Mixmaschine, auch er kann viel vom Maschinen- und Manufakturalltag erzählen:

»Hey, wo sind die Dosen?«

Ich habe zusammen mit Johannes in der Manufaktur angefangen. Damals haben wir erst nur von acht bis 14 Uhr Müslis hergestellt, mit viel Unterstützung von Studenten und Halbtagskräften. Ab 14 Uhr waren wir allein in der Produktionshalle und konnten uns um die Maschinen kümmern.

Heute ist das undenkbar: Wir starten mit der Produktion oft schon am Sonntag und produzieren dann bis Freitag spätabends.

Als wir noch kein Warenwirtschaftssystem hatten, war es gar nicht so einfach, immer überall durchzublicken. Da hatten wir zum Beispiel geplant, Schokomüsli zu produzieren, und schon alles vorbereitet. Und

dann kommt jemand und sagt: ›Hey, wir haben ja gar keine Schokomüs-
lidosen!‹ Dann mussten wir alle Zutaten wieder zurück in die Regale
räumen.

So etwas passiert uns heute nicht mehr. Es gibt jetzt ja ein ERP-Sys-
tem. Weihnachten? Noch immer eine besondere Herausforderung. Da
kommen so viele Bestellungen, dass in manchen Jahren schon Leute
aus der IT, aus dem Büro und auch Hubertus, Philipp und Max beim
Abfüllen geholfen haben. Man glaubt es kaum, aber es ist immer noch
viel Handarbeit notwendig.

Ein kleines Betriebsgeheimnis sind zum Beispiel unsere Mozartku-
geln für das Mozartmüsli, das man im Salzburger mymuesli-Laden bekommt: Die sind so empfindlich, die muss jemand abzählen und einzeln in die Dosen legen.

mymuesli wächst so schnell, da ist immer noch jeder Tag spannend.
Mittlerweile läuft alles rund und jeder weiß, was in welcher Menge wo
steht. Dass wir plötzlich keine passenden Dosen mehr haben, das passiert auch nicht mehr.

Hans

Schichtleiter in der Produktion

Grüße aus der (Müsli-)Hauptstadt

Es war ein Kraftakt, aber wir haben es hingekriegt: Unsere Manufaktur
hatten wir im Laufe unseres Wachstums von »hemdsärmelig über dem
Schuhgeschäft abfüllen« umgestellt auf eine große Maschine in einer
riesigen Halle. Professionalisierung? Check.

Nun mussten wir auch im Marketing dringend das nächste Level erreichen. Wir suchten und suchten … und wurden auf der Landkarte
fündig. Doch der Reihe nach:

Wenn man einen niederländischen Marketingprofi sucht, der auch
fließend Deutsch kann und idealerweise ein paar Jahre Erfahrung in
der Branche hat, dann ist Passau dafür nicht der ideale Ort. Denn so

sehr wir unsere Müslistadt lieben: Die Suche nach Fachkräften ist nicht immer einfach, gerade dann, wenn die Anforderungen speziell sind. Die wenigen Bewerber für unser Marketingteam, die wir für Passau zunächst begeistern konnten, waren fast immer von der Marke und dem Team überzeugt. Aber wenn Freund, Freundin oder Ehepartner zum zweiten Besuch mitgekommen sind, war es jedes Mal vorbei. Weil es auf den ersten Blick keinen Job für die Ehepartner gab oder die Angst, keinen Anschluss zu finden. Als Niederländer tut man sich vielleicht auch schwer mit Niederbayerisch, wir wissen es nicht. Jedenfalls half es nichts: Wir mussten raus aus Passau. Zumindest mit einem Teil des Teams.

München vs. Berlin

Zwei Städte standen zur Diskussion: München und Berlin. Ich bin in München aufgewachsen, doch ich konnte im Team und bei den Jungs für die Stadt leider keine Mehrheit finden: Das war auch nachvollziehbar, denn Berlin hatte zu dieser Zeit schon die Nase deutlich vorn, wenn es um die Digitalbranche ging. Und München war einfach schweineteuer.

Anders Berlin: Hier gab es günstige Mieten, einen coolen Startup-Vibe, tolle Büroflächen und überall direkten Austausch mit anderen Gründern und Teams: Es entwickelte sich dort ein deutsches Silicon Valley, liebevoll Silicon Allee genannt. Hier würden wir sicherlich die IT- und Marketingexperten finden, die wir suchten. Aber: Berlin und Passau sind fast 600 Kilometer voneinander entfernt.

Ein Problem? Nein, fanden wir. Wir sahen und sehen uns als digitales Unternehmen, und da sollte es doch machbar sein, diese Distanz nicht zu einem Graben werden zu lassen. Technologie überbrückt diese Strecken leicht, und ob man nun bei persönlichen Treffen zwei oder fünf Stunden fahren würde: am Ende egal.

Hubertus, der auf Büro-Entdeckungstour ging, musste gar nicht lange suchen, bis er eine tolle Fläche gefunden hatte: ein echtes Loft, das gerade renoviert wurde. So mit Backstein und tollen Säulen, einer offenen Küche, riesigen Fenstern und altem Dielenboden. So hatten wir uns ein Startup-Büro in der Großstadt immer vorgestellt – und so gründeten wir aus mymuesli heraus ein neues Startup in Berlin. So könnte man es erzählen. Eigentlich aber zog nur eine mymuesli-Abteilung eine Stadt weiter.

Der Elektriker auf der Baustelle vor Ort erklärte uns bei der Besichtigung, sein Sohn würde ohne Strom aufwachsen. Denn diese ganze Technik sei ein Fluch. Sinngemäß: Nach der Entdeckung des Feuers kam nichts mehr Sinnvolles. Doch wir ließen uns unsere »Neue Welt« nicht kaputt machen und zogen um, als die Lichtschalter funktionierten. Zusammen mit Hubertus starteten vier mymuesli-Mitarbeiter ein neues Kapitel in Berlin. Heute sind es 40, und viele schreiben unter ihre E-Mails: »Viele Grüße aus der (Müsli-)Hauptstadt.«

Ein Teil unserer IT-Experten sitzt noch in Passau, die Marketingleute in Berlin. Beide Abteilungen wachsen – nicht zuletzt, wenn es gelingt, gute Mitarbeiter aus der »old economy« abzuwerben. Zum Beispiel Robert:

»Ein Schritt in die große Freiheit«

Es war wie ein Schritt in die große Freiheit, als ich bei mymuesli angefangen habe. Vorher kannte ich nur straffe Konzernstrukturen mit sehr kleinen Handlungsspielräumen aus der Automobilindustrie ... Bei mymuesli wurde ich direkt in das kalte Wasser geworfen und habe sehr schnell viele Einblicke in unterschiedlichste Geschäftsprozesse bekommen. Gefühlt konnte man ab Tag eins mit anpacken und etwas im Unternehmen bewirken.

Als eine der ersten großen Aufgaben haben wir zusammen mit einem kleinen externen Büro den mymuesli-Webshop von der Basis auf neu programmiert. Ein riesiges Projekt, das, ehrlich gesagt, auch viel länger gedauert hat als anfangs gedacht – statt euphorisch geschätzten wenigen Wochen waren wir letztendlich über ein Jahr damit beschäftigt. Das Wachstum des Unternehmens, die Komplexität bestehender und neuer Geschäftsprozesse und unser Innovationsanspruch haben uns viel mehr beschäftigt als gedacht. Aber es hat sich gelohnt und es war strategisch von enormer Bedeutung für uns: So konnten wir unser IT-Wissen zurück zu mymuesli holen. Jetzt haben wir unseren Webshop genauso programmiert, wie wir ihn brauchen: schnell, sicher und für zukünftige Erweiterungen strukturell offen.

Zwei Learnings möchte ich an Gründer weitergeben. Erstens: Man muss die IT-Systeme permanent an das Wachstum eines Startups anpassen und sich vor allem anfangs Gedanken machen, bis zu welchem Punkt die Systeme funktionieren und ab wann ein Austausch oder eine Weiterentwicklung voraussichtlich nötig wird. Das Gefühl, technologisch hinterherzuhecheln und von einem System ohne Alternative abhängig zu sein, sollte immer vermieden werden.

Zweitens ist es vor allem für E-Commerce-Startups existenziell wichtig, das IT-Fachwissen im eigenen Haus zu halten. Wer das Ziel verfolgt, sein Startup irgendwann zu verkaufen, der sollte auch daran denken, dass der Wert des Unternehmens je mehr steigt, desto smarter die IT hinter dem Startup aufgestellt ist.

Natürlich kann man sich auch lange mit Word und Excel behelfen – aber das reicht auf Dauer nicht, um mit der mobilen Kommunikation Schritt zu halten. Startups kommen um offene und schnelle Kommunikationswege sowie Cloud-Lösungen nicht mehr herum. Natürlich ist eine eigene IT-Abteilung auch ein Kostenfaktor – jedoch lassen sich Teilbereiche auch an externe Services auslagern und so Kosten sparen.

Wir bei mymuesli sind jedenfalls sehr glücklich mit unserer selbst entwickelten Software und würden diesen Weg wieder so beschreiten. Alle unterschätzten Aufwände bei der Fertigstellung, Rückschläge im Projekt und unvorhergesehene Punkte haben uns für die darauffolgenden Aufgaben nur stärker gemacht.

Director IT

Auch das noch: Wachstumsschmerzen

Eigentlich lief alles wunderbar: Wir hatten ein neues Hauptquartier und Berlin-Büro, die Maschine lief, die Umsätze stimmten, die Mitarbeiterzahl stieg und stieg, die Welt stand uns offen.

Und trotzdem fühlten wir uns ein wenig wie 15: nicht mehr richtig klein, wild und chaotisch, aber auch nicht richtig erwachsen – was wir ja auch gar nicht werden wollten. Zumindest wollten wir niemals so werden wie die »Alten« – die große »old economy«. Und doch fühlte es sich so an, als könnten wir das nicht komplett verhindern. Das Wachstum hatte einige blinde Passagiere dabei, mit denen wir nicht gerechnet hatten:

- Immer mehr Hierarchieebenen
- Die gefürchteten Prozesse
- Wir verbrachten mehr Zeit mit Abstimmungen als in der Manufaktur
- Ständig Meetings und wenig Zeit für Quatsch
- Alles wurde ernsthafter und dabei immer spaßbefreiter

»Why should we?«

Es war ein Gefühl wie im 800-Meter-Lauf, wenn man wie ich als Läufer völlig begabungsfrei unterwegs ist: Du läufst die erste Runde, weil es alle tun, und bei Runde zwei und drei denkst du dir: Warum mache ich das eigentlich?

Bei der Gründung hatten wir den Sinn unseres Startups zwar nicht formuliert. Es gab aber ein Bauchgefühl, das wir drei teilten: »Wir wollen gründen, wir glauben an die Idee vom individuellen Bio-Müsli, wir wollen machen, was bewegen.«

So oder sehr ähnlich hätte das jeder von uns dreien vermutlich aufgeschrieben, wenn man ihn danach gefragt hätte. Und auch die ersten Mitarbeiter konnten das intuitiv verstehen. Wir sind klein. Alle anderen auf dem Markt sind groß. David gegen Goliath. Los geht's. Schwierig wurde es für uns jetzt, als wir größer wurden und waren. Die ersten

Schlachten waren geschlagen, ein blutjunges Startup waren wir nicht mehr. Wozu also das Ganze? Wir Gründer hatten »growing pains« und ein bisschen Sinnkrise. Vielleicht so etwas wie Startup-Pubertät. Also saßen wir in Workshops. Und waren schon fast bereit, einer Agentur viel Geld dafür zu bezahlen, damit sie uns ein visionäres Wertesystem entwickelt und an die Wand klebt.

Zum Glück haben wir das nicht gemacht. Ein Wertesystem kann man nicht einkaufen, darüber muss man selbst nachdenken. Oder, noch eher: Man muss es freilegen, denn es ist ja eigentlich schon da – wurde nur unter einem Wust von Alltagszeugs begraben.

Es ging ja auch vielen mymuesli-Familienmitgliedern so wie uns. Ohne dass wir das so genau mitvollziehen konnten, hatten sich in den einzelnen Abteilungen ganz eigene Sinn- und Wertewelten entwickelt. Zum Beispiel im Kundensupport, den Yasmin leitet:

»Jeder soll glücklich sein«

Ich bin schon seit Jahren Teil der mymuesli-Familie und mit genauso viel Begeisterung und Herz dabei wie am ersten Tag. Inzwischen sind wir ja eine richtige Großfamilie geworden – ein bunter, lauter und einzigartiger Haufen, bei dem es nie langweilig wird. Das gesamte Support-Team ist auch privat befreundet – und mit Sicherheit die lauteste Abteilung im ganzen Unternehmen.

Wir kümmern uns um alles, was unsere Müslifreunde beschäftigt, und versuchen, jeden einzelnen glücklich zu machen – wir sind sozusagen das Happiness-Team. Auch wenn mir Flo (das ist der aus dem Marketingteam) diesen Titel manchmal klaut, geht es bei uns immer zuallererst um eines: Jeder, der mit uns zu tun hat, soll danach ein bisschen glücklicher sein. Manchmal braucht es ein bisschen Zauberei und Augenzwinkern, sodass wir schon mal Einhorn-Luftballons durch die Abteilung fliegen lassen.

Aber auch unsere Kunden schaffen es immer wieder, uns den Tag zu versüßen, indem sie zum Beispiel nach dem Paella-Müsli (aka

Paleo-Müsli) oder dem Joghurt-Marcus-Granulat fragen (statt Joghurt-Maracuja-Crunchy). Oder wenn wir Post bekommen. Vor Kurzem hat uns ein Brief von einer älteren Dame erreicht, die gern unser Müsli probieren wollte. Es lagen ein bereits frankierter Rückumschlag und ein Foto von ihr dabei. Das hat uns so gerührt, dass wir nicht lang gezögert haben und ihr ein Probierpaket zusammen mit einem Foto unseres Teams zugeschickt haben. Kein Tag ist also wie der andere und das ist auch gut so! Am besten lässt sich das mymuesli-Gefühl wahrscheinlich so beschreiben – und da stimmen mir ›meine Mädels‹ aus dem Team zu: ›Ich komme jeden Tag gerne ins Büro, weil sich das weniger nach Arbeit anfühlt, sondern mehr wie meine zweite Familie.‹

Und ich denke, genau das merken unsere Müslifreunde, dass wir nicht einfach nur ein Müsli herstellen, sondern dass sehr viel Herzblut drinsteckt.

Vassi
Head of Customer Support

Ja, auch wir: vom Älterwerden

Allen Einhörnern zum Trotz: Unser Startup war nicht mehr so verrückt, so klein und wendig wie zu Beginn. Und, ganz ehrlich: Wir waren es auch nicht. Wir waren nicht mehr drei Ex-Studenten, die nach einem langen Arbeitstag noch in die gleichen Clubs und Kneipen gingen wie früher. Um als Studis durchzugehen, waren wir zu alt! Wir waren jetzt diejenigen alten Typen, die man als 20-Jähriger an der Theke stehen sieht und sich denkt: »Wo kommt der denn her? Hab ich eine Vorlesung oder ein Seminar bei dem? Dann sollte ich lieber nicht zu hart feiern heute.«

Der Alltag von uns drei Gründern war in der ersten Phase fast identisch gewesen: WG-Leben, aufstehen, arbeiten, manchmal was feiern, schlafen, wieder aufstehen. Fertig. Jetzt dachten wir an Familienplanung, Hochzeiten, Bausparverträge und Altersvorsorge.

Und nicht nur uns ging es so: Auch unsere Mitarbeiter hatten andere Ansprüche. Während wir im Gründungsjahr noch Teammitglieder mit einem selbst gekochten Essen in der WG-Küche begeistern konnten (»Cool, da spare ich mir ja die Mensa!«), kam nun vermehrt die Frage nach betrieblicher Altersvorsorge oder ergonomischen Bürostühlen. Wir konnten das auch verstehen, denn schließlich waren wir nicht mehr in der wilden Anfangsphase, wo erst mal alles egal ist. Was war los?

Sinnsuche am Berg

Faktisch war mymuesli super erfolgreich. Trotzdem blickten wir nicht richtig durch, wie alles weitergehen sollte. Und was macht ein Bayer in so einem Fall? Er steigt auf einen Berg. Gut, dachten wir uns, machen wir das also auch mal so, und buchten das Gästehaus »berge« in Aschau im Chiemgau.

Wir haben, glaube ich, rund 20 mymuesli-Menschen mit dorthin genommen. Und keinen Moderator. Was wir wollten, war Offenheit. Wir drei Gründer wollten keine Meilensteine festlegen, nicht über Krisentheorien philosophieren oder uns darstellen wie die Oberchecker. Das Gegenteil wollten wir: einen offenen Dialog und vor allem Antworten auf die Fragen: Was tun wir hier eigentlich? Wo geht es hin mit dir, mymuesli? Was ist die Vision? Was ist die Antwort auf unser »Warum«?

Es war ein schönes Wochenende, wir hatten ein klareres Bild von mymuesli und der Zukunft – doch die Weltformel hatten wir nicht gefunden. Immerhin stellten wir fest, dass es guttut, über die eigenen Schwächen zu sprechen und über das, was man einfach nicht gut kann. Wir wurden uns einig, dass sich Krisen wohl nicht vermeiden lassen und dass man Krisen braucht zum weiterwachsen.

Warum das so ist? Mark Manson bringt das in seinem Buch »The Subtle Art of Not Giving a F*ck« sehr schön auf den Punkt: »Because happiness requires struggle. It grows from problems.« Man fällt eben nicht als Rockstar vom Himmel, sondern geht einen ziemlich harten Weg durch viel »shit« und viel »shame«, bis man, vielleicht, einer ist.

Der Witz ist, den »struggle« als die eigentlich wertvolle Erfahrung zu erkennen und nicht allein den »fame«. Wir kamen jedenfalls zu einem Punkt, an dem wir uns eine Weile festhalten konnten:

> »Wir wollen weitermachen.
> Und wir glauben daran, dass man immer alles noch besser machen kann.«

Das war es. Das war unser Warum. Für das Geld gingen wir nicht jeden Morgen zu mymuesli, das war klar. Wenn uns das interessiert hätte, dann hätten wir mymuesli längst verkaufen können. Für Ruhm und Ehre? Ja, das spielt sicher auch eine Rolle, aber besonders interessiert hat uns das nie. Warum also dann? Weil wir drei tatsächlich daran glauben, dass man es immer besser machen kann – alles: das Produkt, die Produktion, die Zusammenarbeit bei mymuesli, unsere Kultur, unser Management und nicht zuletzt: das Frühstücksglück unserer Müslifreunde da draußen. Und dass man beim »Immer-besser-machen« zudem noch viel, viel Spaß haben kann. Aus unserer Sicht ist der Status quo ständig angezählt. Das treibt uns an.

In einem Markt, der übersättigt war und wo niemand eine Lücke gesehen hat, haben wir an die Nische geglaubt; geträumt von einer besseren Müsliwelt. Das ist auch heute noch so – und deshalb erfinden wir auch heute noch immer mal etwas ganz Neues. Auch wenn es nicht jedes Mal eine ganze Firma ist, sondern immer wieder ein ganz neues Produkt. Oder eine neue Organisationsform für mymuesli.

Wie früher am See juckt es uns in den Fingern, wenn es darum geht, etwas Neues, noch Besseres auszudenken. Das ist das Gefühl: Wir machen wieder was. Wobei hier wahrscheinlich eine tiefere Wahrheit versteckt ist. In »Wir machen was« steckt eben nicht nur das »Machen«, das uns glücklich macht. Sondern auch das »Wir«.

»Wir«, das ist im Laufe der Jahre dann wohl doch mehr geworden als die Summe aus drei Studenten in einem alten Auto am See, es umfasst heute eine ganze Müsligroßfamilie mit mehr als 800 Mitgliedern. Aber es ist größer als die Summe, es bedeutet mehr als die Summe, vielleicht kommt bei der Rechnung auch wieder das Gleiche heraus wie beim »Machen«: irgendwas mit »Glück«.

So ähnlich erlebt es auch Philip aka Bubu – einer der wenigen bei mymuesli, der Rosinen richtig gerne mag:

»Es fühlt sich irgendwie nach mehr an«

Ich kenne mymuesli ursprünglich aus dem Fernsehen und fand die Idee damals ganz cool. In einem der ersten mymuesli-TV-Spots heißt es ja immer ›Ich mag keine Rosinen‹ – das ist übrigens bei mir gar nicht so. Ich stehe voll auf Rosinen. Dass ich dann selbst zu mymuesli gekommen bin, lag aber nicht an den Rosinen, sondern am mymuesli-Laden, neben dem ich gewohnt habe. Da bin ich immer hingegangen und habe so das Team kennengelernt.

Im Studium habe ich mich dann als Aushilfe bei mymuesli beworben. Und bin von meinem Aushilfsjob innerhalb von drei Jahren immer weiter gekommen. Heute leite ich den Versand. Ich kümmere mich also um alles, was mit der Versandlogistik und den Speditionen zu tun hat. Das ist ganz schön aufwendig, und manchmal wünschte ich mir 72-Stunden-Tage, damit wir als Team alles schaffen.

Irgendwie geht's aber immer. Auch deshalb, weil ich relativ frei entscheiden kann, wie ich was mache. Und selbst bei großem Stress und bei Eisregen ist die Stimmung bei mymuesli super. Die Leute gehen locker miteinander um, auch jetzt noch, wo unsere Strukturen immer besser werden, sich einiges verändert. Und unser Versandteam ist natürlich das beste von allen! Eine richtige Hierarchie haben wir hier gar nicht. Ich empfinde es zumindest nicht so.

Hier wird jeder gleich ernst genommen, vielleicht sollte ich besser sagen: Jeder nimmt sich selbst und die anderen gar nicht sooo ernst. mymuesli wird jeden Tag immer mehr erwachsen und wir Mitarbeiter versuchen, glaube ich, selbst auch, immer mehr erwachsen zu werden. Aber nicht zu sehr. Wir haben hier legendäre Weihnachtsfeiern, und die tragen zum super Klima bei. Das ist echt anders als bei anderen Arbeitgebern.

Ich arbeite jetzt seit drei Jahren hier, ich bin in diesen drei Jahren jeden Tag gerne zu mymuesli gegangen und manchmal fühlt es sich so an, als ob das hier nicht nur Arbeit wäre ... sondern irgendwie nach mehr.

Philip

Teamleiter Versand & Export

Dein »Warum?«

Wachsen ist nie einfach geradeaus und nach oben. Jedes Wachstum ist mit kleinen und großen Kämpfen verbunden, ähnlich wie in der Pubertät – und dann spielt sich alles auf einem neuen Level ein. Eigentlich klar. Hatten wir trotzdem nicht auf dem Schirm. Und die typischen Krisenmodelle der »old economy« passten auch nicht zu uns. Vielleicht hat es etwas mit unserer eigenen Generation zu tun. Der Frankfurter Sozialforscher Martin Dornes hat in seiner Studie zur »Modernisierung der Seele« (Fischer 2012) zeigen können, dass sich die Generation der 1968er noch gegen viel Druck von außen wehren mussten. Unsere Generation muss das so nicht mehr. Wir hatten immer einen eher Auf-Augenhöhe-Kontakt zu unseren »Alten«, es gibt da kaum etwas, gegen das man rebellieren müsste. Dadurch verschiebt sich das ganze Lebensgefühl: Statt sich dauernd wie wild gegen Autorität von oben aufzulehnen, geht es vielmehr darum, das eigene Leben und sich selbst ganz neu zu erfinden. Machen!

• **Wenn das eigene Startup wächst,** braucht man vernünftige Strukturen. Weil wir die autoritären Strukturen der »old economy« nicht einfach kopieren wollen, müssen wir für uns selbst neue erfinden. Gar nicht so leicht, aber wir sind dran. Wir sind ja auch nicht alleine mit dieser Aufgabe. Welche Strukturen willst du in deinem Startup?

- **Automatisierung** tut auch ein bisschen weh. Man rückt weg vom eigenen Produkt, Maschinen haben Kinderkrankheiten – irgendwann geht es nicht mehr ohne und man bekommt es auch gut hin, ohne dass es auf Kosten der Mitarbeiter geht.
- **Differenzierung:** Zuerst sitzen die Gründer alle gemütlich in der WG – dann hat man Hunderte Mitarbeiter und muss sich irgendwie aufteilen. Es ist, als würde man aus dem Jugendzimmer umziehen in den Bürokomplex und schließlich das Gründerteam auseinanderziehen und in verschiedene Zweigstellen verteilen. Irgendwie cool, aber vorher war es gemütlicher. Hast du eine Idee, wie und wo du arbeiten könntest, wenn dein Startup auf Hunderte von Mitarbeitern gewachsen ist?
- **Die Frage nach dem »Warum?«** taucht im Wachstumsprozess immer wieder auf. Das ist ganz normal, und das ist auch bei jedem Menschen so. Gehört auch zu den »growing pains« – was aber nicht heißt, dass sich die Frage im Laufe der Zeit von selbst beantwortet. Im Gegenteil: Setz dich immer wieder hin und versuche, dein »Warum?« zu finden. Wenn Hinsetzen nicht hilft, dann mach's wie die Bayern: Geh auf einen Berg ...

Ausgewähltes für Startup-Macher

- *The Subtle Art of Not Giving a F*ck: A Counterintuitive Approach to Living a Good Life. Mark Manson (HarperOne 2016)* Ein erfrischendes Buch mit sehr lustigem Titel des erfolgreichen Bloggers Mark Manson. Hört auf, positiv zu denken, sagt er. Es geht im Leben nicht immer nur darum, aus Zitronen Zitronenlimonade zu machen. Sondern darum, Zitronensaft erst einmal schlucken zu lernen. Nicht jeder ist ein Superstar und es bringt nichts zu behaupten, es gäbe keine Grenzen. Viel besser fährt man damit, die eigenen Grenzen, Schwächen und Unsicherheiten als »painful truths« zu akzeptieren und das Beste daraus zu machen.
- *Lean In: Frauen und der Wille zum Erfolg. Sheryl Sandberg (Ullstein*

2016) Das Buch der berühmtesten Startup-Chefin der Welt. Sehr amerikanisch ... und doch sehr empfehlenswert für alle, die wissen wollen, was es braucht, um nach oben zu kommen. Die Zielgruppe sind zwar eigentlich Frauen, aber Männer dürfen es ruhig auch lesen. Schadet nicht.

- *Die Glückshypothese: Was uns wirklich glücklich macht. Die Quintessenz aus altem Wissen und moderner Glücksforschung.* Jonathan Haidt *(VAK 2014)* Psychologieprofessor Haidt begibt sich auf die Suche nach dem Glück. Er wird fündig bei Historikern, Philosophen, Biologen, Psychologen und Gehirnforschern. Ein Glücksbuch mit Tiefgang.
- *Die Kunst, ein kreatives Leben zu führen: Anregung zu Achtsamkeit. Frank Berzbach (Hermann Schmidt 2015)* Frank Berzbach nimmt dich an die Hand und sagt, wie du die Gestaltung deines besten Projekts trotz Meetings und Deadlines nicht aus den Augen verlierst: die Gestaltung deines Lebens.
- *»Citizen Kane«.* Orson Welles war 26, als er diesen Film drehte. Der Streifen von 1941 gewann einen Oscar und den Film Critics Award, außerdem zählt »Citizen Kane« zu den zwölf besten Filmen aller Zeiten. Es ist die Geschichte eines super erfolgreichen Zeitungsmagnaten, der irgendwann sieht: Es geht im Leben um andere Dinge als um Geld und um Macht. Das sollte man sich immer in Erinnerung rufen.
- *»The Pursuit of Happiness«.* Ein Film über die echte Lebensgeschichte von Chris Gardner, der vom Obdachlosen und heruntergekommenen Vater eines kleinen Sohnes zum Broker wurde. Erschien 2007, ist ziemlich kitschig und dennoch sehr inspirierend.
- *»Ghostbusters«.* Die 1980er-Kultfilme sind eigentlich, wenn man mal ganz genau hinschaut, Filme über vier Jungs, die ein komisches Startup gründen. Und damit eine super Anleitung zu der Frage: Wie komme ich an meine ersten Kunden? Wie skaliere ich? – und andere typische Startup-Fragen.

Größer machen.
Die Geldfrage

Hubertus und Max haben in den vorherigen fünf Kapiteln ja schon viele Grundbausteine für ein Startup erwähnt: von der Idee, den richtigen Zutaten bis hin zu den richtigen Mitarbeitern. Ich habe zwar eigentlich gar keine Zeit für das Buch, weil wie immer viel in der Manufaktur zu tun ist – aber als Schwabe muss ich mich jetzt mal einschalten. Denn schließlich muss sich auch einer um die Finanzen kümmern. Das ist mein Job bei mymuesli.

Um ein Startup zu gründen, das gutes Geld verdient, muss man vorher weder eine Banklehre absolviert haben noch ein BWL-Studium. Und einen MBA braucht man auch nicht. Das hilft alles vermutlich an der einen oder anderen Stelle. Doch es reicht ein grundsätzliches Verständnis dafür, wie Geschäfte funktionieren.

Die eine Hälfte der Betriebswirtschaftslehre ist tatsächlich so banal, dass man sie schnell versteht, und die andere Hälfte ist so kompliziert, dass sie für den Alltag keinen Nutzen bringt. Das schreibt Günter Faltin etwas provokant in »Kopf schlägt Kapital« (2008).

Er warnt sogar vor allzu starrem Denken in den Kategorien der »Business Administration«: Gründer, schreibt er, brauchen unkonventionelle Ideen. Banker dagegen wollen Ordnung und Sicherheit. Beides passt schlecht zusammen. Aber genau dieses Spannungsfeld ist es ja, was Gründen so aufregend macht: Es gilt, eine gute Idee nicht nur zu haben, sondern auch marktfähig zu machen und schließlich davon leben zu können, also (zumindest in der Zukunft) damit einmal Geld zu verdienen.

»Ein bisschen teurer« – das war's schon

Tatsächlich ist unser Geschäftsmodell, wirtschaftlich betrachtet, simpel. Als Lebensmittelhersteller kaufen wir Rohstoffe ein, wir veredeln sie, verpacken sie schön und verkaufen sie insgesamt ein bisschen teurer weiter. Dieses »ein bisschen teurer« ist das, wovon wir dann noch Mieten, Löhne, Maschinen und was wir sonst noch brauchen, bezahlen müssen, um überhaupt arbeiten zu können. Bleibt noch etwas über, geht ein Teil ans Finanzamt und der Rest ist Gewinn. Den braucht jedes Unternehmen für Investitionen und um schlechte Zeiten zu überleben. Wenn von 1.000 Euro 50 übrig bleiben, ist man in der Lebensmittelbranche schon vorne mit dabei.

Wie man in der Startup-Sprache sagen würde: Wir haben ein funktionierendes Revenue-Model. Das heißt, es kommt Umsatz rein, Revenue. Moment mal, das ist doch selbstverständlich, sonst ist es doch kein Unternehmen? Nicht zwingend: Viele sehr erfolgreiche Startups wussten am Anfang nicht, wie man Geld verdient. Facebook wollte schlicht nur mehr Nutzer auf die Plattform holen, Anzeigen kamen sehr viel später. Nicht immer hat bei Gründungen wirtschaftliches Handeln erste Priorität.

Wir sind da altmodischer, weil wir wollten, dass sich das Unternehmen von Anfang an selbst trägt. Doch das muss nicht so sein, wenn man beispielsweise Investoren davon überzeugen kann, dass irgendwann schon mal Geld reinkommt. Fairerweise muss man sagen, dass es bei manchen Ideen auch einfach nicht anders geht. Die brauchen hohe Anfangsinvestitionen oder müssen in einem Markt, der am Ende nur einen Spieler verträgt, so schnell so groß werden, dass ein Copycat nicht mithalten kann. Der Müslimarkt ist da entspannter.

Aus heiterem Himmel: Business Angels

mymuesli trug sich von Anfang an. Aber im September 2007 waren wir erst 25, 26 und 27 Jahre alt und von unserem Erfolg derartig überrumpelt, dass wir glaubten, wir müssten vielleicht nicht nur Mitarbeiter, sondern auch Know-how an Bord holen, um nicht den Überblick zu verlieren.

Auf der re:publica 2007 hatte Max dem Blogger Robert Basic eine Zwergorange aus unserer ersten Testlieferung an Zutaten angeboten. Trotz des seltsamen Gesprächseinstiegs hörte sich Robert unsere Idee an, überlegte kurz und meinte: »Ihr müsst mal mit Lukasz sprechen, denn euer Ding ist ja fast ein Spreadshirt für Müsli.«

Lukasz Gadowski, den »Die Zeit« als einen der einflussreichsten deutschen Internetunternehmer bezeichnet hat, war schon damals ein Shootingstar der Startup-Szene. Doch wir hatten noch nie von ihm gehört. Also fragten wir Google:

Er hatte das T-Shirt-Startup Spreadshirt schon als Student in Leipzig gegründet. Lukasz beschäftigte bereits 250 Mitarbeiter und war einer der wenigen, die sich mit individueller Massenfertigung, E-Commerce und Versandhandel auskannten. Nebenbei investierte er als Business Angel in Startups und war in der Szene in aller Munde.

Doch Lukasz war ein scheues Reh, das Hubertus erst im Sommer 2007 auf einer Gründermesse in Berlin zu Gesicht bekommen sollte. Die beiden waren sich aber schnell einig, ich war auch in der Stadt und noch am Abend wurden die Eckdaten für einen Deal besiegelt: Eine kleine, eher symbolische Summe, für fünf Prozent der mymuesli-Anteile. Dazu eine Menge Know-how und Support.

Zu diesem Zeitpunkt hatten wir bereits 12.000 Dosen verkauft und 125.000 Euro Umsatz erzielt. Alles von Hand geschüttelt, verpackt und abgeschickt. Um es mit Loriot zu sagen: Da hatten wir doch was in der Hand, standen auf eigenen Füßen. Das war doch sogar noch besser als ein Jodeldiplom. Und musste einiges wert sein, waren wir uns sicher.

Wir treffen unseren ersten Engel

Das sah Lukasz auch so: sobald er an Bord sein würde. Denn durch seine Expertise, Erfahrung und Kontakte könne er unseren Wert viel schneller steigern, als wenn wir drei ohne ihn agieren würden.

Doch bevor beide Seiten eine Entscheidung treffen könnten, sagte Lukasz, müsse er erst alle drei Gründer kennenlernen. Also saß Max kurze Zeit später im ICE nach Leipzig. Etwa vier Stunden später in Lukasz' kleinem Skoda Fabia zwischen vielen Red-Bull-Dosen und dann am Spielfeldrand eines Fußballturniers, an dem Lukasz mit seiner Spreadshirt-Mannschaft teilnahm.

Lukasz ist sehr intelligent, groß, schmal. Er stellt gerne und viele Fragen, wenn ihn ein Thema oder ein Mensch interessiert. Typischerweise beginnt ein Blind Date mit ihm so: »Wer bist du, was machst du?«. Dann zum Beispiel: »Erzähl mir eben deine Lebensgeschichte, was machen deine Eltern, warum habt ihr mymuesli gegründet?« – Mit einem Radler für 1,60 Euro trank Max sich Mut an: und war schließlich bereit für die wahre Challenge: Lukasz gefürchtete Videointerviews.

An die Fragen und den Film mit Max kann ich mich kaum mehr erinnern, das Video ist auch im Netz nicht mehr zu finden. Max sagt heute, er fand es furchtbar. Lukasz war aber mindestens zufrieden. Denn kurze Zeit später kam per E-Mail sein Okay: Wenn ihr wollt, dann bin ich an Bord.

Mit den heutigen Startup-Preisvorstellungen, wo noch ohne Umsatz oft schon eine Multi-Millionen-Bewertung im Raum steht, hatte unser Deal wenig zu tun. Aber Lukasz war der perfekte Investor für uns: Er hatte Erfahrung, die wir nicht hatten, Kontakte, die wir kennenlernen wollten, und ein Businessmodell, das unserem wirklich sehr ähnlich war.

Wir schlugen ein: Und mymuesli hatte einen neuen Gesellschafter. Was wir nicht wussten: Bald sollten wir ein weiteres Prozent abgeben. Und noch einen wichtigen Gesellschafter an Bord begrüßen dürfen.

Zwei Engel für mymuesli

Kolja Hebenstreit, damals »Business Unit Leader Direct to Customer« bei der Spreadshirt AG, war ein enger Freund von Lukasz, so eine Art Wingman oder Partner in Crime. Später würden die beiden als »Team Europe« mit ein paar anderen Gesellschaftern und Gründern zum Bei-

spiel Delivery Hero gründen (in Deutschland bekannt als Lieferheld) –
eines der erfolgreichsten deutschen Startups, die ich kenne.

Auch Kolja stellte viele Fragen. Und hatte schon beim ersten Meeting
gute Ideen, wie man unser Business auf eine neue Stufe heben könnte.
Auch er kam also an Bord: Und wir hatten nur noch rund 94 Prozent
der Anteile an unserem Unternehmen – dafür prominente Unterstüt-
zer gewonnen.

Ich hoffte, die beiden würden schon bald auch mal zum Müslimixen
kommen – schließlich war das unser aktueller Engpass. Lukasz sah seinen Mehrwert allerdings (zurecht) woanders: Also zogen wir mit ihm
von Venture-Capital-Geber zu Venture-Capital-Geber und stellten unsere Idee vor.

Allein das professionelle Feedback von einem Finanzinvestor sollte
uns schon helfen, und am Ende habe man zumindest eine auf teuren
Marktdaten basierende Einschätzung zum Potenzial, so Lukasz These.
Es galt, das ganz große Business auszumalen. Also stellten wir unsere
unreifen Pläne zur globalen Expansion vor.

Kalter Kaffee mit Investoren

Wir waren in der glücklichen Lage, nicht ernsthaft auf ein Investment
angewiesen zu sein. Das wäre auch nichts geworden, denn 2007 war es
überhaupt nicht en vogue, in Müsli zu investieren. Die Kapitalgeber
fanden Social Media und reine Online-Modelle viel besser. Für wenig
Verzückung sorgte deshalb unser Argument:

»Der größte Vorteil ist, dass wir kein weiteres Social Network sind.«

Und auf die Frage, wie wir denn überhaupt mit mymuesli Geld verdienen
wollen würden, war unsere Antwort:

»Wir kaufen Rohstoffe ein, veredeln sie und verkaufen sie teurer weiter.
Eigentlich ist es Handel. Das Prinzip funktionierte schon vor der Dot-Com-
Blase. Aber wir kombinieren das mit Müsli. Und Mass Customization.«

Diese Gemengelage war den Fonds- und Finanzmenschen nicht ge-
heuer. Den Blicken nach hätte man uns am liebsten direkt vor die Tür

gesetzt. Anstandshalber wurde aber noch fünf Minuten weitergeredet und der Kaffee ausgetrunken.

Der Input von Kolja gab uns den Schub, den wir brauchten. Er half uns vor allem beim Online-Marketing, unserem großen Thema, dem wir in diesem Buch das längste Kapitel gewidmet haben. Nach und nach sollten wir weitere Kanäle dazuschalten, um eine gute Traction, also kontinuierliches Wachstum unserer Bestellungen, zu zeigen. Kolja sagte, das sei gut für das Geschäft – und damit sollte er recht behalten. Es sei aber auch gut, wenn man mit Investoren rede. Zu diesem Zeitpunkt wussten wir nicht, dass wir das in den kommenden Jahren nicht mehr tun würden.

Es wird ernst: Wir finden unseren Investor

Lukasz und Kolja blieben bis 2013 bei mymuesli an Bord. Dann kauften wir ihre Anteile wieder zurück. Mit einem Darlehen der örtlichen Sparkasse. Beide wollten weniger Beteiligungen halten, außerdem hatten wir uns weg vom E-Commerce zu einem Multi-Channel-Anbieter entwickelt: Der Schritt ergab also für beide Seiten Sinn. Zwei Jahre später stellten wir fest, dass wir für unsere Pläne mehr Wachstumskapital brauchten. Banken hatten uns bis dato super begleitet, aber in vielen Bereichen dauerten dort Entscheidungen lange oder bestimmte, risikoreichere Dinge wie eine Auslandsexpansion und entsprechende Marketingbudgets konnten gar nicht finanziert werden. Wir überlegten uns also, einen Investor zu beteiligen. Ende des Jahres war es dann so weit: Es gab eine Kapitalerhöhung mit GENUI Partners, einem Hamburger Finanzinvestor. Mit dem Geld arbeiten wir an unserer Internationalisierung, konnten die Ladenexpansion weiterführen und es fließt in den Ausbau unserer Manufaktur in Passau.

Warum GENUI? Uns ging es nicht nur um »smart«, sondern um »nice money«. Wir dachten uns: Mit den Menschen müssen wir sehr, sehr viel an Konferenztischen sitzen, unser Team muss die mögen und wir drei ja sowieso. Bei GENUI waren wir uns gleich sicher: Da stimmt das

Bauchgefühl. Das ist bis heute so geblieben. Wir sitzen wirklich zusammen in einem Boot, wie man es sich sonst immer nur versucht, schönzureden.

Bei vielen anderen war das nicht so: Wir hatten mit Investoren Kontakt, die erst mal die Füße auf den Tisch gelegt haben und meinten: »Jetzt zeigt mal her, wofür ihr unser Geld braucht«, die 40-seitige Vereinbarungen geschickt haben, bevor überhaupt das erste Meeting stattfand. Bei einem Investor sollten nicht nur die Zahlen stimmen und der Kopf Ja sagen: Es muss auch im Bauch passen. Welche Faktoren für eine Wachstumsfinanzierung aus Investorensicht wichtig sind, hat Patrick Gehlen von GENUI Partners kurz für uns zusammengefasst:

»Nachhaltige Wirtschaftlichkeit ist genauso wichtig wie ein starkes Team«

mymuesli ist ein Startup, das wir, die Partner der Beteiligungsgesellschaft GENUI Partners zusammen mit Unternehmerpersönlichkeiten aus unserem Netzwerk, lange interessiert beobachtet haben. Die Idee hinter dieser Gründung überzeugte uns, und ›die Jungs‹ hinter dieser Idee überzeugten ebenfalls. So entstand schon recht früh der Gedanke: Wenn sich eines Tages bei mymuesli etwas in Richtung Wachstumsfinanzierung bewegen sollte, dann wären wir als Partner prädestiniert für eine Beteiligung.

Warum gerade wir? Über unser Unternehmensnetzwerk haben wir umfangreiche Expertise und Erfahrung in einer Reihe von für mymuesli sehr relevanten Bereichen: vom Sourcing im Bereich Lebensmittelrohstoffe über Produktion und Internationalisierung im Bereich Lebensmittel bis hin zum Vertrieb über alle relevanten Kanäle und deren Integration.

Mit diesem Hintergrund waren wir als Partner sehr an mymuesli interessiert. Und so habe ich 2014 eine E-Mail an Hubertus geschrieben und ihm vorgeschlagen, dass wir uns kennenlernen und über mögliche Themen sprechen. Die Chemie stimmte sofort und im Laufe der folgenden anderthalb Jahren ist eine vertrauensvolle Zusammenarbeit entstanden, die dann in eine Partnerschaft gemündet ist.

Was uns verbindet, sind gleichzeitig die Neugier auf spannende unternehmerische Herausforderungen und ein geradezu traditionelles Verständnis von Kaufmannstugend. Wir vertrauen uns – das ist die wichtigste Grundlage für Partnerschaften, und das kann auch kein noch so umfangreiches Vertragswerk ersetzen.

Was mymuesli richtig gemacht hat: Zuerst haben sich ›die Jungs‹ ganz auf ihr Business konzentriert – ohne Investor. Das diszipliniert und ist in unserem Verständnis sehr wichtig, um sich von Anfang an neben der Entwicklung des Konzepts und dem Wachstum auch und vor allem auf die nachhaltige Wirtschaftlichkeit zu fokussieren. Sie sind dann Schritt für Schritt immer erfolgreicher geworden und gerieten – zumal als Consumer Brand – irgendwann von selbst auf unseren Radar. Wer in einem weniger sichtbaren Segment erfolgreich gründet, auf den werden Beteiligungsgesellschaften wie wir natürlich nicht so leicht aufmerksam. Derjenige kann und sollte per E-Mail oder Telefon auf sich und sein erfolgreiches Startup aufmerksam machen.

Besonders interessant sind für uns Business-Cases, die nachweislich funktionieren – das heißt wirtschaftlich erfolgreich sind oder es absehbar werden – und hinter denen ein überzeugendes Team steht. Denn ein gutes Team trägt ein Startup auch dann erfolgreich weiter, wenn beispielsweise einer der Gründer aussteigt.

Die gute Nachricht an Gründerinnen und Gründer: In Deutschland gibt es etliche offene und neugierige Investoren. Sie alle sind interessiert an der Unterstützung erfolgversprechender Startups und haben Mittel für Wachstumsfinanzierungen und Kapitalerhöhungen, für Nachfolgelösungen und den Erwerb von Anteilen, die sie gerne investieren. Wer nicht angerufen wird, sollte sich eben selbst bei Investoren melden. Direktansprache – das ist es.

Patrick Gehlen, Partner bei GENUI

Geld aus der Höhle der Löwen

Erst acht Jahre nach dem Start von mymuesli haben wir daran gedacht, Geld von außen zu holen. Die Suche nach dem richtigen Investor ist für Gründer sicher eine der schwierigsten Aufgaben und Fragestellungen überhaupt. Nicht etwa weil es zu wenig Geld für Gründer gibt: Niemand weiß ja so richtig, wo er sein Geld anlegen kann und soll, unter anderem wegen der Niedrigzinsen. Aber eine Partnerschaft mit einem Investor ist ja wie eine Ehe; man sollte sich das schon genau überlegen. Je weniger Druck man dabei hat, desto besser. Wir haben uns zwei Jahre Zeit für die Entscheidung gelassen.

Heute haben etliche Gründer den Eindruck, sie brauchen schon vor dem Start eine Million Euro. Erst dann klappt die Gründung. Meiner Einschätzung nach kann fast jeder auch ohne Million gründen, dazu später mehr. Woher kommt diese Idee, ohne Investoren im Boot ginge gar nichts? Ich vermute, dass ausgerechnet das altmodische Fernsehen dabei eine Rolle spielen könnte.

Casting? Kann man machen, muss man aber nicht

Auf VOX läuft regelmäßig »Die Höhle der Löwen« – eine Show, die ich mir auch gerne ansehe –, in der Gründer ihre Erfindung, ihre Geschäftsidee oder ihrer Expansionspläne vorstellen. Ziel der Show ist es, fünf Unternehmer (das sind die »Löwen«) vom eigenen Ding zu überzeugen und als Investoren zu gewinnen. Dann fließt Geld – und zwar nicht Geld vom Fernsehsender, sondern Kapital von den Investoren selbst. Im Gegenzug geben die Kandidaten Unternehmensanteile an die Investoren ab. In den USA gibt es diese Show schon seit 2009 unter dem Titel »Shark Tank«, in Großbritannien als »Dragons' Den«.

Was bringt diese Sendung für Gründer? Einerseits ermutigt sie Menschen, ihr Startup wirklich an den Start zu bringen, und schafft zweifelsohne auch eine Öffentlichkeit für das Thema Entrepreneurship. Tatsächlich sind dabei tolle Deals entstanden. Andererseits entsteht durch diese Mischung aus Castingshow und Bankgespräch vielleicht bei manchen Gründern ein schräges Bild. Die Investoren aus der Sendung machen bei vielen Beteiligungen einen hervorragenden Job. Was aber wichtig ist: Niemand braucht zwingend einen Fernsehstar als Investor. Niemand muss in eine TV-Show, wenn er das nicht will. Eine solche Sendung kann einen irren Schub bringen, doch man muss sich gut überlegen, ob man überhaupt gleich auf Investoren zugeht: Gründen geht in vielen Fällen auch ohne das alles.

Meine persönliche Überzeugung ist die: Wenn ich selbst an meine Idee glaube, dann gehe ich auch selbst dafür ins Risiko. Ich brauche dann niemanden, der das Risiko für mich trägt. Wenig Budget kann man häufig durch mehr Arbeitseinsatz und Zeit kompensieren.

Gründen geht auch ohne Geld

Mit dieser Einstellung kann ich natürlich kein Grand Hotel eröffnen, keine Produktionsanlage für Flachbildfernseher und auch keinen Biobauernhof mit 100 Kühen, wenn ich den nicht geerbt habe. Geht nicht. Ist zu teuer. Dafür sind aber all jene Gründungen möglich, die nichts weiter brauchen als eine brillante Idee, eine Website und einen relevanten Mehrwert für Nutzer.

Hier schlägt, danke Prof. Faltin, eben der Kopf das Kapital. Um besondere Teemischungen zu vermarkten, braucht man freilich ein gutes Konzept, dann zum Beispiel nur einen Laptop. Darauf baut man eine passende Website. Diese Website lässt sich verbinden mit einem Webshop – gibt es fertig programmiert, muss man nur buchen. Dann braucht man noch Teehersteller – gibt es in der Welt, muss man nur aussuchen. Außerdem eine Verpackung – gibt es auch schon, kauft man dazu. Außerdem eine Buchhaltung – auch das gibt es als externe Dienstleistung, also buchen. Es fehlt noch ein Callcenter – kein Problem, gibt es irgendwo fertig, ebenfalls buchen. Und schon ist das Startup fertig.

Darlehen: der Klassiker

Irgendwann, etwa um Läden aufzumachen, braucht man dann vielleicht doch externes Kapital. Aber nur, weil man zufällig ein Startup gegründet hat, muss nicht jede Finanzierungsmethode hip und ungewöhnlich sein. Ein Darlehen bei einer Bank anzufragen, ist zum Beispiel Old School. Kann aber für ein Startup ein sehr sinnvoller Weg sein. Wir haben damals unsere Müslimaschine und die schnelle Ladenexpansion auf diesem Weg finanziert. Unser großer Vorteil in dieser Situation war, dass wir schon gute Zahlen aus mehreren Jahren vorlegen konnten. Ganz am Anfang, als wir noch in der WG-Küche Kontoauszüge sortiert haben, hätten wir kein großes Darlehen bekommen. Nach der ersten Teststrecke aber war das überhaupt kein Problem.

Türöffner: »Proof of Concept«

Am besten steht man also da, ob bei Investoren oder Banken, wenn man nicht gleich am Anfang kommt: sondern erste Erfolge vorweisen kann. Das nennt sich Proof of Concept. Auf diesen Beweis fahren verständlicherweise alle ab: Jeder, der einem Startup Geld gibt, freut sich, wenn er weiß, dass die Idee schon funktioniert. Als Gründer ist man mit diesem Beweis unter echten Bedingungen auch schon viel weiter: Man kann selbstbewusst auftreten und der Marktwert hat sich schlagartig erhöht. Vorher war alles nur ein Fantasiegebilde, aber seht her: Die Idee funktioniert!

Auch hier kann man klein anfangen: Wenn man Produkte verkauft, dann bietet es sich an, diese zunächst bei wenigen Einzelhändlern in der Nachbarschaft zu platzieren. Da sieht man gleich, wie etwas am Markt ankommt, und kann entsprechend reagieren. Das Produkt verändern, oder, wenn es gut läuft, mit noch mehr Einzelhändlern sprechen. So entstehen die ersten »guten Zahlen«.

Dein Geld

Spontan finden viele Gründer das Thema Marketing viel spannender als das Finanzthema. Es lohnt sich aber, sich damit zu beschäftigen, und es ist für Gründer sogar existenziell wichtig, sich ein bisschen mit Geld auszukennen. Zeit für ein paar Vokabeln: Was ist eigentlich der Unterschied zwischen Business Angels und Investoren? Aus unserer Sicht gibt es den nicht, wenn überhaupt, dann ist er sehr fließend oder in der Praxis egal, denn für beide gilt: Es wird Geld ins Unternehmen gesteckt oder an die Gründer gezahlt, dafür gehen Unternehmensanteile in den Besitz der Investoren über.

- **Als Business Angel** bezeichnet man einen kleineren Investor, der einem Startup ganz an Anfang beratend zur Seite steht. Dafür zahlt der gute Engel meistens nur einen kleineren Betrag, wenn überhaupt. Auch sogenannte Advisory Shares sind verbreitet, bei denen das fehlende Kapital durch die Beratung ausgeglichen werden soll.
- **Investoren zahlen größere Beträge,** tun aber meistens weniger operativ. Sie stellen dafür beispielsweise ein Netzwerk, aber werden vermutlich nicht jeden Tag im Büro vorbeikommen und fragen, ob man Hilfe braucht.

173

Die Finanzierungsphasen, in denen Business Angels und Investoren auftreten, sind allerdings unterschiedlich: Wenn die Gründer schon die Anfangsphase nicht aus eigenen Mitteln stemmen können oder wollen, dann gehen sie in eine Seed-Runde, typischerweise ist das die allererste Finanzierungsrunde einer Gründung. Die Beträge sind oft noch klein, typischerweise sind eher Business Angels als große Fonds beteiligt.

Die nächsten Finanzierungsphasen heißen dann Serien, die bei A beginnen und oft bis E oder weiter gehen. Wenn es etwa zu einer Serie E kommt, dann wird vermutlich viel Geld fließen und das wird dann von größeren, professionelleren Investoren kommen.

Über Risikokapital und Investoren gibt es unzählige Bücher und Online-Ressourcen und es würde zu weit führen, hier weiter ins Detail zu gehen. Wer keinerlei Erfahrung hat, sollte sich auf jeden Fall beraten lassen. Von anderen Gründern. Von Anwälten. Oder von Business Angels.

Wie findet das Geld die Idee?

Die wichtigste Frage für die meisten Gründer ist unserer Meinung nach: Wie finde ich überhaupt die (richtigen) Investoren für mein Startup?

Oft findet das Geld die Idee: Wenn ein guter Businessplan oder ein Konzept mit passendem Team die Runde macht, dann müssen oftmals Investoren abgelehnt werden, weil das Interesse so groß ist. Wer in dieser glücklichen Position ist, hat aber vermutlich schon gute Kontakte oder schon einmal gegründet.

Wer niemanden kennt aus der Gründer- oder Investorenszene, der muss einfach irgendwo anfangen – mit irgendeiner Art von Visitenkarte. Damit ist nicht das Pappkärtchen im Format 85 x 55 Millimeter gemeint. Sondern der Begriff steht sinnbildlich für das, was man als Erstes an jemanden verschickt, von dem man gerne Geld hätte. Das kann ein Prototyp sein, ein ganzer Businessplan oder nur ein paar Sätze, die Lust auf mehr machen sollen. Ein Patentrezept gibt es hier nicht. Auch hier gilt: machen!

Die besten Pitch-Decks

Bewährt ist allerdings das Pitch-Deck: eine sehr überschaubare Zahl an Unterlagen, meist in PDF-Form als Präsentation, die Idee, Team und Startup auf einmal, also »in a nutshell« erklären. Es sind in der Regel etwa zehn, maximal 20 Seiten. Fabian Westerheide, selbst seit vielen Jahren Investor, schreibt auf seinem Blog bootstrapping.me/pitchdeck:

»Du musst gar nicht alle Fragen beantworten. Im Idealfall stellt der Investor gleich einige Fragen. Daher ist es eine Mischung aus allen relevanten Informationen (die überzeugen) und dem Weglassen von Daten (damit der Investor Fragen stellt).«

Die Struktur ist frei, aber meiner Meinung nach sind einige Komponenten unumgänglich:

- **Welches Problem** wird mit deiner Idee gelöst?
- **Und wie sieht deine Lösung dafür aus?** Was ist dein Produkt, was ist idealerweise dein Businessmodell?
- **Wie groß ist der Markt?** In unserem Fall war diese Frage natürlich Unsinn, weil es den Markt für individuelles Bio-Müsli noch nicht gab und die kleine Marktgröße des gesamten Müslimarkts ja reflektierte, dass offensichtlich viele Menschen eben kein Müsli kauften, weil sie unzufrieden waren: Aber wenn es für deine Lösung nur zwei Kunden auf der Welt gibt, dann wird ein potenzieller Investor vermutlich kalte Füße bekommen. Zeige also, dass es da draußen unzählige Abnehmer für Produkt oder Dienstleistung geben wird!
- **Wer steckt dahinter?** Die meisten Investoren sagen, wenn man sie nach ihrem wichtigsten Entscheidungskriterium bei Finanzierungen fragt, dass es das Team sei.
- **Welchen Vorteil hast du oder hat euer Team** gegenüber anderen, die das Problem angehen oder angehen werden? Am besten steht hier eine »unfair advantage«. Also irgendwas, das sonst keiner kann: besondere Erfahrung oder Kontakte, die im Team vorhanden sind, ein Patent oder alles andere, was einen Vorteil bringt.

Im Netz finden sich viele, viele Beispiele für Pitch-Decks. Einer meiner Favoriten ist das original Pitch-Deck von Airbnb, das man zum Beispiel via bestpitchdecks.com findet.

Smart Money

Jetzt muss das Pitch-Deck nur noch zum richtigen Empfänger: Hier überlegt man sich am besten, wer denn nicht nur Geld geben könnte, sondern wessen Wissen und Erfahrung für das eigene Geschäftsmodell wertvoll sein könnten. So wie bei uns Lukasz, der wusste, wie Mass Customization und E-Commerce funktionieren. Oder Kolja, dessen Aktivitäten im Marketing viel von Spreadshirts Wachstum geschuldet war. Man sucht also nicht nur Geld, sondern »Smart Money«, auch wenn ich den Begriff nicht sonderlich mag, weil er so wichtigtuerisch klingt. Die richtigen Personen findet ihr über Startup-Events und Konferenzen, wo man schnell Kontakte knüpfen kann. Blogs und Magazine wie gruenderszene.de oder »deutsche startups« berichten täglich über Finanzierungsrunden und ihr könnt schnell sehen, wer in welchem Bereich aktiv ist.

Was meiner Meinung nach am besten funktioniert: Empfehlungen anderer Investoren, die euch absagen, weil es nicht zu ihrem Investment-Fokus passt: Fragt dann gleich nach, an wen sie das Modell empfehlen könnten aus ihrem Netzwerk. Wenn sie es nicht empfehlen wollen, dann wisst ihr auch, dass der Ausdruck »Passt nicht in mein Portfolio!« nur höflich war für »Ich glaube nicht dran!« oder »Mir hat das Pitch-Deck nicht gefallen!« oder »Ich mag deine Nase nicht«. Und denkt dran: Smart ist nicht alles. Nice ist genauso wichtig. Wie eine Ehe. Sagte ich ja bereits.

Förderprogramme und Gründerwettbewerbe

Wir haben glücklicherweise einige Gründerwettbewerbe gewonnen. Und wie schon Hubertus geschrieben hat: Die sind super, weil sie PR bedeuten. Aber viele zahlen auch Preisgelder. Das lohnt sich dann also doppelt. Eine Liste mit vielen Wettbewerben für Startups findest du zum Beispiel unter: fuer-gruender.de/beratung/gruenderwettbewerb – wo man sich einen kompletten Leitfaden zum Thema herunterladen kann.

Die Preisgelder sind je nach Wettbewerb ganz unterschiedlich hoch: Manchmal gibt es nur einen Händedruck und eine Urkunde, bei Schülerwettbewerben fließen oft nur wenige Hundert Euro, größere Preise spendieren auch mal mehrere Zehntausend Euro. Das Intelligenter-Handschuh-Startup »Proglove« hat beim Deutschen Gründerpreis 2016 den dritten Platz gewonnen und dafür 150.000 Euro bekommen.

Crowdfunding und Kickstarter

Als weitere erfolgreiche Methode für Startups hat sich in den vergangenen Jahren das Sammeln von Geld in der »Crowd« entwickelt. Das geht so: Während man bei manchen Plattformen wie Kickstarter Produkte vorfinanziert, also Geld einsammelt, um sie zu produzieren und anschließend zu verschicken, kann man etwa bei Seedmatch Kapital einsammeln – oft über viele kleine Darlehen, die die Seedmatch-Nutzer den Startups zur Verfügung stellen.

Es würde den Rahmen dieses Buches sprengen: Wer mehr zu diesem Thema wissen will, dem kann ich das Crowfundinghandbuch empfehlen, das bei meinen weiterführenden Tipps dabei ist.

Ausgewähltes für Startup-Macher

- *Das Crowdfunding-Handbuch: Ideen gemeinsam finanzieren. Denis Bartelt, Ulrike Sterblich, Tino Kreßner.* Ein überaus nützliches Handbuch: Es zeigt das Potenzial von Crowdfunding und Schritt für Schritt, wie es funktioniert. Spannend für Gründer sind die Fallbeispiele von erfolgreichen Startups.
- *Venture Deals: Be Smarter Than Your Lawyer and Venture Capitalist. Brad*

Feld und Jason Mendelson (John Wiley & Sons 2017) Bei unserem ersten Trip ins Silicon Valley haben wir das Buch bei vielen Gründern im Regal stehen gesehen. Sehr amerikanisch und auf das dortige System zugeschnitten, aber wer unbedingt ein Buch zu Risikokapital lesen will: gute Hinleitung zum Thema.

- *Die Kunst des Krieges. Sun Tsu (Nikol 2008)* Ein 2.500 Jahre altes chinesisches Werk über den Umgang mit Feinden. Es geht um Taktik, Täuschung, Spionage, um gefährliche Schmeicheleien, überraschende Schachzüge und den Geist der Truppe – Themen, die man für ein Startup überhaupt nicht braucht? Vielleicht sollte man es gerade deshalb lesen ... gerade ältere Unternehmer empfehlen es oft.

- *gruenderszene.de* ist eins der wichtigsten deutschsprachigen Online-Magazine für die Startup-Szene, hervorgegangen aus einem Blog von Lukasz Gadowski. Jeden Tag gibt es News, Hintergründe, Fach- und Videobeiträge, Analysen, Kommentare und Reportagen. Reichweite: rund eine Million Unique User pro Monat. Zum Thema Finanzen viele spannende News und eine Liste mit Investoren.

- *deutsche-Startups.de* berichtet seit 2007 täglich über Neuigkeiten aus der heimischen Internet-Gründerszene. Dahinter steht Gründer und Chefredakteur Alexander Hüsing – derjenige, der als Allererster online über mymuesli geschrieben hat.

- *bootstrapping.me* wurde gegründet von Fabian Westerheide. Er ist Unternehmer, Venture Capitalist, Autor und Redner, außerdem Geschäftsführer von »Asgard – human VC for AI«, der KI-Konferenz »Rise of AI« und Koordinator für Künstliche Intelligenz beim Bundesverband Deutscher Startups. In der Vergangenheit war Fabian als Unternehmer und Investor in 35 digitalen Firmen involviert. Und hat mal Brautkleider verkauft. Auf seiner Seite findest du unter anderem eine Sammlung von Artikeln über Venture Capital und über künstliche Intelligenz, sein Leidenschaftsthema.

- *fuergruender.de* »Egal, in welcher Gründungsphase. Gründer haben Fragen. fuergruender.de hat Antworten«, schreibt René Klein, Geschäftsführer dieser sehr informativen Gründerplattform. Sehr viel

Wissen zum Thema Finanzierung. Besonders hilfreich: ein Wegweiser durch den Dschungel der Gründerwettbewerbe unter fuer-gruender.de/beratung/gruenderwettbewerb.

- »Wall Street«. US-Film aus dem Jahr 1987 von Oliver Stone. Ein Kultfilm für alle, die wissen wollen, was passiert, wenn man im Leben nur hinter dem Geld herläuft. Kapitalismuskritik im Leinwandformat. Unbedingt anschauen!
- Rebel without a Crew: Or How a 23-Year-Old Filmmaker With $7,000 Became a Hollywood Player. Robert Rodriguez (Plume 1996) Das Buch zur Entstehungsgeschichte des Low-Budget-Films »El Mariachi«, erster Teil der Mariachi-Trilogie, zu der auch »Desperado« und »Irgendwann in Mexico« zählen. Zeigt uns: Große Träume brauchen kein großes Budget. Auch in Hollywood nicht. Es ist die Idee, die sich durchsetzt, nicht das Geld. Fanden wir mega inspirierend.

Aufmachen. Unsere Läden und die Supermärkte

Eigentlich gab es mymuesli schon früh offline. Im Sommer 2007 hatten wir den ersten echten Point-of-Sale in Passau, an dem man sich sein Müsli abholen konnte. Der sogenannte mymuesli-Hotspot war ein Globetrotter-Laden in Passau: das »Pritz Globetrotter Depot«, heute in der Brunngasse. Unsere echte, eigene Offline-Geschichte aber begann 2009 mit einem Zufall: Wir wollten damals gar keinen Müsliladen, sondern eine Art Bio-Imbiss eröffnen. Und zwar, weil wir alle drei mit Mitte 20 irgendwie anfingen, pummelig zu werden. Jahrelang arbeitet man wie wild und isst zwischendurch immer irgendwas – und dann platzt der Knoten. Wollten wir so nicht. Dann lieber einen Laden gründen, in dem wir zumindest selbst ein schnelles und gesundes Mittagessen bekommen. Denn das gab es so nicht in Passau. Zumindest war das 2009 so. Deshalb wollten wir mit »Brotzeit«, so der Arbeitstitel, Abhilfe schaffen.

Schnell hatten wir eine ideale Fläche gefunden. Mitten in der Stadt, hohe Frequenz, nicht zu teuer. Statt Mietvertrag gab's einen Handschlag mit dem Vormieter. Kaffeemaschine, Kühlschränke und Zubehör ganz blauäugig gekauft. Plötzlich hing ein Schild im Traumladen: Ein Kosmetikladen sollte bald eröffnen.

180

Der Verwalter des Vormieters: nicht erreichbar. Dann irgendwann: »Oh, ja, der Laden, Verzeihung, doch ein anderer Mieter, aber viel Erfolg euch.« Mist.

Aber dann: Die Passauer kennen die Rosengasse gut. Heute gibt es dort unter anderem noch das beste Fischrestaurant der Stadt. Frequenz? Eher schlecht. Doch es gab immerhin und kurzfristig einen Laden zu vermieten. Zwar klein – aber mit Charme. Allerdings dort gesundes Mittagessen zubereiten, auf 20 Quadratmetern? Unmöglich.

Müsli »in echt« erleben

Da hatte ich eine Idee: ein Müsliladen! Aber was sollten wir da anbieten? mymuesli war schließlich ja eine Website, wo man sich sein eigenes Bio-Müsli mixen konnte. Doch da kam die IT-Perspektive von Hubertus ins Spiel. Mit unseren Daten aus dem Webshop wissen wir schließlich gut, was schmeckt, was wiederbestellt wird. Eine gute Grundlage für Fertigmüslis, die man offline verkaufen kann. Eine Handvoll Fertigmüslis gab es 2009 bei mymuesli schon: zum Beispiel Sportmüslis, die wir in Kooperation mit Unternehmen sowie Experten und Wissenschaftlern online verkauften. Die sollten ins Regal kommen. Dazu leckerer Bio-Kaffee. Frisches Birchermüsli. Fertig. Mixen konnte man nicht. Die Fläche war zu klein, dafür konnte und kann man Bestellungen versandkostenfrei im Laden abholen.

Es ging dann alles sehr schnell: Zwei befreundete Architekten, die auch schon »Brotzeit« geplant hatten, zeichneten uns einen Entwurf für den Laden, ein örtlicher Schreiner erledigte für rund 6.000 Euro den Innenausbau. Und am 25. Mai 2009 konnten wir eröffnen.

Die Miete war zwar mit rund 400 Euro pro Monat überschaubar. Doch wir hatten eine ebenso überschaubare Ahnung von Offline-Konzepten: Hubertus und ich hatten zwar während des Studiums die Videothek betrieben. Aber Gastronomie geht komplett anders als Filmverleih. Wir machten also erst mal und ließen den Rest auf uns zukommen.

Nach vielen Monaten, in denen nur wenige Kunden kamen und wir mit dem Team die ertragsstärksten Stammgäste waren, nahm der Laden dann langsam Fahrt auf. Wir bauten um, nutzten den Platz noch effektiver und lernten, lernten, lernten als Team jeden Tag dazu. Die Quadratmeter-Produktivität dieses ersten Stores macht auch in der Erinnerung noch viel Freude. Der Laden schrieb also irgendwann schwarze Zahlen. Wir dachten über Expansion nach.

Was heute nicht besonders bemerkenswert klingt, damals aber ungewöhnlich war. Alle sprachen damals davon, dass ehemalige Offline-Geschäfte nun endlich und oft auch ausschließlich auf Online umschwenken würden. Wir gingen den umgekehrten Weg. Der Grund war ganz einfach: Damals wurden über 99 Prozent aller Lebensmittel offline gekauft. Auch heute liegt dieser Anteil noch bei weit mehr als 90 Prozent. Da fragten wir uns, wie sinnvoll es ist, nur online zu verkaufen. Eben. Also gingen wir offline.

Läden, Läden, Läden

Dann kam das Jahr 2012. In der Startup-Sprache das Jahr des Offline-Ramp-up(s) für uns. Und noch ein Startup-Lieblingswort: Jetzt wurde skaliert. Dass es mal mehr als 50 Läden werden würden, konnten wir damals jedoch noch nicht ahnen, im Frühjahr 2012.

Regensburg ist ja so was wie die große Schwester von Passau: Beide Städte sehen sich ähnlich, doch die Große darf ein bisschen mehr und ist erwachsener, zum Beispiel gibt es eine Straßenbahn. Außerdem gibt es mehr Studienfächer an der Uni und man ist näher an der Großstadt München. Der perfekte Ort für einen zweiten Laden. Für diesen Laden entwickelten wir ein Extramüsli mit einer aufgedruckten Panoramaansicht der Stadt. Als besonderen Clou boten wir an, dass Kunden das Müsli aus dem Laden in der Fröhlichen-Türken Straße 2 mit einem eigenen Aufkleber als Urlaubsgruß verschicken konnten.

Es folgte nur wenige Wochen später eine Filiale in München, direkt am Viktualienmarkt. Den Laden hatten wir im Rohbau vor Weihnachten schon als Pop-up-Store betrieben, durften ihn anschließend behalten. Die Objektmanagerin glaubte glücklicherweise an uns drei und unser Konzept. Ich bin immer noch stolz, dass wir in dieser Lage eröffnen konnten. Wir lieben den Laden heute noch – und er wirkte wie ein Gütesiegel bei vielen Vermietern:

»Ich sehe, Sie haben da etwas am Viktualienmarkt eröffnet, wir könnten Ihnen etwas Vergleichbares auf der Frankfurter ›Fressgass‹ anbieten.«

Auch für München dachten wir uns ein München-Müsli in einer eigenen Städtedose aus, die auch als Mitbringsel verschenkt oder als Urlaubsgruß verschickt werden konnte. Die Touris lieben das. 2013 eröffneten wir unseren Laden in der Stuttgarter Königstraße 31.

Das Schöne an so einem Immobilien-Expansions-Geschäft: Ist man einmal drin, geht's fast von alleine weiter. Laden für Laden. Immer weiter. Irgendwann kam dann Österreich, als Erstes ein Laden in Wien; und schließlich die Schweiz, wo wir mittlerweile auch mehrere Läden betreiben, der erste war in Bern.

Jetzt sind es über 50 Läden. Und die bedeuten eine ganze Menge Arbeit – organisatorisch, strukturell; und es gibt viel zu optimieren. Denn seit dem ersten Laden 2009 haben wir gelernt. Zudem viel am Konzept gefeilt. Und wir feilen immer noch, die Lernkurve ist mal wieder extrem steil.

Moritz ist maßgeblich an der Entwicklung unserer Läden in München beteiligt und ein leidenschaftlicher mymuesli-Barista:

»Jeder Kunde soll sein Müsli finden«

Meinen Arbeitsvertrag habe ich an einem Sonntagmorgen nach einer der legendären mymuesli-Weihnachtsfeiern unterschrieben. Wir saßen im mymuesli-Laden am Münchner Viktualienmarkt, etwas müde, aber bester Laune. Ich kam frisch vom Dualen Studium und hatte richtig Lust, den noch recht neuen Münchner mymuesli-Laden am Viktuali-

enmarkt zu führen. Mit Führung hatte ich damals noch wenig Erfahrung –
die kam dann während der Arbeit.

Ich hab mich von Anfang an reingehängt, und auch das Feedback war
gut. Im Laufe der Zeit habe ich dann mehr Aufgaben übernommen –
heute bin ich ein District Manager bei mymuesli. Das heißt, ich verant-
worte mehr als einen Laden: drei in München und einen Außenposten
in Augsburg.

Ich arbeite immer noch selbst in den Läden mit, was für mich auch
sehr wichtig ist. Auf diese Art und Weise kann ich meinen Mitarbeitern
die Idee von mymuesli am besten nahebringen und ihnen die Philosophie vorleben. Dabei sehe ich von Monat zu Monat, wie zum Beispiel
schüchterne Mitarbeiter immer mehr aus sich herauskommen, wie sie
Selbstbewusstsein entwickeln und richtig aufblühen – das macht mich
happy.

Das Besondere an unseren Läden? Eigentlich ganz einfach: Wir sind
sehr herzlich, wir sind sehr offen, wir wollen jedem Kunden ein positi-
ves Einkaufserlebnis schenken und wir sind erst glücklich, wenn jeder
Kunde wirklich sein Lieblingsmüsli gefunden hat. Deshalb lassen wir
jeden probieren, was er möchte. Das ist auch schön an Läden gegenüber
einer Website.

Wenn ich neue Mitarbeiter suche, spreche ich oft einfach müsliaffine
Leute an, die ich nett finde. Wir haben ja sehr viele Stammkunden und
darunter sehr viele Studenten. Die suchen häufig Nebenjobs. So kommt
es, dass viele unserer Mitarbeiter vorher Kunden bei uns waren –
und ich niemals Jobanzeigen schalten muss.

Moritz

District Manager

Aber was bringt so ein Laden eigentlich? Klar: Umsatz. Aber nicht
nur: Heute ist es so, dass immer, wenn wir einen Laden eröffnen, die
Online-Zahlen in dieser Stadt hochgehen. Der Grund ist ganz einfach:
Wenn man einen Laden in einer Toplage eröffnet, kommen täglich so

viele Personen vorbei, dass man schon relativ viel Geld ausgeben muss, um bei einem Online-Banner den gleichen Traffic zu erreichen. Wir profitieren doppelt davon: Einerseits steigen die Sichtbarkeit und das Vertrauen der Kunden. Andererseits steigt die Chance, dass Kunden im Vorbeigehen eben mal ein Müsli kaufen.

Unsere Läden sind kein Marketinggag

Nicht erst seit wir so viele Läden haben, wird uns die Frage, ob die eigentlich nur ein Marketinginstrument seien, super oft gestellt. Klares Nein, wie hätten wir die denn finanzieren sollen?

Aber sicherlich ist eins der beiden großen Ziele unserer Läden, dass wir unsere Marke stärken – einfach dadurch, dass mymuesli erlebbar wird, wir beraten und probieren lassen können.

Aber das allein reicht nicht. Es ging aufgrund der hohen nötigen Investments ohne Risikokapital von Anfang an um Umsatz. Noch präziser: um Profitabilität. Jeder mymuesli-Laden soll sich selbst tragen. Daran gab es für uns nie einen Zweifel.

Durch unseren ersten winzigen Laden in Passau wussten wir, dass das möglich war. Aber Läden anzumieten, umzubauen, einzurichten und zu betreiben brachte von Anfang an ganz andere Risiken und Kosten mit sich als die digitale Welt, in der wir uns wohlfühlten.

Richtige Farbe, richtige Front, richtiges Müsli

Wenn man aus dem Online-Geschäft kommt, wo eine Startseite des Webshops innerhalb von Minuten geändert ist, dann ist man bei Läden schnell genervt: Denn bei einer Store-Front ist das so viel aufwendiger: Die müsste fachmännisch geplant werden, der Plan von der Stadt geprüft und freigegeben – und dann alles schließlich umgebaut werden, während im schlimmsten Fall der Verkauf im Laden nicht weitergehen kann, die Mietkosten aber weiterlaufen. Immerhin könnte man Farbe, Schild und Einrichtung eines Ladens überhaupt ändern. Das war's dann aber auch schon. Die wichtigsten Parameter kann man im Nachhinein nicht mehr beeinflussen: Lage und Grundriss – also ganz einfach die realen, physischen Ausprägungen des Ladenobjektes. Schnell haben wir eingesehen, dass es offline also umso wichtiger ist, möglichst keine Fehler zu machen. Vor allem bei der Frage nach dem »Wo?«. Glücklicherweise hatten wir durch unser Online-Business eine prall gefüllte Datenbank mit den Lieferadressen unserer Online-Kunden. Um das Risiko falscher Lagen zu minimieren, haben wir uns entschieden, immer da Läden zu eröffnen, wo mymuesli auch online nachgefragt wurde.

Lage: Ein paar Meter machen den Unterschied

Unser damaliger Expansionsmanager Alex erweiterte das Modell um weitere Faktoren, zum Beispiel die Bio-Kaufkraft oder Affinität für Bio-Produkte – und wir hatten bald eine genauere Liste mit potenziellen Städten. Dann bewarb sich Flo bei uns – als Marketing-Trainee, der schon im Marketingkapitel zu Wort kam. Er entwickelte eine Monster-Excel-Datei, die nicht nur unsere eigenen Parameter, sondern auch viele weitere aus externen Quellen mit einbezog. Da tauchten dann abstrakte Spaltennamen auf wie »Einzelhandelszentralitätsfaktor«. In einer Tabelle konnte man die Faktoren gewichten lassen und auf Knopfdruck hatte man eine sortierte Städteliste. So generierten wir mit Flos Wunderwerk schnell ein Ranking der vielversprechendsten 80 Städte in Deutschland.

Mit dieser Liste machte sich Alex an die Arbeit und durchforstete alle Immobilienangebote in unseren Zielstädten, die er finden konnte.

Entscheidend ist aber immer der Vor-Ort-Besuch. Heute noch versuche ich jeden potenziellen Laden selbst zu besichtigen. Noch wichtiger: Lokale Kompetenz, was sagen die Einheimischen? Denn wir haben gelernt: Es entscheiden nicht Viertel, sondern die Straße und manchmal sogar ein paar Meter über Erfolg und Misserfolg eines Standorts. Es kommt eben nicht nur darauf an, wie viele Passanten eine Straße hat, sondern auch darauf, ob diese Passanten in Einkaufslaune sind oder einfach nur nach Hause gehen und »Tatort« gucken wollen. Wir versuchten also, die Straßenabschnitte an unterschiedlichen Tagen und Tageszeiten zu beobachten, und fragten uns dabei: Wie groß ist der Anteil unserer Zielgruppe unter den Passanten? Haben diese Leute auch Tüten in der Hand? Fühlen sie sich wohl? Wie konstant ist der Fußgängerverkehr? Wie stark sind die Unterschiede zwischen den einzelnen Wochentagen und Tageszeiten? Schon bei unserer Videothek haben Hubertus und ich uns vor jeden potenziellen Laden mit mitgebrachten Klappstühlen gesetzt und die Passanten zu unterschiedlichen Zeiten und an verschiedenen Tagen gezählt.

Zwischen Wurstgrill und Dixi-Klos

Ein weiterer Faktor, den wir immer genau anschauen, sind die umliegenden Geschäfte. Wenn man eine Premiummarke etablieren will, sollte das direkte Umfeld nicht unbedingt aus Ramsch- und Billigkonzepten bestehen. Auf der anderen Seite sind High-End-Fashion-Shops und Luxusmarken für einen Müsliladen auch nicht die ideale Umgebung. Irgendwann bekommt man ein Gefühl dafür, welche Läden in der Nachbarschaft gut laufen. Einmal haben wir einen Laden neben einem Wurstgrill eröffnet. Dabei mussten wir beide Markenaugen zukneifen. Trotzdem lief dieser Laden vom ersten Tag an überragend gut! Auch dafür haben wir bis heute keine Erklärung, vermuten aber, dass der Geruch von Essen vielleicht generell zum Kauf von Nahrungsmitteln anregt – wer weiß?

Es lohnt sich außerdem, sich mit den Nachbarn und der Stadtverwaltung ausgiebig über die jeweilige Straße, deren Entwicklung der letzten und kommenden Jahre zu unterhalten. Nicht nur einmal ist es uns passiert, dass kurz nach der Eröffnung eine riesige Baustelle vor unserem Laden losging. Das war zum Beispiel in Salzburg in der berühmten Getreidegasse der Fall: Nach unserem Start dort wurde sie nach Jahrzehnten das erste Mal so richtig aufgerissen. Auch wenn man alles richtig macht und es keine Baustelle gibt, heißt das noch nicht, das alles gut läuft. Neben unserem Laden in Hamburg-Eppendorf ist zum Beispiel mal ein Wohnhaus abgebrannt. Eine schlimme Sache, die niemand vorhersehen konnte. Das Gebäude wurde über 18 Monate saniert und war so lange in ein Gerüst gehüllt. Unsere Umsätze halbierten sich über Nacht. Glücklicherweise konnten wir uns mit dem Bauherrn einigen, dass wenigstens die Dixi-Klos direkt vor unserem Laden etwas zur Seite gerückt wurden. Das hat leider auch nicht viel gebracht. Und als nach eineinhalb Jahren der alte Zustand im Nebengebäude wiederhergestellt war, rechneten wir fest damit, dass unsere Umsätze auch wieder anziehen würden. Leider Fehlanzeige. Vermutlich hatten die Passanten inzwischen andere Laufwege gelernt – und Gewohnheiten ändern sich nur sehr langsam.

Das Objekt: Die Tücke steckt im Detail

Fast genauso entscheidend wie die Frage nach der richtigen Straße in der richtigen Stadt ist der Laden selbst. Positive Faktoren für mymuesli sind

• eine möglichst große Schaufensterfläche,
• eine nicht zurückversetzte Fassade und
• ein ebenerdiger Eingang.

Eine Untersuchung des Maklerunternehmens Brockhoff & Partner hat mal ergeben, dass eine Treppenstufe vor einem Laden schon zehn Prozent Umsatzeinbuße bedeuten kann. Auch die Fläche vor dem Laden selbst ist nicht ganz unbedeutend. Ist es zum Beispiel möglich, ein auffälliges Nasenschild anzubringen – also ein Schild, das wie eine Nase aus der Fassade herausragt?

Darf man sogenannte Kundenstopper vor den Laden stellen? Ist es im Sommer die Sonnenseite oder die Schattenseite der Straße? Wird der natürliche Weg der Passanten durch Bäume, Bänke oder Brunnen vom Laden weggelenkt? Wie steht es um die Sichtbarkeit des Schildes über dem Laden – von der anderen Straßenseite oder aus schrägen Perspektiven? Wenn es keine direkte Fußgängerzone ist, können parkende Autos die Sicht auf das Schaufenster verdecken.

Der Laden: Was hinter der Fassade wichtig ist

Auch die Raumaufteilung hinter der Fassade kann mehr oder weniger gut geeignet sein. Für einen mymuesli-Laden brauchen wir zwangsläufig ein Lager. Das ist im Erdgeschoss wesentlich wertvoller als im Keller oder im ersten Obergeschoss.

Denn ein Lager, das sich nicht auf derselben Ebene befindet, bedeutet, dass der Laden immer von mindestens zwei Mitarbeitern betrieben werden muss. Ansonsten ist er unbeaufsichtigt oder ein Schild an der Ladentür mit der Aufschrift »Bin gleich zurück« wäre die unschöne Folge. Und es wird immer Zeiten geben, in denen nicht sehr viel los ist. Dann sind zwei Mitarbeiter im Laden einfach zu teuer.

Apropos Mitarbeiter: Jeder, der selbst ein Café betreibt oder regelmäßig eins besucht, wird bestätigen können, dass es nicht allein die super Marke ist und auch nicht die super Ladeneinrichtung und nicht einmal der super Kaffee, der Kunden anzieht. Es ist meistens der Charme der Mitarbeiter! Müslifreunde möchten Müslifreunde treffen. So einfach ist das.

Supermärkte: Wir wollten es eigentlich nicht tun ...

Viele Jahre lang sind wir eisern bei unserer Linie geblieben: »online custom-mixed muesli«. Mit den Fertigmüslis hatten wir diese Linie schon aufgeweicht, mit den eigenen Läden dann noch einmal. Als dann die ersten Supermärkte bei uns anriefen, um unsere Müslis ins Sortiment aufzunehmen, sagten wir erst mal jedem ab. Aber die Supermärkte hörten nicht auf, anzurufen.

Irgendwann aber sagten wir uns: Vielleicht haben die ja gute Argumente, wir sollten zumindest mal darüber nachdenken. Und baten die Händler über unsere Website, uns Motivationsschreiben zu schicken und sich zu bewerben. Nicht falsch verstehen: Wir wollten weder gebauchpinselt werden noch uns als die großen Macker aufspielen – aber wir hatten Angst um unsere Marke und wollten verstehen, was offline mit ihr passieren würde. Schließlich würden wir ein Stück weit die Kontrolle verlieren. Wie Eltern, die überlegen, ob sie ihr Kind das erste Mal zum Babysitter geben, wo sie dann nicht mehr selbst alles in der Hand haben.

Aber diesem Risiko stand ein großes Potenzial gegenüber – und so kam mymuesli schließlich in den Lebensmitteleinzelhandel. Ein richtiger und wichtiger Schritt: Viele Handelspartner kümmern sich liebevoll um unser Baby. Und während Online-Kunden nun auch mal im Supermarkt ihr mymuesli kaufen, kommt es vor, dass andere erst über das mymuesli-Regal dort die Möglichkeit entdecken, dass sie ihr

Müsli auch online mixen können. Die Kanäle befruchten sich also gegenseitig. Und Supermärkte sind ein toller Kanal für uns. Den größten Anteil unseres Umsatzes erwirtschaften wir aber nach wie vor über mymuesli.com.

Zuerst kommt: ein langer Vertrag

Wer Supermärkte beliefert, der tut das nicht auf der Grundlage von »Ich schaue mal, ob ich die Menge in der gewünschten Qualität zum gewünschten Zeitpunkt irgendwie liefern kann, vielleicht krieg ich's hin«. Das geht anders: Der Vertrag mit einem Supermarkt oder einer Supermarktkette umfasst einen Katalog an Pflichten, der gut und gerne mal 50 Seiten lang ist. Da steht alles drin zum Thema Qualität, wie und wann wohin geliefert werden soll und so weiter. Erfüllt man einen Punkt nicht, kann ein Handelspartner zum Beispiel die Annahme des Produkts verweigern oder eine Vertragsstrafe fordern. Und das kann dann sehr teuer werden.

Oha: harte Verhandlungen

Und ganz ehrlich: Verhandlungen mit Retailern sind kein Sonntagsspaziergang. Da wird hart diskutiert. Geschäft ist Geschäft. Groß ist die Gefahr, dass man sich als Hersteller in so einer Situation verpflichtet, sehr große Mengen zu produzieren und zu liefern. Das kriegt man dann nicht hin – und das frustriert wiederum den Händler, weil er auch nichts davon hat, wenn er ein Produkt ankündigt, bewirbt und dann ist es nicht lieferbar. Also lieber: klein anfangen und realistisch bleiben.

Nicht mit uns: Rabattaktionen und Werbekostenzuschüsse

Wer im Supermarkt verkaufen will, der muss den Aufwand der Händler auch mittragen: Das kann über sogenannte Werbekostenzuschüsse funktionieren oder über Rabattaktionen. Denn die Händler gehen ja auch ins Risiko, wenn sie Regalflächen frei machen und in neue Produkte investieren. Sie möchten also, dass man sich finanziell beteiligt und erkenntlich zeigt. Wenn man hier Verhandlungsspielraum haben will, dann sollte man gute Gegenargumente habe: ordentliche Margen für die Händler oder eine starke Marke mit ebensolchem Marketing, das für Absatz im Regal sorgt.

Große Frage: Stadt oder Land?

Supermarktketten funktionieren ein bisschen so wie ein Land. Ganz oben gibt es eine Zentrale, darunter dann einzelne Regionen und Bezirke, auf der untersten Ebene dann die einzelnen Supermärkte. Die oberste Regierung gibt die Richtung vor, die einzelnen Unterregierungen dürfen aber auch dies und das selbst entscheiden. Fragt sich für Gründer: Wo rufe ich an? In der Zentrale? Oder am anderen Ende der Organisation – bei Herrn Müller in der Filiale vor Ort?

Wenn wir die Wahl haben, sprechen wir immer lieber mit dem Handelspartner als mit der Zentrale. Mit dem Ladenchef können wir den PoS (wichtige Abkürzung: Point of Sale, sprich: der Laden) anschauen, die richtige Ecke für unsere Sonderplatzierung aussuchen und darüber sprechen, ob wir eher Yogamüsli in die Regale stellen oder Bibi-und-Tina-Müsli. Denn die Händler, die Supermarktchefs, die kennen ihre Fläche richtig gut, sind Handelsprofis und wissen meistens gut, wo man wie was verkauft.

Wenn man klein und vor Ort anfängt, dann dauert die Retail-Expansion freilich viel länger. Wir hatten anfangs keine Mittel für ein riesiges Team. Das beschleunigt den Prozess nicht gerade. Vivien, unsere erste Vollzeitvertrieblerin, die brannte für unser Müsli und wohnte zeitweise fast in ihrem Auto. Erst nach etwa zwei Jahren haben wir richtige Strukturen aufgebaut und mehr Leute eingestellt. Bis dahin war Vivien unsere One-Woman-Retail-Show.

> **Dass einer unserer wichtigsten Kanäle – der Müsliladen – nicht aus großen strategischen Überlegungen heraus, sondern eher aus einem Zufall entstanden ist, das ist für mich eine wichtige Lektion gewesen. Man kann sich über die Zukunft das Hirn zermartern, wie man will: Es kommt doch immer alles völlig anders als gedacht. Und man ist immer erst hinterher schlauer. Es bleibt einem also kaum etwas anderes übrig als folgendes Vorgehen: testen. Verändern. Machen. Verändern. Machen. Verändern. Machen ...**

Heute heißt unsere Retail-Chefin (so nennen wir den Supermarktbereich bei uns intern) Natalie aka Nati. Sie hat sich bei mymuesli selbst mehrfach völlig verändert und in den letzten Jahren aber vor allem das Retail-Geschäft systematisch ausgebaut.

»Den Händlern unsere Leidenschaft erklären«

Wow, ich bin auch schon ganz schön lange bei mymuesli: Angefangen habe ich als Müslimixerin, das war noch während meines Studiums. Das war ganz witzig: Es gab immer zwei Arbeitsplätze nebeneinander und an jedem Arbeitsplatz ein Regal mit allen Zutaten in Tupperbehältern. Jeder von uns wusste auswendig, wo welche Zutaten stehen, sodass wir nur auf die Waage geschaut und blind ins Regal gegriffen haben. Wir haben oft einen kleinen Wettkampf veranstaltet, wer die meisten Dosen zum Beispiel in einer Stunde befüllt. Wie viele das so waren? Puh, ich glaube, wir haben jeder so 360 Stück pro Schicht geschafft. Am Morgen bereiteten wir schon die Etiketten vor, die kamen noch aus einem normalen Laserdrucker auf den Standardbögen für zu Hause. Da schrieben wir dann auf jedes unsere Namen darauf: ›Gemixt von Nati.‹ Die Kunden fanden das mega. Dann ging's los: Erdbeeren, Himbeeren, Bananen, Schokolade, mehr Schokolade und noch mehr Schokolade ... Es war manchmal schon sehr interessant zu sehen, welche abgefahrenen Mischungen einige Müslifreunde so kreiert haben.

Nach meinem Studium hatte ich ein Jobangebot von einem anderen Unternehmen, aber ich hatte viel mehr Lust auf mymuesli. Jeder hat mir abgeraten, meine Karriere ausgerechnet in einem Müsliunternehmen zu starten. Ich habe es trotzdem gemacht.

Seitdem hatte ich hier schon viele Jobs: Ich war stellvertretende Produktionsleiterin, dann fragte mich Philipp irgendwann, ob ich Lust hätte auf Controlling. Hatte ich. Zusammen mit einem externen Berater haben wir den Bereich Controlling & Finance aufgebaut. Dann kam Philipp die Idee, dass ich in den Vertrieb wechseln könnte. Wollte ich. Ich wurde Key-Account-Managerin für Deutschland, Österreich und die Schweiz und verhandelte mit Supermarktketten und großen Kunden. Eine sehr spannende Zeit mit sehr dicht getakteten Terminen, in der ich irgendwann merkte: Ich lebe nur noch im Auto. Denn wir waren ein kleines Team und mussten viele Außendiensttermine schultern.

Gemeinsam mit Philipp hab ich den Plan entwickelt, dass ich als Verantwortliche ein echtes Vertriebsteam aufbaue bei mymuesli, mit Innen- und Außendienst und allem, was da so dazugehört. Dieses Team steht mittlerweile und ich bin total glücklich darüber: Denn ich mag alle und sie hängen sich voll rein, das ist toll.

Unsere wichtigste Aufgabe? Den Händlern unsere Leidenschaft zu erklären. Es ist eben nicht irgendein Müsli, sondern hat Charme und immer noch den Charakter eines Startups – das schätzen auch die Händler. Die größte Herausforderung besteht jetzt darin, trotz unseres rasanten Wachstums ruhig zu bleiben.

Aber ich bin ja schon lange dabei, ich kenne mich mit verrückten Situationen ganz gut aus!

Nati

Director Retail

Dein Laden

Jedem, der überlegt, offline aktiv zu werden, können wir nur empfehlen, sich vorher ganz genau mit diesem Schritt auseinanderzusetzen. Ein Laden alleine ist zwar schön fürs Ego. Doch er löst noch keine Probleme, sondern macht meistens neue. Daher wichtig: Was sind meine Ziele mit einem Ladengeschäft? Warum sollte jemand meinen physischen Laden besuchen wollen oder müssen? Welchen echten Mehrwert biete ich unabhängig von üblichen Produktleistungen? Kann ich mir einen Testladen leisten, wenn ich das nur mal ausprobieren will – oder wären das Geld, meine Zeit nicht woanders besser aufgehoben?

- **Klingt nach einem alten Hut,** ist aber immer brandaktuell: Lage, Lage, Lage. Ein paar Meter entscheiden schon darüber, ob Sonne in deinen Laden scheint oder nicht.
- **Eine höhere Miete für eine bessere Lage** lohnt sich fast immer.
- **Einen Laden mieten heißt, dass man sich binden muss.** Also lieber länger überlegen, das Objekt mit Klappstühlen davor beobachten, Menschen vor Ort fragen, sich ein genaues Bild machen – nicht über Nacht zu einem Mietvertrag überreden lassen, weil die Chance doch so einmalig sei.
- **Es wird immer Objekte geben,** bei denen man schnell entscheiden muss. Machen ist ja auch gut. Aber nochmals: Lasst euch

195

Zeit, gerade beim ersten Objekt. Wenn ihr dann seht, dass euer Konzept läuft: Dann kann man auch mal spontan sein und sich mehr trauen.

- **Baut den Laden nicht nur für euch,** sondern für eure Kunden. Verliert euch also nicht in Details und in der Planung, die mega Spaß macht. Sondern überlegt: Was erwartet der Kunde hier? Und welche Vorteile kann ich ihm bieten?

- **Ladenbau muss nicht teuer sein.** Der erste mymuesli-Laden in München war drei Monate lang mit ein paar Glühbirnen, Europaletten und einer ausrangierten Messetheke eingerichtet. Aber setzt euch hohe Ziele in Sachen Kreativität: nicht zu schnell zufriedengeben und mit Details überraschen. Es gibt eben sehr viele Läden da draußen. Und eurer sollte Details haben, an die man sich erinnert, die man weitererzählt.

- **Handel ist Wandel,** sagen alte Retail-Hasen gerne. Sie haben recht: Ein Laden ist keine Website, wo man jeden Satz, jedes Bild in Sekunden ändern kann. Doch auch Läden müssen sich verändern. Denkt daran. Bleibt niemals stehen!

Supermärkte

Über diesen Schritt sollte man sich mindestens so viele Gedanken machen wie über die Eröffnung eigener Läden. Jedes Produkt braucht seine eigene Strategie, hat seine eigenen Besonderheiten. Nachfolgend sechs Tipps, die sich unseres Erachtens auf viele Fälle anwenden lassen, wenn man überlegt, ein Produkt im Handel zu platzieren.

- **Stürz dich selbst ins Vergnügen:** Vertriebsagenturen sind auf den ersten Blick praktisch und machen auch oft einen guten Job. Aber Leidenschaft für dein Produkt bringst du gerade am Anfang selbst am besten rüber. Deshalb sind wir auch mit mymuesli erst selbst losgegangen. Und obwohl wir uns anfangs nicht so gut in der Handelslandschaft auskannten: Fragen stellen kann man immer. Selbst wenn du es später abgibst, möchtest du bestimmt wissen, wofür du so eine Agentur eigentlich bezahlst.

- **Preise sind wie Tattoos** und gehen nie wieder weg. Mach von Anfang an eine gute Kostenkalkulation. Deine Preisgestaltung sollte realistisch sein und eine ausreichende Marge für dich (denn du musst davon leben) und den Handelspartner bieten. Aber mach keine Kampfpreise, die du später nicht halten kannst.

- **100 Prozent verlässlich und lieferfähig sein:** Mach Zusagen zur Lieferfähigkeit nur, wenn du sie auch wirklich einhalten kannst. Trotz aller Euphorie, wenn deine Handelspartner plötzlich bundesweit listen wollen: Kläre vorher lieber intern die Machbarkeit und die eigenen Kapazitäten ab. Im Zweifel lieber defensiv.

- **Du brauchst ein Team,** das deine Produkte liebt. Natürlich will man als Gründer so viele Erfahrungen wie möglich selbst sammeln. Aber wenn dein Startup wächst, musst du lernen, abzugeben. Hol dir Leute ins Boot, die dein Produkt lieben und deine Philosophie und Werte teilen. Das ist einer unserer wichtigsten Grundsätze, gerade im Vertrieb und Außendienst.

- **Ab in den Supermarkt und ans Regal.** Termine in der Zentrale sind wichtig, aber vergiss die Basis und die einzelnen Märkte nicht. Dort sind diejenigen Menschen, die jeden Tag dein Produkt anfassen, es im Regal aufstellen und am Ende verkaufen. Sie sollten mindestens genauso viel Spaß an der Zusammenarbeit und an deinem Produkt haben wie der Einkäufer. Hilf Ihnen, dein Produkt kennenzulernen und besser zu verstehen. Und vergiss nicht: Sie machen den Job vermutlich länger als du und wissen, wie Handel funktioniert. Also: einfach mal zuhören!

- **Be awesome.** Und bleib innovativ. Nichts ist langweiliger, als immer die gleichen Produkte zu sehen – egal ob sie von dir oder von Wettbewerbern kommen. Sei also selbstkritisch und bereit, neue Dinge auszuprobieren. Du kennst den Spruch schon, aber noch einmal: Handel ist Wandel. Da ist tatsächlich viel Wahres dran ...

Ausgewähltes für Startup-Macher

- *Die McDonalds Story. Anatomie eines Welterfolgs. John F. Love (Heyne 1995)* Ist in dieser Ausführung nur noch antiquarisch und in Bibliotheken zu haben – aber immerhin. Ein Einblick hinter die Kulissen eines der erfolgreichsten »Laden«-Pioniere überhaupt. Eine kritische Auseinandersetzung mit dem Unternehmen ist dies freilich nicht, aber dennoch ein spannendes Stück Wirtschaftsgeschichte der jüngeren Zeit.

- *Tipping Point: Wie kleine Dinge Großes bewirken können. Malcolm Gladwell und Malte Friedrich (Goldmann 2016)* Warum wird ein Restaurant vom Langweilertreff zum Place-to-Be? Wie kommt es, dass plötzlich alle Hipster eine Schuhmarke tragen, die kurz zuvor noch als unmöglich galt? Warum sinkt die Kriminalitätsrate, wenn Häuser frisch gestrichen werden? Kleine Dinge können große Unterschiede machen. Wenn ein Tipping Point erreicht ist, schlägt eine Situation plötzlich um. Ein faszinierender Gedanke von Erfolgsautor Malcolm Gladwell und eine Ermutigung für alle, die kein Budget für Marketing haben. Von dem Buch haben wir rund 25 Exemplare bei mymuesli.

- *Keine große Sache: Coffee to go oder wie man den Traum vom eigenen Unternehmen verwirklicht. Vanessa Kullmann (Heyne 2008)* Kaffee in Pappbechern? Das war in Deutschland alles andere als populär, als Vanessa Kullmann in Hamburg ihren ersten Coffeeshop eröffnete: »Balzac Coffee«. Heute gibt es Filialen in 14 Städten, die amerikanischen Ketten wie Starbucks und Co. Konkurrenz machen. Eine ermutigende Biografie für Gründer, ob männlich oder weiblich.

- *»Clerks – die Ladenhüter«.* Low-Budget-Komödie aus dem Jahr 1994, gedreht vom damals 24-jährigen Regisseur Kevin Smith. Vor allem interessant wegen der Drehfinanzierung: Smith bezahlte alles selbst und verkaufte dafür seine Comicsammlung. Interessant aber auch wegen der skurrilen und witzigen Ladenszenen.

Rübermachen. Müsli ohne Grenzen

Wir sind schon fast am Ende dieses Buches angekommen. Doch ein Thema ist speziell mir noch wichtig, weil ich mich zusammen mit Patrick aus dem mymuesli-Team darum kümmere: Internationalisierung. Und so viel kann ich jetzt schon verraten: Die hatten wir uns einfacher vorgestellt.

Österreich: einfach naheliegend

Von Passau aus kann man zu Fuß in fünf Minuten über eine Brücke nach Österreich laufen. Streng genommen, gehört der Ort auf der anderen Inn-Seite, Ingling natürlich, nicht zu Passau. Gefühlt wohnten dennoch einige unserer Kommilitonen in derselben Stadt, aber in einem anderen Land. Weit und breit ist weder eine Mauer noch eine Grenze zu sehen. Und die gab es auch nicht in unseren Köpfen. Seit unserem ersten Semester gab es schließlich eine einheitliche Währung.

Als dann die ersten Fragen von österreichischen Müslifreunden per E-Mail kamen, wann wir sie denn endlich auch beliefern würden, war's uns fast peinlich. Wir kapierten: Unsere in Niederbayern gelebte Grenzlosigkeit entsprach nicht der wirtschaftlichen Wirklichkeit. Natürlich wollten wir das schnellstmöglich ändern.

Auf den Tag genau einen Monat nach unserem Start in Deutschland schrieb Max in unser Müsliblog: »Österreich, wir kommen!« Philipp hatte einen Lieferdienst gefunden, der unsere Pakete mit einem Lieferwagen über die Grenze fuhr und dort in das Logistiknetz der österreichischen Post einspeiste. Dafür zahlten Besteller nur einen Euro mehr als bei einer Lieferung nach Deutschland. Easy. Der Bote betrat jedes Mal unsere Manufaktur mit einem breiten: »Seeervaaas!« Das klang motivierend.

Doch der Haken an unserer ersten Expansion: Wir mussten jede Adresse in eine Liste, die er mitbrachte, noch schnell händisch eintragen. Wir dachten: ach, die zehn Pakete. Nach ein paar Monaten war das schon eine Mammutaufgabe. Und hat unfassbar genervt.

Noch komplizierter wurde es mit dem Zahlungsverkehr: Wir brauchten ein Konto in Österreich. Lange vor der IBAN waren sonst hohe Überweisungsgebühren für die Kunden fällig. Und eine internationale Überweisung dauert (auch heute noch) eine halbe Ewigkeit.

Nachdem wir auf mymuesli.at dann noch unsere Aprikosen in Marillen umbenannten, lief es in unserem Nachbarland genauso gut wie in der Heimat. Ein wenig komplizierter wurde es, als wir wegen unserer Umsätze mehrwertsteuerpflichtig wurden. In Österreich gelten andere MwSt.-Sätze als in Deutschland. Klingt nicht dramatisch, aber das hatte zur Folge, dass wir unseren Webshop umprogrammieren mussten. Die Datenbanken waren nicht auf mehrere Länder mit unterschiedlichen Produkten ausgelegt und wir konnten auch gar nicht unterscheiden, woher genau ein Internetkunde eigentlich kommt. Aber wir haben gelernt: Irgendwie geht's immer.

Schweiz: Müesli statt Müsli

Als wir 2008 die Idee hatten, Müsli in die Schweiz zu liefern, fühlten wir uns wahrscheinlich so ähnlich wie Toyota, als sie Autos nach Deutschland brachten: Wir haben's nicht erfunden, aber glauben, dass wir das bessere Produkt haben. Das kommt, Achtung, Ironie, immer gut an.

Na dann: auf in die Schweiz! Philipp war ja ortskundig: Er hat seine halbe Kindheit in direkter Nachbarschaft am Bodensee verbracht.

Und der Gedanke, den Erfindern des Müslis Müsli zu verkaufen, trieb uns noch mehr an. Ein Erfolg in der Schweiz wäre der Adelsschlag für mymuesli. Was sollte uns da aufhalten?

Einiges, wie sich zeigen sollte. Zuerst einmal wurden wir mit unseren ersten Promotexten ausgelacht: Denn Müsli schreibt man Müesli. Müsli ist eine Maus. Ein ß gibt es auch nicht. Eigenartig, aber kein Dealbreaker. Zur »Suchen und Ersetzen«-Funktion unserer Texteditoren pflegten wir fortan eine intensive Beziehung.

So richtig aufwendig wurde es erst, als wir uns mit dem Zoll beschäftigen mussten. Schnell stellten wir fest was es bedeutet, Agrarprodukte in die Schweiz importieren zu wollen. Denn die heimische Landwirtschaft schützt der ursprüngliche Bauernstaat so gut es geht – insbesondere auch vor Wettbewerb von außen.

Unser erstes Gespräch mit dem schweizerischen Zoll verlief ernüchternd: »Sie haben mehr als 566 Billiarden Produktvariationen? Dann müssen Sie bitte für jedes Müsli diese Dokumente ausfüllen. Wir prüfen das dann und leiten die Ware weiter.«

Um es positiv auszudrücken: Wir wurden im selben Moment große Fans eines vereinigten Europas. Und es half alles nichts: Wir mussten eine Schweizer Niederlassung eröffnen.

Kurze Zeit später mieteten wir eine Manufaktur nach Passauer Vorbild in der Nähe von Basel an und Philipp überzeugte seine Schwester, erst einmal nicht zu studieren. Sarah übernahm das Management der schweizerischen Niederlassung. Das Management bestand jedoch vorrangig darin, die einzelnen Zutaten nach dem jeweiligen Mischrezept in die Dosen und die Dosen zur Post zu managen. Wenn mal wieder ein TV-Beitrag lief und die Bestellungen explodierten, dann mussten Eltern, Freund, Schwiegermutter und Geschwister unterstützen.

Und wir wären beinahe ein schwäbisch-schweizerisches Familienunternehmen geworden.

Auch der Aufbau der Manufaktur war interessant: Philipp und Max hatten es sich in den Kopf gesetzt, keinen einzigen Franken für Handwerker auszugeben, sondern alles selbst zu machen. Sie stiegen also in den Panzer, ich musste programmieren, und fuhren los: Regale hatten wir vom Mann einer Mitarbeiterin gebraucht gekauft. Dort angekommen fragte der: »Und wie wollt ihr die aufbauen?« Philipp zog einen zehn-Euro-Akkuschrauber aus der Tasche. Aus lauter Mitleid lieh der Verkäufer ihnen dann sein gesamtes Werkzeug. Und drei Tage später war alles fertig. Max und Philipp auch.

Mittlerweile sind wir aus Basel weggezogen: nach Tägerwilen, das ist fast neben Konstanz. Sarah ist auch heute noch mit dabei, als Geschäftsführerin der *mymuesli.ch*.

Großbritannien: Wir werden zweisprachig

Next stop: England. Elf Monate nach dem Start in der Schweiz musste es ja vorangehen. Am 5. August 2008 schrieb Max in unser Blog:

»Puh, endlich geschafft. Und so schwer war es dann retrospektiv gar nicht. Na ja, vielleicht kommt es uns auch nur so vor. Denn einige Hürden gab es schon zu überwinden. UK war für die IT ein großes Thema, denn die Übersetzung ist uns hier sicherlich leichter gefallen, als wenn es Frankreich gewesen wäre.«

Und sechs Tage später:

»Die ersten Pakete sind raus, in der Produktion hat sich jedoch glücklicherweise durch diesen Schritt noch nicht zu viel verändert. Klar: Die Kapazitäten steigen, aber das user-generated Müsli musste durch die EU-Westerweiterung von mymuesli nicht neu erfunden werden. Dafür läuft jetzt (für uns bisher ungewohnt) vieles zweisprachig ab. Und wenn mymuesli einen Flyer entwirft, dann kann man sich eigentlich gleich Gedanken um eine englische Fassung machen.«

Klingt wenig dramatisch. Aber dennoch ein Vorbote der wachsenden

Komplexität. Und die galt es, intern gut zu organisieren. So viel war klar: Mit jedem weiteren Land würde sie unaufhaltsam weiter steigen. Englisch konnten wenigstens fast alle Beteiligten. Auch wenn wir schon bei unseren deutschen Texten feststellen mussten, dass Welten liegen zwischen »Ich spreche die Sprache« und »Ich kann gut texten«.

Wir waren zwar online im United Kingdom. Aber hatten keine Native Speaker im Team. Ergebnis: Ein englischer Marketingfachmann schrieb uns nach einem Blick auf Website und Texte: »You seem like a German company, desperately trying to be cool«. Autsch. Zweites Aua: Die PR lief super an, der »Guardian« schrieb über uns, die BBC rief für Radiointerviews an. Doch die Begeisterung wurde schnell weniger. Denn die Gründungsgeschichte von drei deutschen Studenten ist eben in Deutschland spannender. Lektion gelernt: Es reicht bei Weitem nicht aus, eine Website nur zu übersetzen. Der Teufel steckt im Detail.

Niederlande: »de muesli jongens«

Als wir in den Niederlanden starteten, wollten wir also ausprobieren, wie es mit einem Team vor Ort wäre. Auftritt: Jasper und Bas. Die beiden hatten nicht nur für Spreadshirt erfolgreich den holländischen Markt aufgebaut, sondern waren auch noch wirklich sympathisch und sollten als lokale Adaption von uns drei Müslijungs – als »de muesli jongens« – *mymuesli.nl* groß machen. Das lief gut an. Beide gaben mit ihrem Team Vollgas und waren motiviert, ihre Landsleute zu gesunden Müsliessern zu machen.

Doch dennoch ging es wesentlich schleppender voran als in Österreich und der Schweiz. Nur England lief noch schlechter. Ein Grund: Wissen wurde plötzlich doppelt aufgebaut. Durch die vier Jahre Vorsprung hatte das deutsche Team natürlich einiges mehr gelernt. Andererseits wussten die »jongens« Sachen, von denen wir noch nie gehört hatten. Nur der Austausch war megaschwierig. Das NL-Team versuchte viele Dinge, die wir schon ausprobiert hatten. Und die klappten auch nicht in den Niederlanden. Die Spreadshirt-Methoden ließen sich auch nicht gut auf Müsli übertragen. Ein Anfang war gemacht, aber wir wussten: In Zukunft müssen wir Holland und alle anderen Länder selbst machen. Und Geduld haben. Müsliweltherrschaft dauert eben.

Fernost: viel Kakao

Selbst machen. Das hätten wir uns tätowieren sollen. Denn schon stolperten wir ins nächste Abenteuer: Es muss im Winter 2013 gewesen sein, so genau weiß ich das nicht mehr. Philipp rief an und sagte, dass zwei Koreaner im Passauer mymuesli-Laden stünden. Es war Samstag und ich fühlte mich nicht bereit für interkulturellen Austausch.

Dennoch: Chancen muss man nutzen. 30 Minuten später standen wir im damals 19,5 Quadratmeter großen Verkaufsraum unseres Ladens. Und sprachen über eine Korea-Expansion.

Der eine von beiden sprach perfekt Deutsch. Auch er lacht heute über den skurrilen Moment und unser gemeinsames Projekt, das damals im Passauer Winter begann. Sein Begleiter war nur ein paar Jahre älter als wir. Er sprach kein Deutsch und wenig, aber immerhin besser Englisch als wir Koreanisch.

Ein paar Monate später sollten er und Max sich rund 200 Messenger-Nachrichten schreiben. Pro Tag. Aber der Reihe nach.

Wir verhandelten noch in Passau den Deal: Müsli nach Korea? »Great opportunity.« Erfahrung mit Lebensmitteln? »Muesli? No.« Dass jemand einfach machen wollte, ohne Erfahrung in der Müsliindustrie, gefiel uns und entsprach genau unserem Mindset vor der Gründung: keine Ahnung, aber große Träume. Unseren Handschlag-Deal (»We're online in ten weeks«) feierten wir mit Rehragout und Weißbier. Und lernten die erste von vielen interkulturellen Lektionen über Korea: Was du als besondere Spezialität deines Landes anbietest und anpreist, wird dein Gegenüber probieren und auch essen. Egal ob es ihm schmeckt oder nicht. Also sei vorsichtig, wenn du nicht weißt, was ihm schmeckt.

Und wie diese bayerisch-kulinarische Gemengelage tatsächlich auf unseren koreanischen Partner gewirkt haben muss, konnten wir erst richtig verstehen, als wir selbst in Korea vor Beodengi (gedämpften Seidenraupen-Puppen) standen. Und nicht kneifen wollten.

Das Erinnerungsfoto vom Meeting am nächsten Tag war dann der Startschuss: für das verrückteste Abenteuer unserer bisherigen Geschichte. Wir hätten es ahnen können: dass ein Laden mit Müsli aus Europa, von einer Marke, die in Korea keiner kannte, nicht gut laufen würde. Zumindest am Anfang.

Am Engagement lag es nicht: Der Mann vor Ort war und ist ein toller Typ. Und wir sind ihm bis heute sehr, sehr dankbar, für die Mühe und Leidenschaft, die er in unser Projekt gesteckt hatte. Ich bewundere seinen Mut und Ehrgeiz. Auch sein Mentor und unser deutschsprachiger Kontaktmann hat viele, viele Stunden in das Projekt gesteckt, ist unzählige Male nach Seoul geflogen, um zu helfen. Doch: Für Korea war es schlicht zu früh. Mut wird eben nicht immer belohnt.

Denn die Probleme begannen schon beim Produkt: Das koreanische Team vor Ort wollte mehr als zehn Sorten von Anfang an anbieten, alles brauchte eigene Verpackungen und Etiketten, musste übersetzt und in Korea durch den Zoll gebracht werden. Wofür Tage geplant waren, dauerte Monate. Dazwischen: endlose E-Mails. Immer wieder die Sprachbarriere, es gab unzählige Missverständnisse und beide Seiten waren oft frustriert.

Dann aber wurde er verschickt, der erste Container, dessen Inhalt unter anderem Regale in ein paar noblen High-End-Supermärkten schmücken sollte. Das wollte ich feiern: mit meiner Familie, in Ruhe, am 23. Dezember in Weihnachtsstimmung. Es war etwa 17 oder 18 Uhr, als mein Handy Nachrichten im Sekundentakt erreichten.

Koreas WhatsApp-Variante nennt sich Kakao-Talk. Wichtigster Unterschied: Jedes Tonsignal klingt bei Kakao-Talk wie die erste Silbe eines K-Pop-Songs, Zielgruppe zwischen zehn und 13 Jahre alt. Der Inhalt der Nachrichten war für beide Seiten nicht gut: Der Inhalt des Containers war beschädigt. Ersatz musste her. Schnell und via Luftfracht. Ob wir das heute noch produzieren und verschicken könnten? »No one's working at Christmas?«

Eine Nachtschicht später hatte das mymuesli-Logistikteam das Problem gelöst. Die Nachlieferung war auf dem Luftweg. Der Preis dafür: völlig absurd. Wir fassten außerdem einen Entschluss: Wir müssen uns das vor Ort ansehen, die Zukunft von mymuesli Korea besprechen.

Vorgespult: wenige Monate später. Ich packte gerade meinen Koffer für unseren Trip, da kam eine Nachricht via Kakao-Talk: »This is the new store, open now.« In diesem Augenblick fielen aus meiner Wohnungsdecke ein paar Sauerstoffmasken herunter (der Spruch ist geklaut von Patrick Gehlen von GENUI, unserem Investor): Unser koreanischer Partner hatte wirklich einen Laden aufgemacht! Er sah exakt so aus wie unsere deutschen. Nur irgendwie bunter. Wir waren in vielen Gesprächen dagegen gewesen, da für uns feststand: Solange uns dort keiner kennt, ist ein Laden zu teuer. Außerdem nicht geeignet, um Neukunden zu generieren.

Doch unser Vertragspartner war glücklich über das Projekt. Die Geschwindigkeit, mit der er das auf die Beine gestellt hatte: beeindruckend. Ein echter Macher. Umso schwerer fiel uns schließlich die Entscheidung, ihm vor Ort zu sagen: Das funktioniert so vermutlich nicht. Zu teuer, für beide Seiten zu aufwendig, kein Wachstum, der Laden wird daran nichts ändern.

Unvergessen auf diesem Trip ist aber nicht nur der Laden, sondern besonders das Meeting mit einem potenziellen Kooperationspartner, bei dem der zuständige Manager mich und Hubertus ansah, aufstand und sagte: »May I start by saying that the two of you are very, very handsome!«

Es war unfassbar spannend und ein tolles Abenteuer: Leider war wenige Wochen später der Traum vom Müsli in Fernost zu Ende. Wir könnten es ein Fuckup nennen, doch das stimmt nicht: Geblieben sind wunderbare Erinnerungen, auch an viel Soju, ein koreanischer Branntwein, und tolle Erfahrungen, Kontakte und Bekanntschaften in einem Kulturkreis, in dem so gut wie alles anders ist als in Passau. Danke dafür, ihr koreanischen Freunde! Wir haben viel von euch lernen dürfen! Und Entschuldigung: Wir haben auch viele, viele Fehler gemacht bei dem Experiment: haben Deadlines gerissen und unterschätzt, wussten dabei nicht, wie schwierig interkulturelle Kommunikation sein kann und wie schnell und ehrgeizig Koreaner sind. Aber ihr habt uns viel beigebracht!

Seit unserem Korea-Versuch expandieren wir strategischer, viel vorsichtiger und wir halten das Heft viel bestimmter in der eigenen Hand. Denn auch ohne ein einziges Wort Koreanisch zu sprechen: Eigentlich wussten wir doch selbst am besten, wie die eigenen Produkte funktionieren und wie sie verkauft werden müssen. Wir wussten nur noch nicht, wie sehr wir auf dieses Wissen vertrauen können.

Schweden: lieber weniger Vollkorn

In Schweden wollten wir alles richtig machen. E-Commerce-Leute nennen das Land oft die Schweiz des Nordens: unter anderem wegen der großen Warenkörbe und der unkomplizierten Kunden. Dort starteten wir mit großem Aufschlag: und eröffneten gleichzeitig mit unserer schwedischen Website zwei eigene Läden in Stockholm, um diese Form des Markteinstiegs zu testen. Wie lange die geöffnet bleiben? Das wissen wir noch nicht: Aber sie ergänzen die Website gut; und wir können viel über die lokalen Kunden lernen. Denn eines ist klar: Auch europäische Grenzen sind Grenzen. Das heißt, es gibt auch im vereinten Europa viele kulturelle Unterschiede, anderes Einkaufsverhalten und andere Erwartungen an Händler und Produkte.

Was in Schweden ganz besonders ist: Seit 2013 gilt dort offiziell nicht mehr das Vor-allem-Vollkorn!-Dogma, das hierzulande noch immer offiziell hochgehalten wird. Das kam so: Das Swedish Council on Health Technology Assessment hat 16.000 (!) Ernährungsstudien ausgewertet und ist zu dem Schluss gekommen, dass »Low Carb High Fat« gesünder ist als eine Ernährung, die hauptsächlich aus Kohlenhydraten besteht.

Aber auch dafür haben wir eine Lösung: Wir haben längst Low-Carb-Mischungen in unserem Angebot: Zum Beispiel das 40-Prozent-Protein-Müsli, Paleo-Apfel-Crunchy oder Paleo-Kokos-Nuss-Crunchy. Die Schweden lieben es.

Was sie aber völlig crazy finden, ist die Idee, Schokolade ins Müsli zu mischen – und das kann man bei mymuesli ja tun. Wir haben es in Schweden also mit einer Win-win-Situation mit sehr viel Lernkurve zu tun: Die Schweden lernen Müsli aus Deutschland kennen, in das man sich nach Lust und Laune sehr wenige Kohlenhydrate oder eben Schokolade mischen kann. Und wir lernen, dass die Schweden mit vielen Situationen in ihrem Leben ganz anders umgehen als wir und am nächsten Tag auch nicht unbedingt so frühstücken wie wir bei IKEA.

Es ist gar nicht so einfach, die eigene Marke über so viele Länder hinweg klar zu definieren und ihre Kernwerte zu schützen. Dass wir bei allem Mut zu Neuem nicht über das Ziel hinausschießen, darauf passt Stephan auf:

»Kanäle verbinden«

Vor neun Jahren habe ich bei mymuesli als Praktikant angefangen. Damals im Marketing, wo ich auch heute wieder bin. Doch zwischendrin kamen für mich viele sehr unterschiedliche Stationen: Ich habe das Saftorangen-Abo ›OhSaft!‹ aufgebaut als ›CEOh!‹.

Ich war lange der ›Head of Stores‹ – heute bin ich bei mymuesli für das Wohlergehen der Marke und der Produkte verantwortlich. Die Ideen für neue Produkte haben wir vor allem im Team, aber natürlich spielen auch Food- und Design-Trends und der Input von Kunden eine große Rolle.

Wie wir die Neuprodukte dann einführen? Grundsätzlich testen wir alles erst einmal online und in unseren Läden. Erst dann gehen wir damit in andere Kanäle. So unterscheidet sich unser Produktsortiment durchaus in den verschiedenen Kanälen. Und auch in den Ländern, in denen wir aktiv sind. Für den schwedischen Markt haben wir zum Beispiel neue Müslisorten entwickelt, die es auch nur dort gibt.

In Schweden genauso wichtig wie in jedem anderen Land ist es, einen einheitlichen Auftritt zu gewährleisten und die Kanäle perfekt miteinander zu verbinden.

Senior Head of Brand and Product

Dein Schritt ins Ausland

Nach den letzten Seiten kann man sich fragen: Und was haben wir jetzt daraus gelernt? Denn jedes Land ist und war ja anders, hatte seine eigenen Herausforderungen. Aber da ist sie ja schon, die erste Lektion: Du kannst nicht zwingend die Lerneffekte aus deinem Heimatland oder einem anderen Markt übertragen. Man sollte jedes Land neu betrachten und bereit sein, dort auf die Schnauze zu fliegen.

Was wir außerdem nun wissen: Wenn es darum geht, einen Markt schnell zu erobern und es dabei weder um die Kosten noch um eine möglichst hohe Konsistenz im Auftreten geht, dann funktioniert es unseren Beobachtungen nach gut, wenn man die organisatorischen Strukturen für jeden Markt dupliziert.

Aber Duplizieren klingt nach hohen Kosten: Und nach unseren Erfahrungen in Holland und den begrenzten Mitteln, die wir hatten, wollten und wollen wir nun lieber langsamer und wirtschaftlich nachhaltiger expandieren. Ressourcen sind bei Startups immer knapp: nicht nur Geld, sondern auch Managementzeit zum Beispiel.

Statt für jedes Land ein eigenes Team aufzubauen und alles zu duplizieren, haben wir die wichtigen Teams vergrößert. Es gibt beispielsweise auch heute noch nur ein Performance-Marketing-Team bei uns, nicht eins für jeden Markt.

Aber: Dennoch brauchten wir das Wissen

aus den lokalen Märkten. Ohne das hätten wir in der Schweiz ja Mäuse statt Müsli beworben. Ihr erinnert euch. Deshalb gibt es für jeden Markt und jede Sprache Mitarbeiter, die aus dem Land kommen oder sogar für uns vor Ort sind. So wird also eine Facebook-Kampagne in Schweden vom Performance-Marketing-Team für alle Länder geplant und durch die Muttersprachler übersetzt – und an die kulturellen oder geschäftsbedingten Besonderheiten angepasst. Damit man nicht in interkulturelle Fettnäpfchen tritt.

Das ist das Prinzip einer Matrix-Organisation: Die lokalen Leute oder Country-Manager stehen gleichberechtigt neben den Marketingmitarbeitern. Keiner ist dem anderen weisungsbefugt. Das erfordert einen regen Austausch der beiden und viel Abstimmung. Diese interne Kommunikation macht es nicht immer einfacher – und vor allem nicht schneller.

Aber damit alle nicht in Abstimmungsschleifen hängen bleiben und sich nichts bewegt: Dafür haben wir hier ja OKR, das alle in die Pflicht nimmt, die Ziele gemeinsam zu erreichen.

Internationalisierung, das habt ihr vielleicht gemerkt auf den letzten Seiten, ist nicht nur oftmals schwierig. Sondern auch sehr individuell. Unterschiedlich: von Unternehmen zu Unternehmen. Von Produkt zu Produkt. Aber hier noch der Versuch einer Liste mit Learnings oder wichtigen Punkten, die unserer Meinung nach auf viele Fälle und Szenarien zutreffen:

- **Internationalisierung** ist immer schwierig.
- **Ein neuer Markt** braucht fast so viel Aufmerksamkeit wie ein neues Startup.
- **Die Komplexität** steigt enorm an durch Sprach-, Währungs- und Gesetzesunterschiede.
- **Wer denkt, man muss nur** eine Website und ein paar Flyer übersetzen, der irrt sich also.
- **Die interne Organisation** muss für Internationalisierung umgebaut oder erweitert werden.

- **Mehr Kommunikation** ist unabdingbar und macht vieles langsamer, mit Zeitverschiebung wird es noch schwieriger.

- **Bei Produkten:** Versand ins Ausland ist teuer und dauert lange, die Zustellqualität ist auch sehr unterschiedlich von Land zu Land.

- **Bei Lebensmitteln** wird es dann richtig kompliziert: Es müssen die Pflichtangaben wie Zutaten, Allergiehinweise und Nährwerte in der Landessprache des Ziellandes fest mit der Packung verbunden aufgedruckt sein und manche Aussagen sind in einigen Ländern erlaubt, andere wiederum nicht.

- **Internationale Expansion** ist also nicht der heilige Gral, der alle Probleme löst und sofort eure Umsätze verdoppelt: Überlegt euch gut, ob ihr als Gründer wirklich einen neuen, ausländischen Markt in Angriff nehmen wollt. Oder ihr lokal nicht vielleicht noch Früchte ernten könnt, die etwas tiefer und nicht hinter der Grenze hängen.

- **Letzter Punkt:** Nicht jede Chance muss sofort genutzt werden. Wir bekommen wahnsinnig viele Zuschriften von Menschen, die unsere Produkte gerne in die ganze Welt tragen würden. So war das ja auch bei Korea. Aber nicht jede Chance bringt einen weiter. Das war vermutlich einer der größten Fehler, den wir in den letzten Jahren gemacht haben: zu viel »opportunity-driven« agiert, wie man das nennt. Also immer auf fahrende Züge aufgesprungen, anstatt einen Fahrplan und eine eigene Route vorab zu bauen: und dieser dann zu folgen. Die Kunst ist, die richtigen Chancen zu erkennen und auch mal »Nein« zu sagen.

Ausgewähltes für Startup-Macher

- *»Die Verurteilten« (Original: »The Shawshank Redemption«).* Ein Filmdrama von Frank Darabont aus dem Jahr 1994. Mit Startups hat der Film auf den ersten Blick wenig zu tun, aber sehr viel mit Geduld. Die braucht man ja oft bei der Internationalisierung. 19 Jahre lang klopft der Gefangene Andy mit einem kleinen Geologenhammer einen Gang durch eine dicke Gefängniswand. Achtung, Spoiler: Er erreicht sein Ziel, die Freiheit. Manchmal dauert es eben etwas länger, klappt dann aber doch!

- *www.handelsblatt.com/unternehmen/maerkte-erobern* Eine Sammlung von Expansionsgeschichten aus der Wirtschaft. Erfolgreiche – aber auch total gescheiterte Versuche. Spannend!
- *Ch. Links Verlag, Länderporträts* Schöne und lesenswerte Porträts über alle möglichen Länder: Ob England, Portugal, Schweden, Indien oder Brasilien – viele sind in der Reihe dabei. Über die Türkei gibt es ein spannendes >>politisches Länderporträt<<. Die Buchreihe wurde ausgezeichnet mit dem ITB-Buch-Award.

Weitermachen. Jetzt erst recht

Wir haben ein Unternehmen mit mehr als 800 Mitarbeitern, sind in sechs Ländern aktiv, haben Preise gewonnen, »growing pains« überstanden und viel, viel erlebt. Geil. An dieser Stelle hören Hollywood-Filme auf. Happy End und fertig.

Aber das echte Leben geht einfach weiter. Und wo Licht ist, ist immer auch Schatten. Das ist im Leben nun mal so. Doch denjenigen, die über die Schatten springen können, gehört das Glück. Man muss aber springen wollen. Und man muss wissen, wohin man springen will!

Drei verschiedene Lebensentwürfe

mymuesli ist seit 2007 auch ein Mittelständler geworden: Es gibt viel Bürokratie, viele Abstimmungsprozesse, viele Köpfe mit Fragen, Aufgaben und Wünschen. Und wir können nicht jeden Mitarbeiter glücklich machen so wie früher. Wir übersehen Dinge oder Probleme, weil sie zum Beispiel sehr spät an uns herangetragen werden oder weil wir drei wie jeder Mensch Fehler machen, falsche Entscheidungen treffen. Manche Mitarbeiter fühlen sich dann nicht wertgeschätzt, manche finden, dass ihre Probleme keine Beachtung finden. Das geht nicht spurlos an uns dreien vorbei. Im Gegenteil. Wir machen uns darüber viele Gedanken.

Und auch unsere Lebensumstände haben sich geändert. Wir sind nicht mehr Anfang 20, wir haben die 14-Stunden-am-Stück-arbeiten-Selbstzerstörungs-Startup-Phase hinter uns und auf ein gemeinsames WG-Leben auch keine Lust mehr. Jeder hat sich in der Zwischenzeit einen völlig unterschiedlichen Lebensentwurf gebastelt. Wenn ich diese Entwürfe jetzt aufschreibe, muss ich wieder an Sophie denken, das war die Redakteurin vom »Galileo«-Magazin, die dachte, wir seien so etwas wie ein Startup-Boygroup-Marketing-Coup. Man glaubt es irgendwie nicht sofort, es wirkt heute schon wieder »zusammengecastet« – aber es ist nun mal wirklich so:

Berlin: mittendrin

Hubertus wohnt heute mitten in Berlin, einen Katzensprung vom Nachtleben entfernt. Hat sich dort einen neuen Freundeskreis aufgebaut und genießt das (Müsli-)Hauptstadtleben, wenn er nicht wieder irgendwelche komplizierten Online-Marketing-Programmier-Probleme knackt.

München: außen vor

Max ist endlich wieder nach München gezogen, allerdings nicht in die Innenstadt. Er hat sich für eine Doppelhaushälfte in einem Vorort entschieden, weil es sich da ruhiger lebt mit seiner jungen Familie. Immerhin hält die Tram noch dort, sodass ein Abstecher ins Nachtleben nach wie vor drin ist, also wäre, theoretisch. »Ich stehe bis zu den Knien im Bürgertum«, sagt Max heute von sich selbst.

Passau: mit Alpakas

Ich lebe mit meiner jungen Familie auf einem Bauernhof. Meine Frau hält eine Handvoll Alpakas, ich fahre auf dem Aufsitzrasenmäher herum und denke darüber nach, welche anderen Tiere am besten mit Alpakas harmonieren, welche Pflanzen man anbauen könnte, und wann ich mal Zeit finde, dafür ins Gartencenter zu fahren neben der ganzen Arbeit.

Sehr viel unterschiedlicher könnten die Entwürfe wohl nicht aussehen. Macht aber nichts, wir drei arbeiten immer noch gut und gerne zusammen. Das wussten wir immer und das hat sich auch nie anders angefühlt. Aber über Gefühle sprechen Gründer meist ungern. Und so ist uns zu spät aufgefallen, dass wir über unsere ganz unterschiedlichen Vorstellungen und Bedürfnisse auch mal hätten reden müssen.

Wir drifteten langsam auseinander, ohne es zu merken – während wir ungefragt Rücksicht auf alle möglichen Interessenkonflikte nahmen, von denen wir nur vermuteten, dass sie da sein könnten. Ein sehr verbreitetes Phänomen, das in jeder durchschnittlichen Eheberatung irgendwann auf den Tisch kommt. »Ich dachte immer, du magst XY?« »Und ich habe es immer nur gemacht, weil ich dachte, dass du …!«

Wir suchen einen Rat …

Was also tun? Wir fanden die Antwort nicht in unseren Diskussionen und nicht bei Google. Und unsere Freunde, Familien und vor allem unsere Mitarbeiter wollten wir mit unseren Fragen nicht verunsichern. Wir brauchten also jemanden, der sich mit solchen Sachen auskennt.

»Oh nein, bloß kein Coach!« – unsere erste Reaktion. Aber dann machten wir uns klar, dass jeder Spitzensportler ganz selbstverständlich die ganze Zeit eng mit einem Trainer zusammenarbeitet. Die Zeiten, in denen er alleine zum Beispiel um eine Medaille kämpft, sind nur ein ganz kleiner Ausschnitt seiner Lebensrealität. Die meiste Zeit: wird trainiert. Mit einem Coach. Es gibt wohl kaum einen Profisportler, der sein Leben lang ohne Trainer arbeitet. Und wir drei glauben, wir brauchen so etwas nicht? Wieder Diskussion. Und ein Buch, zum Beispiel das von Stefan Merath: »Der Weg zum erfolgreichen Unternehmer«. Da geht es auch um einen Coach, der einem fiktiven Unternehmer hilft, sein Unternehmen und sich selbst neu zu denken. Aber: Wie findet man so jemanden? Es gibt auf dem Markt ja ganz unglaubliche und völlig bescheuerte Coaching-Angebote. Doch wir wussten ja, was sich bei Mitarbeitern bewährt hatte: Würden wir zusammen segeln gehen?

Zum Glück bekamen wir eine wirklich gute Empfehlung aus unserem Bekanntenkreis und fanden einen Coach, eine Psychologin, die uns etwas Schönes schenkte: eine Insel.

... und bekommen eine Insel

Sie erinnerte uns daran, was es heißt, Unternehmer zu sein: Man kann unternehmen, gestalten. Genau: machen. Das verlernt man schnell, wenn alles um einen herum komplizierter und schwieriger wird. »Stellt euch also eine Insel vor«, sagte sie. »Auf dieser Insel gibt es nur euch, das Team und mymuesli. Dort könnt ihr euer Traumunternehmen so bauen, wie ihr es wollt. Ihr müsst es nur machen. Dabei steht ihr drei euch gerade selbst im Weg.«

Sie gab uns damit die Idee zurück, mit der wir am See angefangen hatten. Wir wollten damals etwas Neues machen! Uns war nicht mehr klar, dass man aus dem, was man hat, immer wieder etwas Neues bauen kann. Klingt simpel und völlig logisch. Aber man übersieht das schnell und kommt auf die einfachsten Dinge nicht, wenn man bis zum Hals in Arbeit steckt. Doch das Tolle am Gründer- und Unternehmersein ist ja: Das Machen hört nie auf. Jetzt lernten wir, dass »größer« nicht unbedingt »behäbiger« heißen muss. Und dass es darauf ankommt, nicht immer nur »im« Unternehmen zu arbeiten, sondern immer mal wieder rauszufahren und die Sache von außen anzuschauen.

Was sollte also auf dieser Insel entstehen? Eine Idee faszinierte uns drei sofort: die Idee, dass das neue mymuesli-Gebilde auf dieser Insel auch dann wunderbar zurechtkommt, wenn wir drei Gründer gerade einmal nicht auf der Insel sind. Dass mymuesli schnell, selbstorganisiert und beweglich wird. Agil, wie man das in der Fachsprache nennt. Dass wir unnötige Hierarchien abbauen und möglichst vielen Mitarbeitern einen möglichst großen Handlungsspielraum geben wollen, in dem sie möglichst frei entscheiden können. Vielleicht sogar, dass sich Teams in Echtzeit immer wieder neu und anders zusammensetzen können, dass sie ihren Arbeitsort je nach Projekt immer wieder verändern und dass jeder Mitarbeiter jederzeit auch in andere Rollen schlüpfen kann. Wer weiß, ob das funktioniert. Aber es klingt richtig gut. Klar: Nicht überall bei mymuesli wird es sinnvoll und möglich sein, sich selbst organisierende Zellen zu schaffen. Wir werden ausprobieren, wo das geht – und sind sehr gespannt, welche Auswirkungen das hat.

Das ist unser Traum von der neuen mymuesli-Insel. Diese Insel wollen wir erreichen und zu ihr segeln. Wie genau sie aussehen wird, das wissen wir noch nicht. Niemand weiß, wie ein neues Land aussieht, wenn er gerade zum ersten Mal dorthin segelt. Aber gerade das macht es ja so spannend. Wir glauben wirklich, dass man alles immer noch ein Stückchen besser machen kann. Das war unsere ursprüngliche Vision. Von diesem Gedanken getragen hatten wir vor zehn Jahren mymuesli gegründet: Wir haben damals an uns und unsere Idee geglaubt: Und heute, zehn Jahre später, glauben wir an unser Team. Gemeinsam werden wir mymuesli ebenso erfolgreich weiterführen. Und unsere Insel erreichen: wo mymuesli ein harmonischer und agiler Organismus ist, der uns, das Team und unsere Kunden glücklich macht. In diesem Organismus hat jede Zelle eine Aufgabe: nämlich wirksam und messbar beizutragen, zu dem Ziel, unsere Insel zu erreichen – aber auch, sie anschließend zu erhalten. Und sie muss dazu beitragen, uns und die Insel immer besser zu machen.

Ziel der Sache ist natürlich nicht eine totale Perfektion. Etwas, das absolut perfekt ist, das rutscht schon wieder in Richtung Starrheit – und das wollen wir nicht.

Wir lieben die Bewegung, wir lieben Work-in-Progress und wissen, dass niemals alles ganz »richtig« sein kann. »Der Mensch ist aus krummem Holz geschnitzt«, hat Kant einmal gesagt. So ist es auch mit jedem Startup. Irgendwas ist immer ein bisschen unperfekt, beim nächsten Wachstumsschub findet es dann den richtigen Platz und etwas anderes hängt wieder schief. So ist Wachstum, so ist Leben, so ist Glück.

Man darf sich seiner Sache niemals zu sicher sein, als Mensch und als Unternehmer. Und wir dürfen niemals aufhören, zu lernen, niemals aufhören, zu machen. Weiter, immer weiter.

Dein Weg

- **Eine Gründung** ist niemals fertig.
- **Auch ein »altes« Startup** muss sich immer wieder neu erfinden. Der »Hurra, wir haben es geschafft«-Zeitpunkt findet nicht statt.
- **Die Japaner und Toyota haben recht:** Man ist nie am Ziel, kann sich (in Japan heißt das »Kaizen«) immer verbessern. Das geht nur, wenn man sich selbst auch als Gründer hinterfragt.
- **Urlaub und Abstand sind wichtig:** und helfen dabei, ab und zu die Vogelperspektive einzunehmen, statt sich täglich in Details zu verlieren. Es ist wichtig, das große Ganze im Blick zu behalten, um es weiter zu entwickeln.
- **Man kann es nicht allen recht machen,** nicht allen Kunden und nicht allen Teammitgliedern.
- **Aber man kann versuchen,** es immer besser zu machen und offen für Kritik zu sein.
- **Im Leben und im Unternehmertum** geht es um Verantwortung, um Werte, die man schafft, um vieles mehr. Aber vor allem geht es um Glück: Das darf nie auf der Strecke bleiben, nicht für einen selbst, nicht für das Team und erst recht nicht für die Kunden – denn ohne deine Kunden gäbe es dein Startup nicht!
- **Unternehmer kommt von »unternehmen«.** Wer in einer Krise steckt, muss etwas tun. Selbst. Und sich Hilfe suchen. Das ist erlaubt. Das machen Spitzensportler auch so.

Ausgewähltes für Startup-Macher

- *Reinventing Organizations visuell: Ein illustrierter Leitfaden sinnstiftender Formen der Zusammenarbeit.* Frederic Laloux *(Vahlen 2016)* Für alle, die keine Zeit haben, das ursprüngliche, 360 Seiten dicke Sachbuch zu diesem Thema durchzuarbeiten. Es geht um wirkungsvollere, seelenvollere und sinnvollere Formen der Zusammenarbeit. Sehenswert!
- *Der Weg zum erfolgreichen Unternehmen. Wie Sie und Ihr Business neue Dynamik gewinnen.* Stefan Merath *(Gabal 2008)* Damit der Traum vom eigenen Unternehmen ein realistischer Traum bleibt – und nicht zum Albtraum wird. Lieben wir.
- *Agile Unternehmen. Nur was sich bewegt, kann sich verbessern.* Valentin Nowotny *(BusinessVillage 2016)* Wie geht Agilität? Und wie kriegt man das in einem Unternehmen hin? Eine Sammlung von Scrum über Kanban, Design Thinking und vielen anderen Ansätzen bis hin zur Umsetzung. Gutes Buch, um in die Themen einzusteigen.
- *Why Employees Are Always a Bad Idea.* Chuck Blakeman *(Crankset Publishing 2013)* Das Buch für Unternehmen, die Partizipation leben wollen: ohne Jobtitel, ohne Abteilungen, ohne starre Regeln. Die treibende Kraft soll »making meaning« sein und nicht »making money«. Sobald Mitarbeiter Stakeholder sind und sobald sich Teams selbst organisieren dürfen, haben alle die Freiheit, sowohl mehr »meaning« als auch mehr »money« zu erwirtschaften. Klingt faszinierend, oder?
- *Wabi-Sabi – for Artists, Designers, Poets & Philosophers.* Leonard Koren *(Imperfect Publishing 2008)* Ein Buch zur japanischen Perspektive auf die Vollkommenheit: Perfektion als Ästhetik mit Makel.
- *»The Lost Interview«.* Ein Dokumentarfilm aus dem Jahr 2012, der zuvor nicht gezeigte Interviewsequenzen mit Steve Jobs aus dem Jahr 1995 zeigt. Ein toller Einblick in das Leben eines der berühmtesten Unternehmer aller Zeiten – und das, bevor er wieder Apple-CEO wurde. Unter allen Steve-Jobs-Filmen unser Favorit.

Nachmachen:
eine Ermutigung

Du hast es fast geschafft. Das ist das letzte Kapitel unseres Buches. Und das kürzeste. Doch vielleicht das wichtigste. Denn worüber wir noch nicht gesprochen haben: Wie geht es jetzt weiter? Für uns. Aber auch für dich, als Leser.

Fangen wir mit uns dreien an. Die Arbeit an diesem Buch war eine völlig neue Erfahrung. Ich schreibe eher selten Texte, bei mymuesli kümmere ich mich ja um die Zahlen. Also musste ich meine Komfortzone das ein oder andere Mal verlassen, damit am Ende wirklich ein Buch herauskommt. Hubertus und Max ging es da sicher nicht anders. Aber die Mühe hat sich gelohnt: Dieses Buch ist alles andere als perfekt. In wenigen Stunden geben wir das Manuskript ab. Natürlich würden wir gerne noch Stunden und Tage am Manuskript arbeiten. Aber das muss jetzt zum Verlag. Ende.

Doch so ein Buch zu schreiben, das war und ist eine tolle Erfahrung, ein neues Abenteuer. Und das Einzige, was uns bisher davon abgehalten hat? Wir haben es schlicht nicht gemacht.

Deshalb mal sehen: Vielleicht schreiben wir wieder ein Buch. Oder verbessern das hier in einer zweiten Auflage. Für eine Biografie haben wir noch nicht genügend Lebenserfahrung. Da gibt es auch wichtigere Leute. Außerdem findet sich in diesem Buch ja schon viel von unserer Geschichte. Vielleicht also mal ein Ernährungsbuch. Zum Beispiel über Frühstück. Mal sehen.

Zeit dafür werden wir wenig haben, denn wir haben ja insbesondere mit mymuesli noch eine ganze Menge vor: Wir möchten internationaler werden, werden viel in unsere Manufaktur 2.0 investieren, möchten agiler, schneller und innovativer sein als bisher. Ihr wisst es ja schon: Die Insel wartet. Von ihr und unseren anderen Projekten haben wir in diesem Buch ja schon viel erzählt.

Vielleicht will einer von uns dreien mal Pause, eine lange Reise, Elternzeit oder etwas ganz anderes machen. Doch im Herzen, glaube ich, werden wir drei immer ein Teil von mymuesli und mymuesli immer ein Teil von uns sein. Das, was wir in den vergangenen zehn Jahren erleben durften, ist magisch. Das kann uns keiner mehr nehmen.

Jetzt zu dir: Wenn du schon gegründet hast, dann wirst du uns hoffentlich zustimmen: Gründen ist eine Wahnsinnserfahrung. Wir haben leicht reden, unser erstes echtes Startup hat gleich funktioniert. Aber ich behaupte kühn, dass auch das Scheitern mit einem Unternehmen zwar sicher alles andere als Spaß macht – doch auch diese Erfahrung ist wertvoll. Und glaubt uns: Bei uns lief wirklich nicht alles glatt. Von vielen der Fuckups haben wir euch ja in diesem Buch erzählt. Selbst wenn morgen alles vorbei wäre und nichts bliebe: Wir würden es direkt noch einmal machen.

Wenn du noch nicht gegründet hast, dich mit deinem Unternehmen noch nicht am Ziel glaubst oder nicht gründen, aber dennoch etwas bewegen, ein Projekt starten willst, was auch immer: Jetzt ist es Zeit für die Umsetzung. Machen. Denn in Anlehnung an ein bekanntes Sprichwort: Wer nicht macht, der nicht gewinnt.

Es gibt dabei aber so viel zu gewinnen: Nein, Geld ist ein schlechter Motivator und Grund, um ein Startup zu gründen. Schon unsere Großmütter wussten, dass Geld nicht glücklich macht. Viele wissenschaftliche Studien haben ihnen längst recht gegeben.

Was ist also für dich drin? Ruhm und Ehre: vielleicht.

Noch besser: Du wirst erleben, wie schön es ist, wenn man eine Idee zum Leben erweckt. Wenn man das dann noch mit Menschen teilen kann, ob Teammitgliedern oder Mitgründern, dann macht es doppelt Freude. Als Vater kann ich sagen: Ein ganz kleines bisschen wenigstens fühlt es sich an, wie einem Kind beim Aufwachsen zuzusehen. Und das, da sind Eltern sich vermutlich alle einig, ist durch nichts zu toppen. Es spricht also wenig dagegen, Unternehmer zu werden, wenn deine Umstände es zulassen. Auch neben dem Job kann man gründen. Felix Plötz, dessen erstes Buch »Palmen in Castrop-Rauxel« mir Max ungefähr 356 Mal empfohlen hat, beschreibt das sehr schön im »4-Stunden-Startup«. Denn nicht jeder, das ist klar, kann morgen seinen Job aufgeben. Und Gründen heißt nicht, dass man übermorgen schon Geld verdient. Meist ist das Gegenteil der Fall.

Die Anstrengungen aber, die lohnen sich. Deswegen bist du jetzt dran: mit dem Machen. Und dem Schreiben. Und zwar deine eigene Gründungsgeschichte. Erinnere dich ans erste Kapitel: Wenn du dein Konzept zu Papier gebracht hast, bist du schon weiter als die meisten von uns Spinnern.

Dieses Buch hilft idealerweise bei den nächsten Schritten. Es ist, so hoffen wir, ein kleiner Mosaikstein auf deinem Weg. Denn man muss nicht jeden Fehler selbst machen, die Erfahrung anderer kann helfen, den richtigen Weg zu finden. Aber es wird immer dein eigener Weg sein. Probiere viel aus, baue Erfahrung auf und lerne schnell. Das wird dir helfen, zu entscheiden, wann du auf den Rat anderer hören solltest und wann du es selbst versuchst. Auf jeden Fall: viel Erfolg! Wir drücken dir die Daumen und hoffen, es wird eine der schönsten Reisen deines Lebens!

Ausgewähltes für Startup-Macher

- *Palmen in Castrop-Rauxel. Mach dein Leben außergewöhnlich! Dennis Betzholz, Felix Plötz (Plötz & Betzholz 2014)* Das Buch entstand aus einem Crowdfunding-Projekt und erzählt von Träumen oder Zufällen, aus denen Großes und Mittelgroßes wurde, und am Ende sind alle Protagonisten glücklich mit dem Weg, den sie eingeschlagen haben … und der Leser ist es auch. Und inspiriert sowieso. Eines der besten deutschen Gründerbücher.
- *Das 4-Stunden-Startup: Wie Sie Ihre Träume verwirklichen, ohne zu*

kündigen. Felix Plötz (Econ 2016) Gute Nachricht: Gründen kann man auch »nebenher« – ohne Büro, ohne Kapital, nur mit Neugier, Mut und Leidenschaft. Felix Plötz zeigt, wie man Ideen schnell testet und an den Start bringt, wo die Kunden sind und was eigentlich ... mit den vielen Pflichtversicherungen passiert, wenn der Schritt zum eigenen Projekt ansteht.

- *Steve Jobs: Die autorisierte Biografie des Apple-Gründers. Walter Isaacson (tbt 2012)* Dass Steve Jobs nicht der netteste und nicht der sympathischste Unternehmer aller Zeiten war, das wissen wir heute alle. Dennoch war er einer der beeindruckendsten Unternehmer aller Zeiten ... Seine Biografie gehört deshalb in jedes Gründerregal.

- *Delivering Happiness: Wie konsequente Kunden- und Mitarbeiterorientierung einzigartige Unternehmen schaffen. Tony Hsieh (Vahlen 2016)* Die erstaunliche Geschichte von Tony Hsieh, der mit 24 Jahren sein erstes Unternehmen an Microsoft verkaufte (für 265 Millionen Dollar), dann Zappos aufbaute, die Umsätze auf über eine Milliarde Euro steigerte, bevor das Unternehmen an Amazon verkauft wurde. Dann investierte er 350 Millionen Dollar aus seinem Privatvermögen, um aus Las Vegas ein neues Silicon Valley zu machen. Ein erstaunlicher Typ gibt Einblick in sein erstaunliches Leben.

- *Play it again: Ein Jahr zwischen Noten und Nachrichten. Alan Rusbridger (Secession Verlag 2015)* Ein sehr ungewöhnliches Buch über Alan Rusbridger, ehemaliger Chefredakteur des britischen »Guardian«. Es zeigt, wie einer der besten Zeitungsmacher Reporter aus Geiselhaft befreit, wie er den Kontakt zu WikiLeaks-Gründer Julian Assange, der »New York Times« und dem deutschen »Spiegel« auf die Reihe bringt – und sich »nebenher« als mittelmäßig begabter Freizeit-Klavierspieler eines der schwierigsten Stücke erarbeitet: Chopins Ballade Nr. 1 in g-Moll, op. 23. Geht eigentlich gar nicht? Doch, geht. Ein ermutigendes Buch für alle, die glauben, neben ihrem Startup keine Zeit mehr für das zu haben, worauf es im Leben noch ankommt. Leben!